浙江省新型重点专业智库杭州国际城市学研究中心
（浙江省城市治理研究中心）资助出版

"城市学文库·青年论丛"编辑委员会

顾　　问	王国平　庞学铨
主　　编	江山舞　刘慧梅
副 主 编	孙　颖　杜红心　杨灵江
执行副主编	接栋正
编　　委	蓝蔚青　马力宏　刘士林　王剑文
	蔡　峻　毛燕武　李明超　方志明

浙江智库
ZHEJIANG THINK TANK

城市学文库·青年论丛

建设新天堂

社区治理现代化研究

BUILDING A NEW PARADISE

A Study on Modernization of Community Governance

沈费伟◎著

ZHEJIANG UNIVERSITY PRESS
浙江大学出版社
·杭州·

图书在版编目（CIP）数据

建设新天堂：社区治理现代化研究 / 沈费伟著.
杭州：浙江大学出版社，2024.9. --（城市学文库 / 江山舞，刘慧梅主编）. -- ISBN 978-7-308-25466-3

Ⅰ．D669.3

中国国家版本馆CIP数据核字第2024B7H074号

建设新天堂：社区治理现代化研究

沈费伟　著

策划编辑	吴伟伟
责任编辑	陈思佳（chensijia_ruc@163.com）
责任校对	宁　檬
封面设计	雷建军
出版发行	浙江大学出版社
	（杭州市天目山路148号　邮政编码 310007）
	（网址：http://www.zjupress.com）
排　　版	杭州林智广告有限公司
印　　刷	浙江新华数码印务有限公司
开　　本	710mm×1000mm　1/16
印　　张	17.5
字　　数	215千
版 印 次	2024年9月第1版　2024年9月第1次印刷
书　　号	ISBN 978-7-308-25466-3
定　　价	88.00元

版权所有　侵权必究　　印装差错　负责调换

浙江大学出版社市场运营中心联系方式：0571-88925591；http://zjdxcbs.tmall.com

前　言

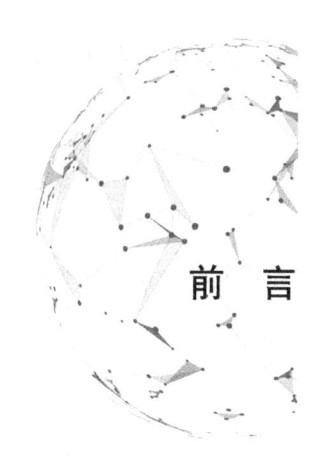

　　社区治理是国家治理的基础，社区治理现代化有助于促进国家治理能力和现代治理水平的提升。党的二十大报告从中国式现代化的角度出发，提出要提升城市社区治理的现代化水平。可以说，城市社区治理是现代国家治理的关键单元，城市治理能力的提升在很大程度上影响到国家治理现代化目标的实现。基于此，本书坚持问题导向与规律导向相结合的思路逻辑，从城市学、公共管理学、社会治理等学科知识出发，通过理论分析、实证调研、深入访谈等方法，重点以社会基本矛盾为总体背景，以提高五大生活品质为目标，以研究五大建设服务的社区治理现代化为抓手，以三化九场景为主要指标，以新市民为难点群体进行研究。本书将遵从"理论研究—实证研究—政策研究"的思路。首先，在理论层面，主要在整体梳理社区治理现代化、数字化治理、中国特色社会主义协商民主等内涵的基础上，建构社区治理主客体转化的分析框架。其次，在实证层面，分别选取杭州市以新居民为主的新社区、以新居民为主的老社区、以老居民为主的老社区、以老居民为主的新社区等类型的社区为案例，进行实地调研，论证当前社区治理现代化如何运作、成效如何。最后，在政策研究阶段，提出通过推进民主促民生、深化数字化改革、破解新市民难题等社区治理现代化的对策建议。

为实现以上研究目标，本书以七章的篇幅，围绕社区治理现代化议题，展开理论分析和案例阐述，以获得对社区治理现代化与未来社区治理的深刻理解。

第一章，绪论。这是本书的开篇，一是分析了社区治理现代化的时代背景，进而明确当前研究社区治理现代化的实践意义和学术价值。二是通过对既有文献的详细评述，明确既往研究与本书的关系，阐明了本书的研究定位。三是根据本书的研究需求，界定了社区治理现代化的核心概念及其内涵。四是交代了调研案例的基本概况和本书主要的研究方法。五是介绍了本书的研究思路和技术路线。

第二章，理论基础与分析框架。本章主要从社区治理理论、数字治理理论、中国特色社会主义协商民主内涵出发，阐述了社区治理现代化的分析框架。在具体的内容安排上，一是对社区治理现代化的理论内涵进行了深度剖析；二是基于对城市社区属性的认识，构建了城市社区治理现代化的分析框架，并论证了城市社区治理与治理现代化之间的契合性。

第三章，社区治理现代化的目标做法。本章主要探讨了杭州市社区治理现代化的提出背景、主要目标、实践等内容。杭州市社区治理现代化的提出背景部分，主要从发展历程、现实特征、动力因素三方面进行了分析；杭州市社区治理现代化的主要目标部分，主要从政治生活品质、经济生活品质、文化生活品质、社会生活品质、环境生活品质五方面进行了分析；杭州市社区治理现代化的实践部分，主要从构建"三位一体"社区管理体制、建设专业化的社区管理队伍、建立多元矛盾纠纷调解机制、创新社区现代化的治理机制、推进社区服务的长效发展五方面进行了分析。

第四章，社区治理现代化的策略经验。本章主要论证了杭州社区治理现代化的案例、主要策略、成功经验等内容。杭州社区治理现代化的案例部分，主要从杭州市未来社区、以老居民为主的老社区、以新居民为主的新社区、以老居民为主的新社区以及以新居民为主的老社区展开案例分析；杭州社区治理现代化的主要策略部分，主要从"民主促民生"、社区智治、未来社区、老旧小区改造四方面展开分析；杭州社区治理现代化的成功经验部分，主要从以政策制度推进社区建设、以组织结构推进社区建设、以公共服务推进社区建设、以协同治理推进社区建设、以技术平台推进社区建设五方面展开分析。

第五章，社区治理现代化的主体问题。本章主要剖析了杭州市社区治理现代化、社区治理现代化的新市民等问题。杭州市社区治理现代化的问题部分，主要从社区治理体系不健全、社区治理能力待提升、社区工作负担过重、社区治理规范不健全；社区治理现代化的新市民问题部分，主要从新市民的概念解读、新市民的客体角色、新市民的主客体角色转换三方面展开分析。

第六章，社区治理现代化的优化路径。本章主要从社区治理现代化要面向社会公众、要引入本地文化、要实施分类治理、要提供优质服务、要明确评价标准等方面展开分析。

第七章，总结与展望。本章对全书进行总结，并提出了未来的研究展望。

目 录

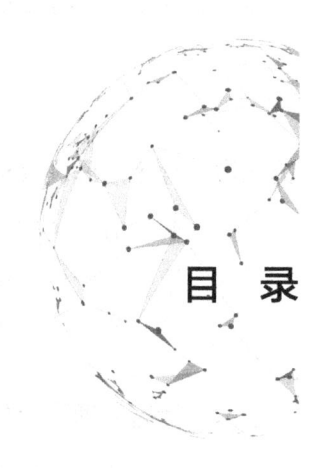

第一章 绪 论 /1

　　第一节　问题提出与研究意义　/3
　　第二节　文献述评与研究创新　/9
　　第三节　社区治理现代化的概念解读　/21
　　第四节　案例选择与研究方法　/25
　　第五节　研究思路与技术路线　/31

第二章 理论基础与分析框架 /33

　　第一节　社区治理现代化的理论基础　/35
　　第二节　城市社区治理现代化的分析框架　/51

第三章 社区治理现代化的目标做法 /63

　　第一节　杭州市社区治理现代化的提出背景　/66
　　第二节　杭州市社区治理现代化的主要目标　/86
　　第三节　杭州市社区治理现代化的具体做法　/96

第四章 社区治理现代化的策略经验 / 109

第一节 杭州市社区治理现代化的典型案例 / 113
第二节 杭州市社区治理现代化的主要策略 / 153
第三节 杭州市社区治理现代化的成功经验 / 187

第五章 社区治理现代化的主体问题 / 199

第一节 杭州市社区治理现代化的问题 / 203
第二节 社区治理现代化的新市民问题 / 215

第六章 社区治理现代化的优化路径 / 227

第一节 社区治理现代化要面向社会公众，
融入居民现实需求 / 230
第二节 社区治理现代化要引入本地文化，
丰富构建特色场景 / 234
第三节 社区治理现代化要实施分类治理，
促进社区有效治理 / 235
第四节 社区治理现代化要提供优质服务，
保障居民合法权益 / 243
第五节 社区治理现代化要明确评价标准，
实现社会价值效益 / 246

第七章 结论与展望 / 249

参考文献 / 255

后　记 / 271

Chapter 1

第一章

绪 论

第一节　问题提出与研究意义

一、问题提出

社区是城市居民生产生活的场域空间，是承载城市社会文化的公共平台，更是构成现代社会的区域共同体。当前在大力发展经济的过程中，城市的许多社区出现了建设滞后的问题，如现实中老旧小区公共服务供给滞后、生态环境污染严重、邻里关系不和谐等问题突出，严重影响了社区居民的幸福感提升。伴随着人们对美好生活向往的与日俱增，特别是对自己居住的社区生活质量要求越来越高，新时代社区建设现代化理念不断更新升级。从国外来看，围绕着新型社区的发展建设，已然形成了欧洲的街区（Block）模式、新加坡的宜居（Complex）模式、加拿大的智慧（Quayside）未来社区等，城市居民对于美好社区生活的向往不断增强。国外在追求社区建设现代化的过程中先后经历了从生态社区、智能社区、健康社区，到零碳社区、智慧社区、共享社区的发展过程，社区的可持续发展不断推进。尤其是在数字化改革的时代背景下，在社区转型基础上构建社区治理现代化模式是直面传统社区治理中难点和痛点问题的重要抓手，因而成为数字时代实现社区治理现代化的新路径。

社区治理是国家治理的基础,社区治理现代化有助于促进国家治理能力和现代治理水平的提升。党的十八届三中全会首次从国家层面提出了现代化改革的目标,即不断完善中国特色社会主义制度,推进国家治理体系和治理能力现代化。在此基础上,党的十九大报告进一步明确了新时代我国社会的主要矛盾变化,并强调要"加强和创新社会治理,维护社会和谐稳定,确保国家长治久安、人民安居乐业"。党的十九届六中全会从社会建设层面提出了社会治理社会化、法治化、智能化、专业化的任务要求。党的二十大报告更是从中国式现代化的角度出发,要求提升城市社区治理的现代化水平。可以说,城市社区治理是现代国家治理的关键组成部分,城市治理能力的提升在很大程度上影响着国家治理现代化目标的实现。一般而言,城市社区治理是由党政界、行业界(企业界)、知识界、媒体界、市民界(含新市民)等多元社会主体,通过互动、民主的方式,建立复合的运作体制,共同处理城市公共事务的模式。[①]要通过治理体制的复合化、治理主体的多元化、治理形式的多样化、治理手段的艺术化、治理机制的科学化,不断丰富新时代社区治理现代化的外延,不断优化新时代社区治理现代化的实施路径,不断提升新时代社区治理现代化的综合效能。

社区治理现代化蕴含着"民主促民生"的思想。所谓民主,其过程是听取每个人的意见,目的是找到最大公约数,遵循大多数人的意见即公共利益,从而让制度发挥出最大效能。社区居民参与社区管理、决策和建设,是实践社会民主的过程,是实现社区民主选举、民主决策、民主管理、民主监督的过程,也是实现社区居民自我管理、自我教育、自我服务、自我

[①] 王国平.中国城市化面临的挑战与对策[M].北京:中国社会科学出版社,2014:657.

监督的过程。[1] 而所谓民生，是指人民的日常生活事项，比如衣、食、住、行、就业、娱乐、家庭、社团、公司、旅游等。广义上的民生概念，包含与民生直接相关或间接相关的事情。作为"中国之治"对西方民主危机的回应与超越，"全过程民主"的产生、发展和不断完善有利于广泛凝聚社会共识，有利于公民有序政治参与，有利于民主集中有机结合，有利于民主机制自我完善，将成为实现中华民族伟大复兴和国家长治久安的必由之路。

众所周知，人们现代生活的主要问题，已不是数量问题，而是生活品质问题，是人们生活品质的提高的问题。[2] 生活品质已成为现代生活的主题。生活品质是指人们生活的优劣程度，它是全面衡量人们生活好坏的尺度，那么，人们生活的优劣程度怎么判定？全面衡量生活好坏尺度的标准是什么？是待遇。人们的待遇是人们生活优劣程度的判定者，是全面衡量人们生活好坏尺度的标准。[3] 因此，衡量和判定现代生活优劣、好坏主要是看人们在生产活动中满足自身需要、提高自身待遇的程度。满足了自身在一定社会条件下应该满足的需要，提高了自身在一定社会条件下应该实现的待遇，人们就会感到幸福和快乐，人们的生活就会充实和有意义。人们的经济生活品质、政治生活品质、文化生活品质、社会生活品质、环境生活品质等都是以满足人们的需要、提高人们的待遇为标准的。[4] 衡量和判定人们经济、政治、文化、社会、环境生活品质的指标，都是根据人们的待遇需要制定的。因此说，人们生活的优劣程度取决于人们需要的满足程度，取决于人们待遇的实现程度，人们生活的好坏标准就在于人们需要和待遇的

---

[1] 王国平.城市学总论（下册）[M].北京：人民出版社，2013：978.
[2] 王国平.待遇论[M].北京：人民出版社，2016：84.
[3] 王国平.待遇论[M].北京：人民出版社，2016：185.
[4] 王国平.待遇论[M].北京：人民出版社，2016：187.

满足与实现程度。人们的待遇是人们生活优劣程度的判定者，是全面衡量人们生活好坏的标准。从而，待遇就必然地成为衡量人们生活品质的标准。

迈入 21 世纪以来，杭州从自身改革发展的大局出发，创造性地走出了一条"民主促民生"的发展道路，使发扬民主成为改善民生的动力，成为推动科学发展、促进社会和谐的保障，为共建共享与世界名城相媲美的生活品质之城、新时代全面展示中国特色社会主义制度优越性奠定了坚实基础，也为贯彻"人民城市人民建，人民城市为人民"的重大命题提供了"杭州方案"与"杭州样本"。实践证明，"民主促民生"必须坚持"以民为先""五界联动""四问四权""服从多数、关注少数""依法行使民主权利"。① 基于新时代城市治理任务激增、城市治理难度加大、城市治理风险上升，"民主促民生"，一要始终坚持"人民城市人民建，人民城市为人民"理念，即找准切入点，精准捕捉群众需求"靶心"，找准发力点，坚持"人民城市人民建"，找准落脚点，坚持"人民城市为人民"。二要重点做好"四个结合"，即与持续深化"最多跑一次"改革相结合，与持续推进"破七难""四大改善"工程相结合，与持续创建全国市域社会治理现代化标杆城市相结合，与持续打造生活品质之城相结合。三要不断深化"三大策略"，即：进一步提高协商民主效能，推进民主治理；进一步培育社会复合主体，推进多元治理；进一步健全社区治理体系，推进基层治理。四要重点推进"八大举措"，即进一步推进决策科学化民主化法治化；进一步强化政治、自治、法治、德治、智治"五治联动"；进一步完善社会参与机制；进一步发挥媒体桥梁纽带作用；进一步加大政府购买公共服务力度；进一步提升社区综合

---

① 王国平.中国城市治理蓝皮书（2020—2021）[M].杭州：浙江人民出版社，2009：2-3.

服务功能；进一步落实民生"关键小事"；进一步优化志愿服务"三型四化四有"模式。[①]

新时代社区治理现代化需要以人民为中心的发展思想指引。坚持以人民为中心的发展思想，赋予了为人民服务新的时代内涵。从全心全意为人民服务到以人民为中心的发展思想，在治国理政的实践中，政府部门进一步明确了为人民服务的价值取向，突出了人民至上的根本立场，有力地提升了群众获得感、幸福感、安全感。"民主促民生"、数字化改革、新市民群体等都是社区治理现代化的重要抓手。然而，面对社区治理主体地位平等性不强，普通居民的参与动机和协商意愿较弱，治理过程随意化，程序规范化程度不够，有效的公共协商平台相当缺乏等现状，社区治理现代化的"治理"功能发挥面临多重障碍。

基于此，本书坚持问题导向与规律导向相结合的思路逻辑，拟从城市学、公共管理学、社会治理等学科研究知识出发，通过理论分析、实证调研、深入访谈等方法，重点以社会基本矛盾为总体背景，以提高五大生活品质为目标，以研究五大建设服务的社区治理现代化为抓手，以三化九场景是主要指标，以新市民是难点群体进行研究。本书将系统回顾总结21世纪以来"民主促民生"，坚持以人为本、以民为先，建立"民主促民生"工作机制，落实"四问四权"，使其成为推进社区治理体系与治理能力现代化的重要保障。深入践行"人民城市人民建，人民城市为人民"理念，促进社会建设和政治建设良性互动，为杭州加快建设社会主义现代化国际大都市、纵深推进国家治理体系和治理能力现代化提供政策建议。

---

① 王国平."人民城市人民建，人民城市为人民"：迈入新世纪，杭州实施"民主促民生"战略的回顾[R].杭州国际城市学研究中心浙江省城市治理研究中心，2020.

二、研究意义

　　城市治理是国家治理的重心，社区治理是城市治理的基础。2019年11月，习近平总书记在上海考察时提出"人民城市人民建，人民城市为人民"的重要理念，[①] 深刻回答了城市建设发展依靠谁、为了谁的根本问题，深刻回答了建设什么样的城市、怎样建设城市的重大命题，为我们深入推进人民城市建设提供了根本遵循。[②] 自觉践行人民城市理念，就必须聚焦人民群众需求，完善城市社区治理体系，深入贯彻落实"民主促民生"，重点研究社区治理现代化议题。而从杭州市社区治理来审视，十余年来，杭州坚持以人为本、以民为先，建立起以民主促民生工作机制，积极落实"四问四权"，也为回答好"人民城市人民建，人民城市为人民"的重大命题提供了"杭州方案"与"杭州样本"。本书从城市学、公共管理学、社会治理等学科知识出发，依托社区治理现代化理论、数字化治理理论、中国特色社会主义协商民主内涵等，选取杭州市代表性社区为案例，深入探究如何应用社区治理现代化的善治经验与政策体系，具有重要的理论意义与实践意义。

　　从理论意义来看，现有关于社区治理现代化问题的研究存在内在逻辑解释的碎片化、核心要素探究的模糊化、对策建议的笼统性等问题。理论研究远滞后于实践的发展，缺乏在系统剖析"民主促民生"、数字化治理、新市民群体等的基础上，对当前社区治理现代化发展和困境出路的整体性与系统性的反思。因此，本书的理论意义在于：第一，通过对城市社区场域内治理现代化问题的梳理与总结，丰富城市社区治理领域的研究。第二，

[①] 习近平.习近平在浦东开发开放30周年庆祝大会上的讲话[N].人民日报，2020-11-12（2）.

[②] 马涛.加快建设人民城市[N].学习时报，2022-12-05（1）.

以社区治理现代化为研究主线,有助于推动对民主治理、基层治理、协商治理、多元治理等相关概念的辨析与相关理论的探讨。第三,通过对"民主促民生"、数字化改革、新市民群体等的研究,推动以城市未来社区为重要组成部分的基层民主理论发展。

从实践意义来看,本书是社区治理现代化的困境与解决路径研究,其实践意义包括:第一,能够加强城市未来社区治理的实践操作性,从而更好地发挥基层党组织和基层政府的主导作用。第二,能够为公民以及其他社会主体参与城市社区治理现代化实践提供丰富的技术参考和政策依据。第三,能够为实施"民主促民生"、未来社区建设、新市民群体的生活品质提高等提供一种工具性视角,进而为中国特色的基层民主与城市社区治理实践提供可操作性实践启示。

第二节 文献述评与研究创新

现代意义的社区研究起源于西欧,发展于美国,流行于西方发达国家,之后逐渐传播于发展中国家。[①]20世纪80年代中期,伴随着西方治理理论的普及,社区治理开始进入中国学者的研究视野。[②]尤其是21世纪以来,社会现代化程度日益提升,社区治理现代化议题也得到学者们的积极探讨,并形成了许多重要的观点与论述。

[①] 王铭铭.小地方与大社会:中国社会的社区观察[J].社会学研究,1997(1):86-96.
[②] 夏建中.从社区服务到社区建设、再到社区治理:我国社区发展的三个阶段[J].甘肃社会科学,2019(6):24-32.

一、文献述评

（一）国内文献述评

国内的社区概念研究始于1933年，费孝通等人翻译美国社会学家帕克论文中的 community。在此之后，费孝通结合中国社区发展实际，认为"社区是由具备共同的地理位置、拥有相同习俗、存在血缘关系的人群所组成的大集体"[1]。郑杭生和黄家亮则认为社区是人类生存生活的基本单元，依靠共同的文化体系发挥作用。[2] 徐勇和陈伟东从社区组成要素出发，论述了社区的基本特征。[3] 肖林主张从本体论意义和方法论意义两个方面进行讨论，前者将社区看作一个以社会团结为特征的、具体的客观对象来研究，后者则将社区看作多元主体互动博弈的特殊社会场域和理解其他理论的"透镜"。[4] 吴晓林认为，作为官方组织体系的神经末梢，社区既非单纯的行政单元，也非社会学意义上的共同体，而是已经形成了一种党组织领导下的复合体。社区复合体是社区治理主体达成的一种合作性制度安排，本质上是一种权力结构及其运行方式，在中国表现为党组织领导下的政府组织、社会组织和其他组织的复合形式。[5]

城市社区是城市的地方社会或地域群体，以一定的地域、区域为基础，

---

[1] 缪晓慧.我国城市社区治理的困境与对策：基于社会资本的视角[D].南京：南京师范大学，2012.
[2] 郑杭生，黄家亮.当前我国社会管理和社区治理的新趋势[J].甘肃社会科学，2012（6）：1-8.
[3] 徐勇，陈伟东.中国城市社区自治[M].武汉：武汉出版社，2002：3-5.
[4] 肖林."社区"研究与"社区研究"：近年来我国城市社区研究评述[J].社会学研究，2011（4）：185-189.
[5] 吴晓林.治权统合、服务下沉与选择性参与：改革开放四十年城市社区治理的"复合结构"[J].中国行政管理，2019（7）：54-61.

并且有比较密切的社会联系与互动。①城市社区通常包括了规定的地域空间、社区制度规范、基本设施服务、共同的利益追求等要素，并且发挥着社会治理与整合的功能。②本书讨论的中国城市社区是区别于农村社区的城市基层社会治理单元。在城市社区治理的内涵上，胡杰成和银温泉将社区治理理解为由社区治理主体、社区治理体制、社区治理能力、社区治理目标、社区治理路径所构成的综合治理过程。③目前，学术界从不同角度对城市社区治理进行了研究，主要形成了三种理论：一是国家与社会理论，强调城市社区作为社会的重要力量，有助于限制国家权力的过度扩张，维护国家与社会之间的良好秩序。二是基层政权建设理论，认为社区居委会自治权力的提升有助于提高基层群众的政治地位，进而促进基层政权的稳定。三是社区制度理论，认为当前社区治理存在的现实问题的根源在于不能充分动员社区居民，从而无法真正激励社区居民参与社区的公共事务。④

综合上述研究结论发现，当前城市社区治理强调多元主体在社区治理中以公开讨论、平等协商、沟通谈判及妥协互让等多样化的方式，反映公共利益诉求，实现公共利益分配等。并且，学者们还对未来社区治理展开了重点研究，从学理、实践和价值三方面展开了研究。从学理层面出发，厘清未来社区的内涵，探讨社区的未来发展趋势。传统社区建设中面临一系列问题，而未来社区正是对传统社区建设的反思和完善。未来社区主张运用整体性观念和预判性行动来保障社区建设⑤，并强调采用非营利性组织

---

① 王国平.城市学总论（下册）[M].北京：人民出版社，2014：967.
② 王国平.城市学总论（下册）[M].北京：人民出版社，2014：966.
③ 胡杰成，银温泉."十四五"时期完善城镇社区治理体制的思路与举措[J].改革，2020（7）：55-66.
④ 刘娴静.当代中国城市社区治理[J].北京：知识产权出版社，2019：15.
⑤ 田毅鹏."未来社区"建设的几个理论问题[J].社会科学研究，2020（2）：8-15.

来保障社区的多样性。[1] 从实践层面出发，剖析未来社区治理带来的机遇与挑战，探寻未来社区治理的最优方案。未来社区治理既为城镇化发展带来了新机遇[2]，也面临着技术、制度、空间、伦理、监管等各方面的挑战，亟须采用韧性治理[3]、智慧管理[4]、整体性治理[5]等方式提升未来社区的治理效率。从价值层面出发，剖析未来社区治理的本质。未来社区的治理价值在于赋权，通过政府赋权于社会，达到社会公共利益最大化，展现出居民态度、民主参与等社会价值[6]，实现社区治理的善治、慧治、共治、良治目标[7]，进而奠定社会现代化发展的基础。

而在如何实现社区治理现代化议题上，何绍辉强调，推进国家治理体系和治理能力现代化，关键是推进基层治理体系和治理能力现代化，城市社区治理现代化是其中的重要内容。[8] 李润国等人分析，社区治理现代化需要不断理顺社区内不同组织之间的关系。具体来看，其一，从转变基层政府职能入手，对城市社区职能进行全面梳理和移交，按照"权力下放、资金下拨、服务下沉"的思路，把社会性、群众性的工作交由社区承担。同时，大力推行社区公共服务事项准入制度，保证不由社区承办的事项不转

---

[1] 德鲁克基金会.未来的社区[M].魏青江，等译.北京：中国人民大学出版社，2006：125.
[2] 汪欢欢，姚南.未来社区：社区建设的未来图景[J].宏观经济管理，2020（1）：22-27.
[3] 颜德如.构建韧性的社区应急治理体制[J].行政论坛，2020（3）：89-96.
[4] 杨雅厦.智慧社区建设对公共服务供给模式的变革及其优化研究[J].中国行政管理，2018（11）：151-153.
[5] 杨君，徐选国，徐永祥.迈向服务型社区治理：整体性治理与社会再组织化[J].中国农业大学学报（社会科学版），2015（3）：95-105.
[6] Cathal M C, Arthur W.Governance and Democracy in Northern Ireland: The Role of the Voluntary and Community Sector after the Agreement[J].Governance, 2001 (3): 363-383.
[7] 王木森，唐鸣.社区治理现代化：时代取向、实践脉向与未来走向：十八大以来社区治理"政策-实践"图景分析[J].江淮论坛，2018（5）：126-133.
[8] 何绍辉.政策演进与城市社区治理70年（1949—2019）[J].求索，2019（3）：79-87.

嫁、交由社区管理的事项有支持、委托社区办理的事项"权随责走、费随事转"。其二，完善社区自治体系，建立领导层（社区党委会）、决策层（社区代表大会）、执行层（社区委员会）和监督层（社区监督委员会）"四位一体"的职能分工体系。[1] 本书认为，立足新时代，社区治理能力现代化主要是指在人民至上理念导向下，社区多元主体以党建为引领、以科技为支撑、以法治为保障的协同共治过程。[2]

社区治理现代化是指在遵循共建共治共享理念的基础上，运用现代信息技术拓展优化社区的生产空间、生活空间和生态空间，进而实现现代化的方式和过程。相较于传统社区治理而言，社区治理现代化具有数字化、人本化、生态化的优势特点。在数字化层面，社区治理现代化的标志性特征就是打造智慧化运营的社区治理方式。在遵循人类生命体特征的基础上，社区治理现代化强调将数字技术运用于社区基础设施的改造和重建、社区建设信息的汇总和共享等方面，以实现社区中的人、事、物三要素的密切联系。在人本化层面，社区治理现代化的核心特征就是打造以人为中心的社区共同价值观。在生态化层面，社区治理现代化的关键性特征表现为实现社区的生态化发展。在关注社区生态环境建设的同时，社区治理现代化也强调社区资源特别是数字资源的整合发展，以数字信息服务平台消除"数据孤岛"，打造开放共享的社区治理环境。简言之，社区治理现代化有着数字智治、以人为本和生态发展等优势价值，有助于化解社区冲突、提升社区服务，达到社区善治目标。

---

[1] 李润国，姜庆志，李国峰.治理现代化视野下的农村社区治理创新研究[J].宏观经济研究，2015（6）：23-29.
[2] 原珂.推进社区治理能力现代化的系统思路[J].理论探索，2021（3）：16-22.

当前城市未来社区尚处于摸索阶段，既有研究主要集中在以下视角：一是理论内涵视角。有学者认为，未来社区建设是要前瞻性地引入技术、生态、社会、生活等变量，运用整体、综合性的观念和行动来超前解决城乡社区所面临的各式问题，未来社区的适应性理论有待进一步探索与建构。[1]作为人们理想生活的重要载体，未来社区的建造价值在于人与自然、人与人、人与科技的多重和谐关系，建设目标是生态、人文、智慧型社区，建构基础是社会、自然和技术三维空间。[2]二是技术应用视角。创新技术是一把双刃剑，在未来社区建设中不可或缺。一方面，数字技术具有优化社区服务与管理、推动运营与治理数字化等积极作用[3]；另一方面，其深度应用也产生了技术、空间、制度、伦理和监管等领域的伴生风险。[4]三是规划实施视角。社区规划的目标是增强社区资源配置与利用的能力，发掘社区价值，进而提升居民生活品质。未来社区规划的核心要义是空间创生、技术赋能和制度创新，即规划设计更有活力的公共空间，注重高新技术发展潜力，同时创新发展多元主体协同参与制度体系。[5]实践经验显示，规划策略的选择是在深入领会未来社区内涵的基础上展开的，如凸显文化特质的空间布局、融合特色风貌的便捷交通、采取低碳技术的绿色生态网络体系、融入居民需求的公共服务配套设施布局以及安全便民的数字化管理手

---

[1] 田毅鹏. "未来社区"建设的几个理论问题[J]. 社会科学研究, 2020（2）: 8-15.
[2] 武前波, 郭豆豆, 接栋正. 新科技革命下未来社区产生的逻辑及其内涵辨析[J]. 现代城市研究, 2021（10）: 3-8.
[3] 汪欢欢, 姚南. 未来社区: 社区建设的未来图景[J]. 宏观经济管理, 2020（1）: 22-27.
[4] 曾智洪, 陈煜超, 朱铭洁. 城市未来社区智慧治理面临的五大挑战及其超越[J]. 杭州师范大学学报（社会科学版）, 2020（4）: 130-136.
[5] 黄瓴, 牟燕川, 彭祥宇. 新发展阶段社区规划的时代认知、核心要义与实施路径[J]. 规划师, 2020（20）: 5-10.

段等。① 四是运营治理视角。未来社区综合运营所具备的多元主体、系统集成与可持续运营内涵特征，形成了一种新模式，有助于未来社区场景落地、运营资金平衡与可持续发展的实现。② 为实现基层社区治理体系和治理能力现代化，未来社区治理应加强多元合作，立足全生活服务链，聚焦居民需求，打造社区商业新生态，同时还需依托创新技术，完善社区动态网格化管理体系。③

综上所述，学术界针对城市未来社区建设议题初步形成了理论内涵、技术应用、规划实施和运营治理四大研究视角，更多地关注其建设内容和理论指导，有利于归纳总结相应的经验教训和发展逻辑。然而，已有研究尚未形成整体分析框架，难以全面介绍未来社区的建设内容与特征，且作为人民美好生活向往的重要体现，社区居民融入与数字治理方面的研究也有待补充。未来社区面向未来，既沿袭了传统社区的一些特征，也凸显了数字化改革的融入问题。浙江省作为未来社区的首创地，在未来社区建设、治理等方面走在前列。杭州市未来社区作为社区治理现代化的先行模板，对城市社区的研究具有代表性意义，有助于各界学者对社区内涵的深度把握，加速社区在全国范围内的推广建设。并且，研究社区治理现代化议题更具前沿性与价值性，能够助推我国社区治理研究成果的理论拓展与深化。

（二）国外文献述评

社区是随着社会发展和社会实践逐步进入研究者的视野的。德国社

---

① 郭子成.未来社区理念下温州市富春社区规划设计探讨[J].规划师，2021（1）：63-67.
② 王艳侠.未来社区综合运营问题及优化对策研究：以杭州七彩社区为例[J].现代城市研究，2021（10）：15-20.
③ 梁慧歆.提升社区治理现代化水平的组合策略[J].宏观经济管理，2020（10）：72-76.

会学家滕尼斯（Tonnies）于1887年在《社区与社会》（Community and Society，又译作《共同体与社会》《礼俗社会与法理社会》）一书里首次提出社区的概念，认为社区是由若干亲族血缘关系结成的社会联合，即共同体。[1]社区这种社会群体是自然形成的，人们因为共同的文化传统和价值观念结合在一起，为共同的目标而共同生活、共同劳动，彼此亲密无间，富有人情味，在社区里，情感的、本质的意志占据主导优势。20世纪20—30年代，以帕克（Park）为代表的美国芝加哥学派创立了社区研究的人文区位学理论，开始将视角转向城市社区。第二次世界大战之后，社区发展的理念产生。80年代，各国政府愈发关注社区在和谐社会建设中的角色和作用，对社区工作的研究进一步深化。后来，经过伯吉斯（Burgess）、罗吉斯（Rogers）、伯德格（Burdge）、邓肯（Duncan）、米切尔（Mitchell）等人的持续研究与发展，文化学、生物学、地理学等视角的社区研究也愈发丰富。[2]

根据社区概念的复杂性，一些学者还尝试从分类的角度来对其进行总结和区分。《社会学百科全书》认为，社区可以分为空间或地域的社会组织和心理凝聚力或共同情感形成的组织两类。丹尼尔·贝尔（Daniel Bell）在其《社群主义及其批评者》一书中，将社区分为地域性、记忆性、心理性三种类型。其中，记忆性社区是指社区的核心要素是这群人所拥有的共同的道德、文化、信仰等；心理性社区是指社区中的人们有共同的心理，相互认同和信任。因此，记忆性社区和心理性社区又可以统称为非地域性社

---

[1] 斐迪南·滕尼斯.共同体与社会[M].林荣远,译.北京:商务印书馆,1999:77.
[2] 原珂.中国特大城市社区治理:基于北上广津的调查[M].北京:社会科学文献出版社,2019:31.

区。① 在此基础上，乔治·希拉里（George Hillery）总结了多达94种的社区定义，并提出社区构成的四要素。② 美国学者桑德斯则将社区视为一个空间单位、一种生活方式以及一种社会互动。③ 理查德·C.博克斯（Richard C. Box）从美国社区治理实际出发，指出以公民为中心的治理是21世纪美国社区治理的趋势。④ 而德鲁克基金会出版的《未来的社区》一书进一步激发了学术界对社区未来愿景的畅想。

由此可见，国外学者习惯将社区治理理解为政府部门、社区组织、居民等基于市场原则、公共利益和社区认同，共同管理社区公共事务，推进社区持续发展的活动。围绕着新型社区的发展建设，当前国外已然形成了欧洲的Block模式、新加坡的Complex模式、加拿大的Quayside未来社区等。上述未来社区的出现反映了新型社区发展的潮流，可以被看作现代技术在城市社区场景的应用产物。⑤ 在美国的未来社区中，民众乐于建立不同形式的社团，乐于参与社区的志愿服务，并且具有非常强烈的公共事务参与精神。⑥ 在帕特南看来，社区将成为孕育自治精神的主要场所，缺失了社区参与，民众的自治意识必将衰落⑦。

在社区治理研究日益成熟的背景下，学者们也开始逐渐探索社区治

---

① 王国平.城市学总论（下册）[M].北京：人民出版社，2014：966.
② Hillery G.Definitions of Community: Areas of Agreas of Agrement[J].Rural Sociology, 1955(20): 111-123.
③ 张勇.同构性与非平衡性：我国城市社区建设模式反.武汉：华中师范大学，2011.
④ 理查德·C.博克斯.公民治理：引领21世纪的美国社区[M].孙柏瑛，等译.北京：中国人民大学出版社，2013：2.
⑤ 邹永华，陈紫微.未来社区建设的理论探索[J].治理研究，2021（3）：95-103.
⑥ 阿历克西·德·托克维尔.论美国的民主[M].董果良，译.北京：商务印书馆，1989.
⑦ 罗伯特·D.帕特南.使民主运转起来：现代意大利的公民传统[M].王列，赖海榕，译.北京：中国人民大学出版社，2015.

理现代化议题。一般而言，现代化包括学术知识上的科学化、政治上的民主化、经济上的工业化、思想文化领域的自由化和民主化等。现代化可以理解为四个亚过程：技术的发展、农业的发展（生产的农产品主要是用来作为商品，而不是自己使用）、工业化、都市化（城市化）。所谓走向现代化，正如美国学者吉尔伯特·罗兹曼所提出的："从一个以农业为基础的人均收入很低的社会，走向着重利用科学和技术的都市化和工业化社会的这样一种巨大转变。"[①] 社区治理现代化的概念最早由威廉·米切尔（William Mitchell）提出，他认为，未来社区一方面指代人民生活着的由钢筋混凝土建造的"硬社区"里，另一方面指代由互联网、传感器等构建的"软社区"。[②] 在此基础上，美国学者罗杰·菲德勒（Roger Fidler）将社区治理现代化描述为"以各种电子媒介为核心，并运用建筑技术建造的现代社区，居民足不出户就可完成日常的工作、生活、学习等活动"。[③] 社区治理现代化的研究视角经历了结构功能视角、政治经济视角、社会建设视角三个发展阶段，主要致力于提升社区生活功能、高质量供给公共服务、一体化设施建设等方面。[④] 就人与环境而言，社区治理现代化旨在打造生态宜居型社区；就人与社会而言，社区治理现代化要求构建生产生活共同体；就人与人而言，社区治理现代化倡导重塑和谐的未来邻里关系，从而更高质量地促进社区发展。

社区治理现代化最终是要构建出符合未来发展趋势的社区治理"新空

---

① 唐晓腾，等.中国乡村的嬗变与记忆：对城市化过程中农村社会现状的实证观察[M].北京：中国社会科学出版社，2010：4.
② 威廉·米切尔.比特之城：空间·场所·信息高速公路[M].范海燕，等译.上海：生活·读书·新知三联书店，1999：2-3.
③ 罗杰·菲德勒.媒介形态变化：认识新媒介[M].明安香，译.北京：华夏出版社，2000：67.
④ 汪欢欢，姚南.未来社区：社区建设的未来图景[J].宏观经济管理，2020（1）：22-27.

间、新服务和新治理"社区，但仅依靠现有的经济社会结构、国家政权建设和现代科技发展难以顺利推进，因而需要结构保障、制度支撑、技术驱动、服务导向、系统推进等联动机制的持续推动。其一，社区治理现代化倡导形成多元的组织结构。政府、居民、企业等多方主体均参与到未来社区治理中，促进社区治理资源的共享，以协商、妥协等方式达成了未来社区治理共识，推动了利益的均衡分配。其二，社区治理现代化探索建立完善的社区制度。通过建立产权制度、协商制度、参与制度等完善社区治理机制，约束多元主体的行为活动，实现了社区治理的规范性发展。其三，社区治理现代化大力引进先进的信息技术。5G、大数据、物联网等数字技术有助于升级社区的基础设施，为数字孪生社区的出现奠定基础，从而更好地推动社区治理的智能化发展。其四，社区治理现代化致力提供最优的公共服务。面对多元化的居民需求，只有综合考虑服务领域、经济发展现状、建设资本等相关因素，才能够走出社区公共服务供给不足的困境，增强社区居民的获得感，提供最优规模的社区服务。其五，社区治理现代化积极塑造了整体的推进体系。社区治理现代化涉及多方主体、多项事务，要推动治理进程，必须协调联动、系统推进，有机地联合各项社区治理要素，从而实现社区治理的质的飞跃。

二、研究创新

综上所述，学者们对社区治理现代化开展了多层面、多视角的研究，取得了丰富的研究成果。然而总体来看，学者们对社区治理现代化的现有研究成果仍然局限于理论、实践、价值等层面，存在以下不足：其一，缺乏对核心议题的研究。虽然当前已有关于社区治理现代化的内涵、理念、方式等的论述，但缺少对社区治理现代化的具体实践逻辑的研究。其实，社区治理现代化内部的组织结构、制度支撑、技术驱动、服务导向、系统推进的过程是我们需要研究的核心议题。其二，缺乏从发展视角开展的研究。由于中国社区的复杂性特点，社区治理现代化受到了包括政策导向、技术发展等多项外在因素的制约以及居民需求、社区结构转变等内在因素的制约，而现有的静态研究不能描述社区治理现代化的动态发展。其三，缺乏结合案例的研究。已有研究成果虽关注了社区治理现代化的实践层面，但多是从宏观的角度描述机遇与挑战，缺乏案例事实依据。

因此，为进一步化解城市基层治理的不平衡发展困境，社区治理现代化需要催生和协调多种功用，对自发的自我多样性做出回应。[1] 也就是说，社区治理现代化的逻辑及其发展过程中的影响因素需进一步明确，这些问题的有效解决能够推动社区治理现代化的高效发展。基于此，本书旨在通过对老居民老社区、老居民新社区、新居民新社区、新居民老社区、未来社区的案例研究，在实践中挖掘出社区治理现代化的实践逻辑与现实困境，并提出富有针对性的优化策略，以此为社区治理现代化提供理论支撑。本书的创新价值体现在以下两个方面。

一方面，应用价值主要体现在城市社区治理上。随着我国城市化进程的快速推进，城市社区管理的地位显得越来越重要。然而目前我国的实际情况是，有相当部分城市对于社区的管理还相对传统，模式简单，控制性强。随着城市管理的改革发展，老旧的管理方法明显不符合日益复杂化的城市社区治理要求。尤其是在国家治理现代化推进的大背景下，城市社区

---

[1] Jacobs J.The Death and the life of Great American Cities[M].New York: Random House, 1961: 189.

管理已成为城市社区治理工作的重要任务。本书基于杭州案例来研究社区治理现代化的现实困境与解决对策，能够为推动、完善杭州市社区治理现代化体系和治理能力现代化提供政策参考依据。

另一方面，学术价值体现在理论梳理上。学术研究的基本使命是解释现象、发掘问题、建构理论、推动实践。针对当前城市社区治理现代化议题研究严重滞后社区治理现代化实践的现状，本书基于社区治理现代化理论、数字化治理理论、中国特色社会主义协商民主内涵，深化拓展民主治理、基层治理、协商治理、多元治理等学术概念，进一步丰富城市基层治理领域的研究，有助于从理论层面回应和发展社区治理现代化的理论内涵。

第三节 社区治理现代化的概念解读

社区作为城市社区治理的基本单元，在城市居民生产生活、基层信息收集以及城市资源配置等方面发挥了重要作用。城市社区治理现代化是致力于通过协调各利益相关者来寻求公共利益的最大化的治理状态，有助于达成善治目标。对此，美国学者弗朗西斯·福山认为，社区发展需要政府和非政府组织的介入，更需要公众参与[1]。英国学者吉登斯也主张政府和公民重新建立相互信任和合作的关系。因此，构建现代化的社区治理体系，就必须发挥多元主体作用，将社区内部的各类事务通过制度化的形式纳入广泛持续而深入的协商过程。[2]

---

[1] 丁丁.国内外城市社区治理相关研究综述[J].天水行政学院学报，2015（2）：35-39.
[2] 张君.城市社区治理体系现代化的多维考察[J].学术探索，2021（2）：52-58.

当前，伴随着城市化、信息化以及现代化的日益推进，政府在传统社区治理中暴露出服务供给不足、管理制度落后、行政方式单一、权责归属不清等问题，不利于社区治理体系与治理能力现代化的目标实现。针对传统社区存在的上述问题，近年来，党和国家高度重视社区治理。2017年，中共中央、国务院发布了《关于加强和完善城乡社区治理的意见》，要求提升社区治理法治化、科学化、精细化水平和组织化程度。党的十九大报告也提出要下移社会治理重心，加强社区治理体系的建设。党的十九届五中全会也明确提出要增强社区治理效能，推动社区治理的高质量发展。在中央政策的引导下，地方政府纷纷开展社区现代化治理实践。山西省阳泉市的"三社联动"、湖南省吉首市的"五进小区"、深圳市的"六方联动"自治、浙江省的"智慧城市"等探索都发挥了积极的城市基层治理作用。尤其是浙江省在2019年政府工作报告中正式提出的未来社区方案，更是持续推动了城市基层治理进程。自未来社区提出以来，浙江省政府陆续出台了《浙江省未来社区建设试点工作方案》《高质量推进杭州市未来社区试点项目建设的实施意见》等相关政策，以指导未来社区的落地实施，以期打造出"1+3+9"的未来社区样板。由此可见，从传统社区治理到未来社区建设既是对社区治理现代化的必然要求，亦是对国家政策的响应，更是社区服务纵深发展的必然趋势。社区治理能力现代化是人民实现美好生活的重要抓手和关键途径。为此，本书通过"新空间—新服务—新治理"的三维视角，对社区治理现代化的内涵进行了解读。

首先，社区治理现代化的新空间维度体现物理社区与数字孪生社区共生。从现实层面来看，社区治理现代化遵循集成配置原理，促使居住功能与娱乐、办公等其他功能结合，以满足社区居民的多元化需求。从虚拟层面来看，社区治理现代化利用一系列新型信息技术提升了治理效率。换言之，社区治理现代化以数字社区映射物理社区，旨在打造出物理社区与数字孪生社区的共同体，进而营造出便捷的生活空间、高效的生产空间及共享的生态空间。一是从便捷的生活空间出发，社区治理现代化在家居、医疗等基础设施中嵌入了物联网技术，以便远程控制水、电、气等相关设备，从而实现智能家居、智慧医疗等智慧化社区管理。二是从高效的生产空间出发，社区治理现代化打破了传统的社区工作方式，采用大屏幕监督系统协助办公，以直观准确地掌握社区治理的全部信息，从而提高社区的治理效能。三是从共享的生态空间出发，以大数据技术推动社区治理数据的汇聚和传输，有助于构建出未来社区治理的数据库，从而化解传统社区治理过程中的"信息孤岛"困境。

其次，社区治理现代化的新服务维度体现以人民为中心的高质量服务。高质量的公共服务需要不断改进服务机制、丰富服务内容。[①] 同样，社区治理现代化为实现公共服务的高质量供给，围绕居民的需求，提供了集成化、差异化、全周期的社区服务。一是就提供集成化社区服务而言，当前居民对社区服务的需求涉及方方面面，只有为居民提供方便的集成化服务才最有实效。秉持着让居民"最多跑一次"的理念，社区治理现代化充分利用区块链技术，集成设计社区的教育、医疗、交通等功能设施，从而推动了碎片化社区服务的融合发展。二是就提供差异化社区服务而言，居民对社区服务的要求呈现出高标准和多样化的特征，只有以居民需求为标准提供的差异化服务才最有效。按照未来社区居民的类型，为不同职业、不同性别、

---

① 李德国，陈振明.高质量公共服务体系：基本内涵、实践瓶颈与构建策略[J].中国高校社会科学，2020（3）：148-155.

不同收入的社区居民提供差异化服务，可以实现人民群众对美好生活的向往。三是就提供全周期社区服务而言，居民对社区服务的需求是长期存在的，只有贯穿整个生命历程的全周期服务才最长效。以人类的生命周期为标准，社区治理现代化致力于为处在婴幼儿、少年、青年、中年、老年等不同阶段的人群，提供该阶段必需的基础设施与服务，从而提升社会满意度和居民幸福感。

最后，社区治理现代化的新治理维度体现共建共治共享的社会治理共同体。社区治理具有复杂性特点，传统的治理方式难以解决日益复杂的社区问题。因而，社区治理现代化更加强调多元主体的合作共治，以期打造出共建共治共享的未来社区共同体。一是社区治理现代化倡导积极的共建。社区事务的复杂性和社区居民的主体性特点，都要求以共建推动社区治理进程。在尊重广大主体的参与权等合法权益的基础上，塑造多元主体的公共精神，引导其主动参与社区治理，进而打造出积极理性的建设共同体。二是社区治理现代化主张协作的共治。共治强调吸引社区居民等更多主体的参与，以共同探索社区治理的有利因素。多元主体通过沟通、协作等方式解决矛盾纠纷，达成未来社区的治理共识，进而打造出力量制衡的治理共同体。三是社区治理现代化宣扬公平的共享。任何人都不应该被排除在利益分享范围之外，社区治理应当保障所有利益相关者的合法权益。通过培育良好的公共精神，实现物质成果和精神成果的合理配置，增强所有利益相关者的获得感，有利于打造出互利共赢的利益共同体。

第四节 案例选择与研究方法

一、案例选择

1949年，浙江省杭州市上城区成立了新中国第一个居民委员会——上羊市街居民委员会，因此，杭州也被称作新中国基层群众自治组织建设的发源地。改革开放后，尤其是21世纪以来，由于政府的高度重视，杭州市的社区建设机制较为全面且投入的资金庞大，使得杭州社区治理成效显著、成绩斐然。本书选择杭州市的1个未来社区（瓜沥七彩社区）、1个老居民老社区（上马塍社区）、1个新居民新社区（灵源社区）、1个老居民新社区（建华社区）、1个新居民老社区（文鼎苑社区）开展田野调查，考察当前如何依托"民主促民生"推进社区治理体系与治理能力现代化，揭示面临的问题与需求、挑战与机遇、条件与原因等。

（一）未来社区

瓜沥镇的七彩未来社区是浙江68个小城市培育试点镇首个未来社区创建项目，属于改造重建类，按照"三化九场景"的总体设计，以建设人民幸福美好家园为目标，旨在打造一个集公共交通、娱乐休闲、居住消费、公共服务等功能于一体的社区邻里中心。2015年，作为浙商回归项目，七彩小镇（七彩未来社区A区块前身）落户萧山区瓜沥镇。参考新加坡新市镇中心模式，七彩小镇打造集公共交通、娱乐休闲、居住消费、公共服务、社区文化及各类公益性服务功能于一体的一站式社区服务中心项目。2020年，七彩未来社区B区开工建设，计划打造产城融合智慧城镇产业园区，并结合幼托中心、人才服务中心等，打造集工作、生活、学习、娱乐于一体的综合型创业场景。2021 年，七彩未来社区 C 区建设用地顺利摘牌，将配套建设人才、配套住房和社区学校、幼儿园、老年日间照料中心、大型的社区健康中心等，打造"职住平衡"的 15 分钟社区美好生活圈。

（二）老居民老社区

上马塍社区地处市中心，位于浙江省杭州市西湖区西溪街道内，东至莫干山路，南沿天目山路，西接马塍路，北至文三路，社区总面积约为 21 万平方米，辖区内有浙江省广播电视台、浙江省规划设计院、杭州市燃气集团等省、市、区级单位 14 家。截至 2022 年 6 月，现有住户 1713 户，总人口为 5055 人，其中 80 岁以上老年人有 512 人，是老龄人口较多的老旧小区。

（三）新居民新社区

灵源社区名字源自仓前西郊唐朝名寺灵源院，古来便是文化繁盛、商贾云集之地。2003 年 9 月，灵源村由原仓前、灵东二村合并而建，辖区面积达 5.3 平方千米。灵源村现位于未来科技城核心区，东望杭州师范大学仓前校区，南邻梦想小镇创业大街，西接在建的杭州西站枢纽，北靠良渚街道。灵源社区是仓前街道的政治、文化、经济中心，是仓前街道办事处所在地，毗邻浙江省委党校，离杭州市中心 15 千米，宣杭铁路、京杭大运河横穿该村，文一西路、东西大道近在咫尺，水陆交通便利。

（四）老居民新社区

上城区彭埠街道建华社区位于沪杭甬高速、德胜路互通立交入口以南，艮山东路以北。社区共有 8 个居民小组，居民有 611 户，2700 余人，社区党委下设 9 个支部，截至 2022 年 12 月，拥有党员 178 人。随着城市化的快速推进，社区自 2007 年开始征迁，先后经历了地铁 1 号线、艮北区块等项目 4 次征迁。2011 年 6 月，整村拆迁；2014 年 9 月，一期安置房回迁，截至 2015 年 10 月，小区入住率达 90% 以上。

（五）新居民老社区

文鼎苑社区位于浙江省杭州市西湖区内。该社区成立于 2009 年 7 月 1 日，东起古墩路，南至余杭塘路，西邻浙江大学紫金港校区，北含学军小学紫金港校区。区域面积为 0.418 平方千米，截至 2022 年 6 月，拥有居民 3231 户。社区自组建以来，以党建为龙头，以服务为切入点，着力增强社区凝聚力，推动社区建设；完善"123"基础建设，搭建高效服务平台，创新工作模式；利用地域优势，整合辖区资源，打造社区文化，优化社区大环境。

二、研究方法

（一）案例研究法

案例研究（case study）法，又称个案研究法，罗伯特·斯特克认为个案是一个有界限的系统（bounded system），他进一步将个案研究分成三种类型，分别是内在的个案研究（intrinsic case study）、工具性个案研究（instrumental case study）和多个案研究（multiple case study or collective case study）。[1] 李普哈特认为，个案研究由于专注于单个个案，即使在研究者可利用的资料相对受到限制的情况下，也可以进行精细的考察。他将个

---

[1] 卢晖临，李雪.如何走出个案：从个案研究到扩展个案研究[J].中国社会科学，2007（1）：118-130.

案研究分为六大理想类型：非理性的个案研究、阐释性个案研究、假设构成个案研究、理论增值个案研究、理论减值个案研究、异例个案研究。前两者受到对个案本身的兴趣的影响，后四者源于对理论建构的兴致。[1]

一般而言，个案研究必须回答下述问题：究竟发生了什么？如何发生的？是否某些特性尚不能用现有理论加以解释？能否总结概括出新的理论？个案研究的过程实际上就是寻求上述问题的答案的过程。[2] 具体而言，这一过程包括以下三个步骤：一是从客观世界中搜寻和确定有意义的个案；二是收集个案素材，真实、客观地描述其发生发展的来龙去脉；三是充分分析个案中的各个变量要素，并从中归纳出一个或数个经验性的结论。[3]

案例研究法的最大优势是，集中于案例可以使案例得到深入考察，即使在研究者可支配的研究资源相当有限的条件下也能做到这一点，其最显著特征是"描述客观世界的真实故事"[4]。正因如此，案例研究在社区治理中的影响越来越大，社区治理研究者通过深入社区、扎根基层，往往能够获得相当丰富的资料与素材，从而形成对整个社会的直观性、全局性认识。

（二）田野调查法

田野调查，又称田野工作（field work），是经过专门训练的人类学者亲自进入某一社区，通过参与观察、深度访谈、住居体验等方式与被研究者经过一段长时间的了解，获取第一手资料的过程。[5] 田野调查作为人类学研

---

[1] 王敬尧，周凤华.政治学研究中的个案方法[J].社会主义研究，2003（2）：94-96.
[2] 沈费伟.任务型治理：浙北荻港村的治理策略[M].南京：江苏人民出版社，2022：44.
[3] 彭兴业.比较政治学研究中的个案方法探析[J].政治学研究，1998（2）：12-16.
[4] 周忠丽.比较政治学研究中的个案方法：特征、类型及应用[J].比较政治学研究，2011（2）：98-109.
[5] 范正勇.对人类学研究方法：田野调查的几点思考[J].青海民族研究，2007（3）：16-18.

究最主要的方法，至今已有百年历史，从最早的斯潘塞、吉林、哈登，再到博厄斯、里弗斯，以及后来的马林诺夫斯基、布朗等，都是著名的人类学田野调查先驱，其中，马林诺夫斯基为真正学科意义上的人类学田野调查树立了实践典范。[1]他主张研究者做深入的长时间的田野调查，是为了贴近调查对象，达到从当事人的观点看当地文化的境界。这种由马林诺夫斯基所开创的移情（empathize）式主位研究似乎成了人类学田野调查的最高原则。[2]

经过几百年的发展，人类学界基本上达成了对田野调查的几个认同：时间上要求一年以上的周期；空间上限制在一个小范围内，很多时候是一个村庄；技巧上要求参与观察与深度访谈；语言上要求掌握当地方言；方法上强调整体论；理论上要求完成某种新理论的证明。[3]人类学的田野调查和实地调研也是近年来中国社区治理学者在研究社区问题过程中经常使用的研究方法。这种研究者扎根于社区实地，通过在社区中的所见所闻直接获取第一手资料的研究路径，不仅具有可操作性，而且也有利于真实地反映社区的整体面貌，以了解中国社区的实际情况。

通过田野调查法，在对杭州市的社区治理进行长期观察的基础上，笔者通过对社区中的近百名工作人员、社区居民等进行个案访谈，收集和整理了访谈记录、工作笔记、部分政府公文等。在此基础上，笔者基本掌握了杭州市社区治理的基本情况，尤其是政治建设、文化传承、环境整治、社会关系构建等方面的情况。本书的调查时间为2021年3月至2022年8

---

[1] 沈费伟.任务型治理：浙北荻港村的治理策略[M].南京：江苏人民出版社，2022：44.
[2] 刘海涛.人类学田野调查中的矛盾与困境[J].贵州民族研究，2008（4）：23-27.
[3] 宋文生.论人类学田野调查的伦理问题[J].学术论坛，2014（5）：125-128.

月，在田野调查中主要采用了参与式观察、半结构访谈等方法。在参与式观察中，笔者以公开研究者的身份进入社区，对研究社区进行了翔实的观察和记录，对社区发展转型过程形成了感性的认识，对于进一步收集资料也获得了更为明确的方向。在半结构式访谈中，谈话主要围绕笔者所关心的话题半开放式地展开，访谈群体主要包括了社区工作人员、社区居民、社会组织成员、政府部门人员等。

（三）文献分析法

文献分析法是一种对文字材料进行深度解读，从中发现社会行为或现象的基本特征、类型与机理的方法。[①] 既有文献资料的分析是文本取向的具体方法，它是辨识研究对象以及发现研究问题不可或缺的方法。在社会科学研究中，它是文本分析的起点。由此，要对既有的与社区治理现代化以及数字治理等相关的国内外文献做系统的文献梳理与汇总，并深入分析，找出所要研究的现实问题与理论问题，以及所要反思的政策意图这一理论视点，为理念视点的理论探讨做铺垫。

本书参考的文献主要包括三大类型。第一类是有文字记载的文献资料，分为三个部分：一部分是官方的地方志书和国内学者的相关研究成果；一部分来自信函、民间公文，比如公示的社区公约、通告等；一部分来自社区居委会的档案室，包括社区的社会经济发展统计数据及党群和各类社团组织、社区建设资料等。第二类是无文字的口述资料，它分为四个部分：一是对社区居民的个案访谈；二是各级政府官员的访谈；三是座谈会的记录；

---

① Schreier M. Qualitative Content Analysis in Practuce[M]. Germany: Sage Publications, 2012: 38-41.

四是对社区工作人员及管理人员的访谈。第三类是影像资料，包括照片、录像和录音资料三个部分。

第五节 研究思路与技术路线

一、研究思路

本书从社区治理"典型突出、整体不佳"的现状出发，以杭州市代表性社区为案例，聚焦于回答如何依托"民主促民生"推进社区治理体系与治理能力现代化问题。为实现以上研究目标，本书将遵从"理论研究—实证研究—政策研究"的思路。首先，在理论层面，主要在整体梳理社区治理现代化理论、数字化治理理论、中国特色社会主义协商民主内涵等基础上，建构社区治理主客体转化的分析框架。其次，在实证层面，通过选取杭州市以新居民为主的新社区、以新居民为主的老社区、以老居民为主的老社区、以老居民为主的新社区等社区为案例进行实地调研，论证当前社区治理现代化如何运作、成效如何的问题。最后，在政策研究阶段，提出通过推进"民主促民生"、深化数字化改革、破解新市民难题等构建社区治理现代化的对策建议。

二、技术路线

本书聚焦社区治理现代化研究议题，从研究步骤、研究内容、研究方法三方面来设计技术路线（见图1-1）。

```
                    ┌─────────┐      ┌─────────┐      ┌─────────┐
                    │ 研究步骤 │      │ 研究内容 │      │ 研究方法 │
                    └─────────┘      └─────────┘      └─────────┘
```

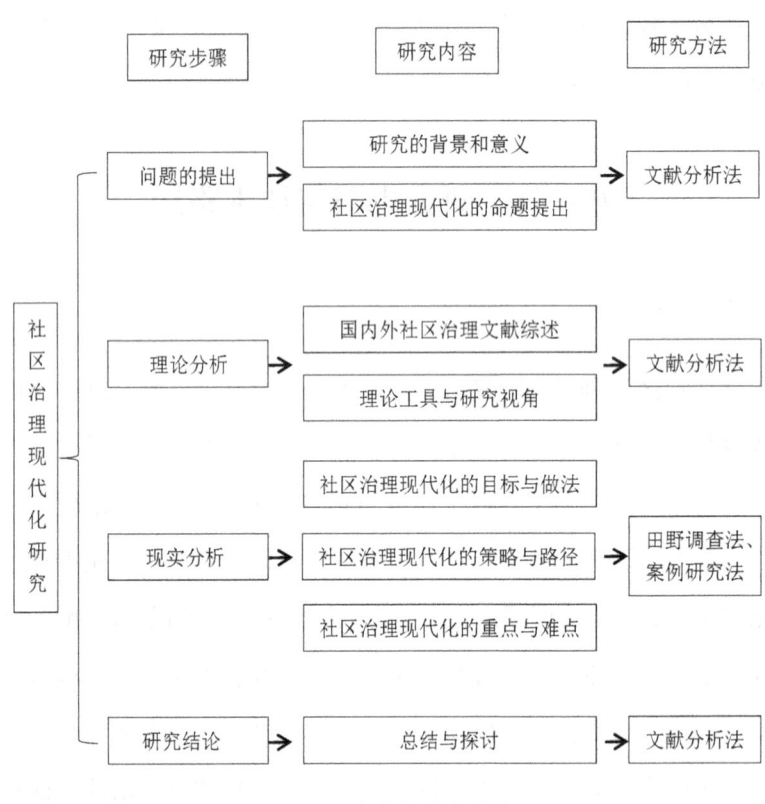

```
                         ┌──────────┐     ┌───────────────────┐
                         │ 问题的提出│ ──→ │ 研究的背景和意义  │ ──→ 文献分析法
                         └──────────┘     ├───────────────────┤
                                          │社区治理现代化的命题提出│
                                          └───────────────────┘

         社                ┌──────────┐   ┌───────────────────┐
         区                │ 理论分析 │──→│国内外社区治理文献综述│──→ 文献分析法
         治                └──────────┘   ├───────────────────┤
         理                               │ 理论工具与研究视角 │
         现                               └───────────────────┘
         代
         化                               ┌───────────────────┐
         研                               │社区治理现代化的目标与做法│
         究                ┌──────────┐   ├───────────────────┤   田野调查法、
                          │ 现实分析 │──→│社区治理现代化的策略与路径│──→ 案例研究法
                          └──────────┘   ├───────────────────┤
                                          │社区治理现代化的重点与难点│
                                          └───────────────────┘

                          ┌──────────┐   ┌───────────────────┐
                          │ 研究结论 │──→│    总结与探讨     │──→ 文献分析法
                          └──────────┘   └───────────────────┘
```

图 1-1 本书的技术路线

Chapter 2

| 第二章 |

理论基础与分析框架

社区治理现代化研究要从社区治理理论、数字治理理论以及中国特色社会主义协商民主内涵中总结提炼理论要素，从而构建出社区治理现代化分析框架。

第一节 社区治理现代化的理论基础

一、社区治理理论

20世纪90年代，伴随着西方治理理论的兴起，社区治理理论逐渐吸引越来越多人的关注与研究。因此，有必要了解治理的内涵和特征，进而把握社区治理理论的内涵、基本原则、主体和内容。治理（英文为governance），最早意为"操舵"，和"统治"可以交替使用。直到1989年世界银行发布非洲治理问题时，治理一词才被学术界所重视。[1] 詹姆斯·罗西瑙认为，治理是一系列活动领域里的管理机制，包含政府机制，也包含非正式、非政府的机制。[2] 罗伯特·罗茨则认为，治理可以被看成一种新的管理方法，一种有效的行政方式。[3] 而全球治理委员会在《我们的全球之家》

---

[1] 俞可平.治理与善治[M].北京：社会科学文献出版社，2000：17.
[2] 詹姆斯·罗西瑙.没有政府的治理[M].张胜军，等译.南昌：江西人民出版社，2001：5.
[3] 俞可平.治理与善治[M].北京：中国社会科学文献出版社，2000：86-87.

中给出了相对权威的定义：治理是各种公共的或私人的个人和机构管理其共同事务的诸多方式的总和。① 社区治理是在吸纳治理理论内涵的基础上所提出的新概念，包含着民主价值的诉求和公共利益的最大化，因而在保障人民合法性地位和提升人民权益方面成效显著。

迈克尔·克拉克（Michael Clarke）和约翰·斯图尔特（John Stewart）从社区整体利益出发，总结了社区治理的六个原则：（1）地方政府应当更加关注地区的整体福利；（2）地方政府在社区治理中的角色只能根据它是否贴近社区和社区市民、是否使他们增权来评判；（3）地方政府必须承认其他公共、私人、志愿组织的贡献，其职责在于促进而不是控制这些贡献；（4）地方政府应当保证社区的全部资源被充分用于这个地区的利益；（5）为了最好地利用这些资源，地方政府需要认真考察如何才能最有效地满足居民的需要，并以不同的方式实施；（6）要证明自己的领导能力，地方政府必须努力地了解、协调和平衡各种利益。② 英国伯明翰大学研究地方治理的学者海伦·苏利文指出，社区治理有三大核心主题，即"社区领导力、促进公共服务的供给与管理、培育社会资本"③。由此可见，社区治理理论的本质就在于多元主体对社区公共生活的合作管理。在社区治理过程中，政府改变了以往单一行政的治理方式，转而采取合作协商的手段与社区治理各主体达成新的格局，与之共同推动社区治理现代化的实现。④

21世纪初，治理理论由俞可平等学者率先引入国内学界。俞可平认

---

① 杨光斌.政治学导论[M].5版.北京：中国人民大学出版社，2019：245.
② 田玉荣.非政府组织与社区发展[M].北京：社会科学文献出版社，2008：12.
③ Sullivan H.Modernisation, Democratisation and Community Governance[J].Local Government Studies, 2001 (27): 2.
④ 何军晖.中国城市社区权力结构研究[M].武汉：华中师范大学出版社，2010：10.

为，现代治理理论的导向是实现良好的治理或善治（good governance）。善治是使公共利益最大化的社会管理过程，本质在于政府与人民对公共生活领域的合作管理，是国家与社会的一种新型关系，是两者的最佳状态。善治实际上是国家的权力向社会的回归，善治的过程就是一个还政于民的过程。善治表示国家与社会或者说政府与人民之间的良好合作。从全社会的范围看，善治离不开政府，更不离开人民；从某个小范围的社群来看，可以没有政府统治，但是不能没有公共管理。善治有赖于人民自愿的合作和对权威的自觉认同，没有人民的积极合作，至多只有善政，而不是善治。因此，从这个意义上讲，社会是善治的现实基础，没有一个健全发达的社会，就不可能有真正的善治。①

本书根据王国平对治理与城市社区治理的研究成果，这样解释社区治理理论的主要内涵：治理（governance）一词源于拉丁文和古希腊语，原义是"控制、引导和操纵"，是相对于传统的统治（government）和管理（management）而言的。治理不再是自上而下，依靠政府的权力、通过发号施令对公共事务进行单一化管理，而是一种强调主体多元化、方式民主化、管理协作化的上下互动的新模式。治理概念最初产生于城市，即城市社区治理，主要用于解决日益复杂的城市问题，后来被用于解决企业、国家甚至全球问题，衍生出公司治理、国家治理、全球治理等概念。根据中国社会的特点，本书认为，城市社区治理是由党政界、行业界（企业界）、知识界、媒体界、市民界（含新市民）等不同社会主体，通过互动的、民主的方式，建立复合的运作体制，共同处理城市公共事务的模式。实现城市社

---

① 俞可平.治理与善治[M].北京：社会科学文献出版社，2000：11.

区治理体系和治理能力现代化的终极目标就是满足人民对美好生活的需要，解决发展不平衡不充分的问题。①

本书认为，现代治理理论为杭州市依托"民主促民生"推进社区治理体系与治理能力现代化提供了理论指导，现代治理理论的基本内涵是共商共建共治共享，通过协商民主达成社区共识，多元主体参与社区建设，以善治化解社区冲突，社区发展成果惠及全体居民。现代治理理论的价值取向是：以人民为中心，维护居民权益；人民当家作主，提高社区自治；包容贵和，促进社区和谐；多元协商，寻求最大公约数。这和"民主促民生"必须坚持"以民为先""五界联动""四问四权""服从多数、关注少数""依法行使民主权利"相契合，因为现代治理理论将真正贯彻"人民城市人民建，人民城市为人民"的理念，做到发展为了人民、发展依靠人民、发展成果由人民共享、发展成效让人民检验，实现了社会建设和政治建设的良性互动，为推进国家治理体系和治理能力现代化提供了宝贵的经验与有益的启示。

（一）理论逻辑：社区治理现代化符合现代居民的生活需求

社区治理现代化的设计理念是以居民需要为中心，也就是说，社区治理现代化以满足居民不同层次的生活需求为目标，包括生理、安全、社交、尊重、自我实现和自我超越等需要，从而合理规划社区空间布局。

首先，生理和安全是居民的基本需求，对应着城市社区的健康、建筑、交通和服务等场景。例如，万科商业社区从最先的'五菜一汤'发展到V-LINK模式，再到CO-life，通过融合设立服务驿站、休闲场所和教育机

---

① 王国平. 城市论[M]. 北京：人民出版社，2009.

构等物理空间，全面覆盖健康、交通、服务、教育等方面，丰富的可变性为居民创造了新的体验感，为新居民的需求提供了无限的包容性。

其次，社交、尊重和自我实现是居民在基本需求得到满足后的更高追求，对应着城市社区的邻里、教育、创业和低碳等场景。例如，杭州市萧山区瓜沥镇的七彩社区开展新老居民参与的公益活动和课堂，在活动中，老居民能加深原有关系又能获得新的友谊，而新居民既能得到他人的尊重又能获得成就感。换言之，社区治理现代化的空间实践既有助于人与人之间社会关系的建设，又有利于居民自治，从而满足自我实现的需求。

最后，自我超越的需求是居民生活需求中的最高需求，对应着社区治理现代化的治理场景。现实中，城市社区应用新兴技术，从传统社区进化成数字中心，通过社区事务多元化参与和社区高度自治，实现治理的数字化，并以网格化为切入点，为居民提供优质服务，实现治理创新。[1]

（二）现实逻辑：社区治理现代化满足现代居民的发展权益

发展权益指的是人们自由参加政治与经济等活动并从中获得利益的权利。恩格斯曾说过："人们必须吃喝住穿，然后才能从事政治、科学、艺术、宗教等等。"[2] 国家不仅要解决人们的温饱问题，还要重视他们的发展权益，具体包括政治、经济和文化三方面。

首先，群众的利益体现在公众参与的治理过程当中，公众的政治参与既能防止损害公众合法权益的政府腐败，又能表述民意，以便政府在决策

---

[1] 李利文，王磊.公共服务下沉创新：理论框架、实践样态与支撑逻辑[J].新视野，2021（6）：36-42.

[2] 马克思，恩格斯.德意志意识形态[M].北京：人民出版社，1961：58.

过程中实现利益合理分配。[①] 城市社区运用互联网在综合服务平台上整合并公布候选人的信息，居民据此投出自己宝贵的一票，整个选举过程做到全透明，保证居民能够有效行使选举权。

其次，社区治理现代化要注重发挥企业的资金优势，保证社区的资产运营，通过与企业合作、共同招商，实现人才与产业的引进。例如七彩社区的数字化创业园为居民提供创业场景，打造集工作、生活、娱乐于一体的社区美好生活圈，居家的创业生活不仅让新老居民获得幸福感和未来感，还让高端人才拥有了归属感。因此，未来社区时代必然改变传统的政府单一提供公共服务的供给模式，形成政府、市场与社区协调合作的多中心供给模式，实现权力回归群众。

最后，社区治理现代化通过对各方的信息资源的整合，建立多元协同机制，共同维护居民的文化权益，包括社会认同和素质培养。例如丽水市莲都区的灵山社区工作委员会举办居民培训活动，开创"先培训后入住"的新模式，践行"信用为本，素质至上"的理念，进一步提高所有居民素质，让其了解未来社区治理的重要性，实现自治性与服务性的充分结合。

（三）价值逻辑：社区治理现代化加强现代居民的协商合作

协商合作具体表现在邻里关系与文化交流上，城市社区除了具有包含公共建筑等基础设施的物理空间，还有强调社区文化多元性与共生性的社会空间，并从人际关系层面体现邻里关系的和谐。一方面，在未来社区邻里场景中，城市社区建设将打破传统社区邻里之间的隔阂，在提供属于居

[①] 王大广.公众参与基层社会治理的实践问题、机理分析与创新展望[J].教学与研究，2022（4）：45-55.

民自己的居住区域之余，社区还会打造方便居民相互交流的开放式公共空间，助力形成更加融洽的邻里关系。例如，绿城服务运营的"志愿汇""睦邻社"等平台，通过提供志愿者和兴趣爱好等社群团体相关系统，推动形成社会共谋、共建、共享、共治的良好氛围环境。

另一方面，文化是多元的，社区治理现代化包容来自多方的文化，不同个体都能在社区里找到适合自己的社群，不同群体也会相互交流，和而不同。例如，云帆未来社区通过建设社区文化馆和打造围垦文化广场的方式，传播邻里文化，增强文化认同感，加强社区之间的文化互动，构建和谐的邻里氛围。所以面对邻里关系疏远等城市管理问题，我国的协商治理发挥着重要作用，既接纳参与建设的组织与个人，又能实现公众之间的合作与沟通；既协调不同组织与个体之间的利益关系，化解矛盾，又能使他们有序参与社会治理。

二、数字治理理论

数字治理的构想最早始于 20 世纪 90 年代，是伴随着电子政务思想的蔓延而不断发展的新型思想。进入 21 世纪以来，以美国、英国、加拿大等国家为代表的西方发达国家率先开启了数字化转型，并将其作为提升国家综合实力的手段。[1] 作为一个新的治理概念，数字治理（digital governance）产生于电子治理之后，是数字时代治理的全新版本，本质上强调的是一种动态的转型机制，即电子政务从传统形式向数字治理新形式的过渡，公民参与的全面性和有效性与信息技术的干预对此起到了决定性作用。20 世纪

---

[1] 许峰.地方政府数字化转型机理阐释：基于政务改革"浙江经验"的分析[J].电子政务，2020（10）：2-19.

90 年代后期，信息通信技术取得了快速的发展，逐渐渗透到政府部门、私营部门和众多社会其他领域，并朝着一场全面的社会变革不断演进，从而在客观上推动了数字治理的诞生和运行，在某种程度上已经使数字治理理论具备了初步的框架。[①]

数字治理以其数字技术的优势，更多地引入多元化的思路，强调对人民需求的尊重，是对新公共管理的超越。[②] 对此，佩里·希克斯等人的《迈向整体性治理：新的改革议程》已经初步提出，整体性治理理论为数字治理理论的发展奠定了理论基础。[③] 在此基础上，2001 年，简·芳汀就数字政府建设遇到的问题探讨了技术与组织之间的整合矛盾，认为数字政府建设的关键不在于技术，而在于要消除传统官僚制与网络系统扁平化这两者之间的张力。[④] 2006 年，帕却克·邓利维认为数字时代的整体性治理的核心在于强调服务的重新整合，这需要通过整体的、协同的决策方式以及广泛运作的数字化电子行政实现。[⑤] 2012 年，米拉科维奇强调，数字政府治理相比电子政府的整体性治理，更多的是以公民为中心的双向互动，强调了公民参与和信息技术对实现这一转型的重要性。同时，公民参与度的提高也提升

[①] 郑跃平，Hindy L S. 电子政务到数字治理的转型：政治、行政与全球化评：Digital Governance: New Technologies for Improving Public Service and Participation[J]. 公共行政评论，2014（1）：170-177.

[②] 林忠心，秦静. 数字化社区治理的内涵、特征及其实现[J]. 中国管理信息化，2017（2）：208-210.

[③] Perri 6, Diana L., Kimberly S., Gerry S. Towards Holistic Governance: the New Reform Agenda [M]. New York: Palgrave, 2002: 37.

[④] Fountain, J. E. Building the Virtual State: Information Technology and Institutional Change[M]. Washington: Brookings Institution Press, 2001: 16.

[⑤] Dunleavy, P. Digital Era Governance: IT Corporations the state, and E-Government[M]. Oxford: Oxford University Press, 2006: 233.

了政府决策的质量。①

由此可见,数字治理理论倡导通过数据赋能智能化时代政府的理念建构、数据共享、服务供给与科学决策,最终实现精准、高效的公共治理(见表2-1)。首先,在理念建构层面,现代数字技术与政府整体性治理结构相互融合,能够对政府治理体系产生革命性的催化。用数字化变革的平等互动理念推动政府整体性理念革新、职能转变与管理体制重塑,有助于实现政府体制的系统优化与流程再造。②其次,在数据共享层面,现代数字技术赋能政府发挥数据整合价值。这种价值实现的关键前提在于"还数于民",要将数据产生的价值落实到维护公民权益层面。再次,在服务供给层面,政府整体性治理的着力点在于如何快速、精准地捕捉到公民的需求,从而使公民需求可以被统计、感知甚至是预测。实现上述这些功能,需要数字技术推动政府治理升级为精准化、个性化、主动化的新模式。最后,在科学决策层面,政府的整体主义决策不再以政治精英为中心,数字技术广泛、快速的传播特性使得任何一个具备信息技术素养的主体都能成为信息的生产者、传播者。③公共问题的解决不再局限于少数人的决策,而落实到共商共治共享的治理主体,从而提升政府决策的科学化、民主化水平。

[①] Milakovich M E. Digital Governance: New Technologies for Improving Public Service and Participation [M]. London: Routledge, 2012: 15.
[②] 刘淑春.数字政府战略意蕴、技术构架与路径设计:基于浙江改革的实践与探索[J].中国行政管理,2018(9):37-45.
[③] 戴长征,鲍静.数字政府治理:基于社会形态演变进程的考察[J].中国行政管理,2017(9):21-27.

表 2-1 传统官僚制、新公共管理、整体性治理与数字治理的比较[①]

项目	传统官僚制	新公共管理	整体性治理	数字治理
时间	20世纪80年代以前	20世纪80年代至20世纪末	20世纪90年代末期	21世纪上半叶
理念	重视规则程序	满足顾客需求	注重公民整体需求	平等互动
数据	数据管制	数据竞争	数据整合	"还数于民"
服务	效率至上的服务	效益和效率并重的服务	整体性供给的服务	精准化供给的服务
决策	权威主义决策	管理主义决策	整体主义决策	科学主义决策

现代社会的技术风险，其实质是人造风险，根源在于注重科学技术开发与升级，而忽视了数字治理的目的更在于提升社会质量。因此，我们将科学技术作为社会治理工具的同时，应以提升社会质量为目标导向，从而合理控制和规避技术风险，促进社会和谐发展。现代技术风险的治理，根本在于建立起提升个人潜力和增进社会福祉的高质量社会，促进科学技术发展，实现人与自然和谐统一，彻底改变技术的经济价值与社会价值、生态价值等不相协调的状况，由片面追求技术发展的经济价值，向经济价值与社会价值相统一的技术发展方向转变，将技术的社会价值融入到技术发展之中，以实现技术发展经济效益与社会效益的融合。[②]按照数字治理的社会质量标准内涵，政府需要从社会经济保障、社会赋权、社会凝聚和社会包容四方面来提升数字治理的社会质量，以此来化解现实社会中的各类技术风险。

---

① 沈费伟，诸靖文.数据赋能：数字政府治理的运作机理与创新路径[J].政治学研究，2021（1）：104-115.
② 欧庭高，巩红新.现代技术风险的特质[J].武汉理工大学学报（社会科学版），2014（4）：513-517.

（一）社会经济保障：加强制度建设，优化资源配置

社会经济保障是数字治理的社会质量内涵的题中应有之义，其内容覆盖了维持人类基本生存所需的各种经济社会条件及其配套制度资源，例如基本的食品安全保障、生活环境设施、住房问题解决、就业医疗等公共服务供给。数字治理的发展要以经济发展为基础，不能为了发展科学技术而忽视了社会经济保障问题。罗尔斯曾言："一个社会体系的正义，本质上依赖于如何分配基本的权利义务，依赖于在社会的不同阶层中存在的经济机会和社会条件。"[①] 因此，数字治理存在的逻辑前提就是保障每位社会成员生存所必需的权利，每个人都能共享社会发展的收益，这有利于人类个体实现自由全面发展。

然而，从现实来看，当前还不同程度存在着片面重视技术创新而忽视社会经济保障的问题，呈现出公共资源配置低效、民生保障支持不足、社会保障制度严重滞后等矛盾。数字治理的社会质量的理论内涵强调，普惠共享的社会经济保障是消除技术风险的基本前提。因此，现阶段数字治理模式的构建应该将以改善民生为重点的社会保障体系纳入制度框架，通过加强数字治理的社会经济保障制度配套，为社会弱势群体提供均衡的公共资源配置，从而解决数字治理风险所带来的各种社会问题。只有这样，才能有效化解数字治理与经济发展之间的张力，为实现社会治理创新、提升社会质量提供基础条件。

（二）社会赋权：重视参与机制，增强主体意识

数字治理的社会质量内容强调，社会赋权既是实现数字治理目标的途

[①] 约翰·罗尔斯.正义论[M].何怀宏，等译.北京：中国社会科学出版社，1988：7.

径，也是消除数字治理风险的依归。作为社会质量理论的核心要素，社会赋权的实质是人类的个人潜能和力量在何种社会关系层面能够被激发出来，个人的行动能力通过何种社会治理结果能够充分展现。根据社会赋权的概念，我们可以将赋权理解为增能，它意味着个体在知识、技能、经验等方面的能力不断提升，从而能够利用各种有利的机会条件，充分掌握个人的生活选择空间，最终实现人生的价值。从层次上看，现代社会发展中，经济发展只代表了物质层面的发展，而人类发展进步才是社会发展的最高意旨。因此，数字治理作为推进人类社会发展的重要手段，应将促进和服务于人的全面发展作为出发点与落脚点。

数字治理的社会质量理论的题中应有之义是强调科学技术的发展利用应秉承以人为本的原则，在此基础上将科学技术广泛应用于社会各个领域和各个部门，从而实现人类社会可持续发展的目标。数字治理不是要牺牲人类独有的直觉、情感、思维、道德与经验，放弃未来发展中人的判断力，而将自己交给技术，也不是将技术作为约束与奴役他人和自我的工具——这些都是技术风险产生的重要原因。因此，社会质量理论倡导在数字治理与社会进步中保持人类独有的思考和判断能力，政府通过不断更新观念，充分向社会放权，不断完善公众参与的信息、技术、组织和法律保障机制，从制度上保障公民权能、增强主体意识、扩大公民权利，从而真正从人的层面解决技术风险问题。

（三）社会凝聚：加强信任团结，增强社会共识

社会凝聚作为数字治理的社会质量理论的重要维度，暗含着提升社会质量的价值基础和基本规范之意。伯曼（Berman）和费里普斯（Philips）曾

指出:"社会凝聚表达了人们之间拥有共享的价值理念和规范道德的社会关系的状况。"[1] 因此,一个具有社会质量的现代国家肯定也是一个充满社会凝聚力的国家,所有的社会成员都具有共享的核心价值体系,人与人之间和睦相处、彼此信任,能够维持社会的永续发展态势。然而,在强调数字治理而引发各类社会问题的今天,社会中人与人之间缺乏基本的信任和理解,共享的道德、观念、风尚等渐行渐远,个人对他人、个人对社会以及个人对国家的疏离感不断增强,社会团结与合作濒临崩溃,和谐共存难以实现。

尤其是,我国当前处于社会转型时期,长期以来致力于实现经济发展目标,不断推进科技进步、促进科教发展,却忽视了社会认同感的维护,进而在一定程度上造成社会公正缺失、社会秩序不稳以及社会凝聚力减弱等问题,使得社会中经常出现民众以不正当或极端方式抵制治理的行为,严重阻碍了社会主义和谐社会的构建。社会质量理论指出,从社会凝聚维度提升社会质量,主要是提升社会联系的紧密程度、社会信任度、社会公平度和民众对社会的归属感等。提升社会凝聚度,能够有效消除数字治理中存在的各类道德风险,有效增进社会信任,促进社会和谐发展。

(四)社会包容:化解社会排斥,促进包容发展

数字治理的社会质量标准要求提上社会包容度,也就是要充分发挥社会融合等在数字治理中的优势。从社会包容维度提升社会质量,主要师从社会排斥视角考察技术风险导致的社会弱势群体生存环境恶化、生活质量降低等问题,通过消除技术风险的各种弊端,减少社会排斥,加强社会融

---

[1] 彭华民.西方社会福利理论前沿论:国家社会体制与政策[M].北京:中国社会出版社,2009:87.

合。科学技术在社会治理过程中涉及多元主体，例如政府部门、技术研发公司、监管部门、普通用户等。当前数字治理存在着过度注重政府部门利益、排斥社会弱势群体参与的问题。[①]可以说，拥有社会质量的数字治理必然是包括人类社会的各个参与主体的治理，因此，如何处理社会包容与技术排斥，进而达成社会合作、规避技术风险成为提升社会质量、消除技术风险的重要问题。

按照社会质量理论的主张，一个高质量的社会，其结构特征一定是具有较高的社会包容度的。因此，科学技术不应成为制造社会排斥和社会隔阂的工具，现存化解技术风险的方法也不能不考虑社会包容度等核心因素。良好的数字治理应该是通过发展科学技术提升社会机会的开放性，并最大限度地为社会各阶层和各利益相关者分享的治理，而不应该助长社会两极分化或抑制社会创新。数字治理应该坚持包容发展的原则，兼顾具有不同需求、利益、目标的各利益相关者，实现目标兼容，在普遍共识的基础上化解社会排斥，从而消除技术风险引发的各种弊端，最终激发社会活力，形成社会公平、互信、互惠、包容与合作的良性治理。

三、中国特色社会主义协商民主内涵

协商民主是在20世纪80年代由学者约瑟夫·毕塞特提出的，随后西方兴起了协商民主理论的热潮。当前学界对于协商民主的内涵界定尚未统一，例如，米勒、亨德里克将协商民主理解为一种新型的决策，科恩等人则将协商民主等同于一种组织方式，罗尔斯将协商民主理解为一种实质民主等。

---

① 沈费伟，曹子薇.从数字鸿沟到数字包容：老年人参与数字乡村建设的策略选择[J].西北农林科技大学学报（社会科学版）2023（01）：21-29.

尽管学者们基于不同的角度对协商民主进行了不同的解释，但是他们的核心都指向维护公共利益、倡导民主政治、实现政治合法性。① 概括起来说，协商民主可以理解为一种治理形式，即政府应用协商治理方式，通过构建多元主体的平等参与机制，最大限度地构建政社互动的良好治理格局。

国内学术界普遍认为，中国的协商民主概念最早是由江泽民在 1991 年召开的七届全国人大四次会议上提出的："人民通过选举投票行使权利和人民内部各方面在选举投票前进行充分协商，尽可能就共同性问题取得一致意见，是我国社会主义民主的两种形式。"② 而中国协商民主概念的正式确立则是在 2006 年 2 月中共中央出台的《关于加强人民政协工作的意见》。③ 2007 年 3 月，《中国的政党制度》白皮书开始采用协商民主的表述。④ 在此之后，协商民主成为社会主义民主政治建设的重要内容，也是和谐社会建设的必然要求。党的十八大以来，以习近平同志为核心的党中央站在新的历史起点上，从国家治理现代化的角度出发，切实把协商民主作为推进社会各项事业建设的重要手段，极大地调动社会各界力量开展民主监督与参政议政，从而丰富了中国特色社会主义协商民主的内涵。

习近平着重强调，一方面，协商民主是中国特色社会主义民主政治的特有形式。⑤ 中国特色社会主义协商民主不是舶来品，它的理论源流是马克思主义的民主政治思想。另一方面，协商民主是中国特色社会主义民主政

---

① 凌锐燕.国家治理现代化进程中的协商民主问题研究[D].北京：中共中央党校，2015.
② 江泽民.江泽民论有中国特色社会主义[M].北京：中央文献出版社，2002：347.
③ 中共中央文献研究室.中共中央关于加强人民政协工作的意见（摘要）[M].北京：人民出版社，2006：3-4.
④ 中共中央文献研究室.十六大以来重要文献选编（下）[M].北京：中央文献出版社，2008：251.
⑤ 习近平.决胜全面建成小康社会 夺取新时代中国特色社会主义伟大胜利——在中国共产党第十九次全国代表大会上的报告[M].北京：中国人民出版社，2017：140.

治的独特优势。中国特色社会主义协商民主有助于扩大公民政治参与，提高公民的政治效能感。中国特色社会主义协商民主是促进城市社区治理现代化的内在要义，为厘清城市基层协商民主的作用和价值提供了理论指导。社区治理现代化更需要推动协商民主广泛、多层、制度化发展，加强协商民主制度建设，形成完整的制度程序和参与实践。未来，唯有将协商民主推广到我国社会发展的各个领域，覆盖到基层社区的每一位居民，才能充分发挥协商民主在推动基层社区治理能力现代化中的作用，也才能真正实现社区治理现代化的民主价值、保障社区居民的权益。

社会主义协商民主内涵是分析框架建构的充要条件，是我国长久发展的必然选择，是符合中国政治语境的制度形式，也是城市社区基层协商治理开展的政治话语背景。城市社区治理中以协商为内容的探索是社会主义协商民主在基层实践的一种形式，也是中国特色社会主义协商民主知识体系的一个重要组成部分。只有将协商的规范性反思范围扩大到我国政治的多个层面，涵盖基层社区范围内的每个个体，才能使协商民主奠定在治理体系建构与治理能力提升中的恰当地位。

社会主义协商民主内涵对本书的指导价值主要体现在以下三个方面：第一，社会主义协商民主内涵为本书研究背景提供了依据。本书的协商问题是基于协商民主内涵与协商治理概念提出的，并在此基础上总结出协商的理论逻辑与实现路径。第二，社会主义协商民主内涵中协商的含义为解析协商的相关问题指明了思路。根据社会主义协商民主的规范理想，协商是一个交流过程，在这个过程中，行动者了解政策问题，考虑其复杂性，并在更好的论证下共同行动。第三，社会主义协商民主内涵的特征为厘清城市基层协商民主的特点提供了说明。社会主义协商民主内涵的一个重要特征是强调中国共产党的领导，其在我国协商实践中具有重要的元治理作用，是确定协商议题、设计把握协商整体过程的主导力量。

第二节 城市社区治理现代化的分析框架

社区是社会发展和治理的基础平台，已日益成为各项政策的落实点、各种利益的交汇点、各类组织的落脚点和各方矛盾的集聚点，成为创新社会治理、满足人的需求的重要突破口。[1]社区治理现代化就是要在新常态发展背景下，依靠政府组织、社会组织和居民自治组织以及个人等多元主体的助推，构建复合型的治理结构，从而更好地应对社区公共事务问题，共同实现社区目标，最终保障居民权益。

一、理论背景：基于对城市社区属性的再认识

21世纪以来，受到结构转换、体制转轨、利益调整和观念转变等影响，社会的转型发展体现为一次社会结构的大调整。在转型期，人们的行为方式、生活方式、价值观念等都会发生明显的变化。而从城市社区治理属性来看，由于新的环境、新的挑战和新的要求，社会的转型发展必然要求对城市社区发展进行战略性的选择和具有准确性的定位，这就需要我们对城市社区属性进行再认识。

大量流动人员在城市社区聚集和流动。近年来，随着城市化进程的加快，越来越多的非城市社区人员成为城市社区的重要组成部分。他们不但在城市社区这个单元内工作和生活，而且在城市社区这个单元内实现他们

---

[1] 本书编委会.社区治理与服务创新的"天宁模式"[M].北京：人民出版社，2016：2.

的政治与利益诉求表达。从实际情况分析，我们可以将城市社区中聚集和流动的人口分为四类：第一类是回归城市社区的下岗职工和离退休人员；第二类是在城市社区置业和创业的各种业主；第三类是进入城市社区就业的外来人口；第四类是居住在城市社区的各类楼盘中的非本社区户籍居民。[①] 基于此，新时代城市社区的属性可以从治理主体、参与对象、治理形式三方面来理解。

首先，治理主体多元化。由于城市基层的社会转型和群体利益分化，城市社区已逐渐成为各种社会矛盾的集中点。很显然，上述复杂性矛盾的解决光靠政府的力量是不够的，这就需要政府（街道办事处）、市场（企业）、社会（自治组织、社会团体与中介组织）及政党（居民党支部）等多元主体的介入，明确各主体的职责边界，从而更加积极地发挥各主体在社区治理中的价值作用。[②] 其次，参与对象公民化。城市社区治理过程中所有的主体不再是以往的依附关系，而是转变为彼此共赢的合作关系。并且伴随着各主体合作的日益深入，城市社区居民的参与意识逐渐觉醒，公众具备了越来越多的话语权。最后，治理形式互动化。在多元共治的合作格局指引下，政府与居民之间的互动越来越丰富，形式也越来越多样化。并且城市社区中的行政力量、自治力量和社会力量构筑成横向的网状结构，城市社区治理的主要手段由行政手段转变为法律规范下的多样化治理手段，这些都为实现社区治理的现代化目标奠定了坚实基础。

从空间生产理论出发，将空间生产引入到城市社区场域中，则社区治理现代化空间生产可以理解为以实现人民对美好生活的向往为目标，在遵

---

① 赵毅旭. 城市社区治理路径[M]. 成都：四川大学出版社，2010：19.
② 赵毅旭. 城市社区治理路径[M]. 成都：四川大学出版社，2010：5-7.

循人本化、生态化、数字化理念的基础上，致力于打造未来社区的物质空间、文化空间和社会空间。① 其中，未来社区的物质空间可以理解为硬性空间，主要包括社区景观、公共建筑等基础设施。文化空间可以理解为软性空间，主要包括社区制度规范、价值观念等规范公约。社会空间可以理解为韧性空间，主要包括人际关系、人际信任等权力结构。未来社区在空间治理过程中，也面临着空间需求、资源要素、场景建设、评价标准等空间危机，迫切需要从整体性和系统性的角度出发来开展未来社区的空间调适，从而更好地打造人与人、人与城市、人与自然、人与社会都能够和谐相处的高质量未来社区。

（一）城市社区的物质空间实践

在物质空间层面，未来社区致力于从公共建筑和社区景观两个层面来构建配套完善、绿色集约、智慧共享、开放多元的平台。其中，公共建筑是未来社区的空间载体，而社区景观是未来社区的美化装饰，两者共同促成了未来社区的物质空间实践。

1. 公共建筑生产

从公共建筑角度来看，未来社区除了注重建设满足居民生活需求的住宅楼房之外，还融合了娱乐、商业、教育、体育等服务模块，从而真正满足居民的居住、发展、休闲、养生需求。未来社区按照整体性开发理念，促进经营性用地和公益性设施同步建设与运营，从而有效解决场景配套与服务脱节的问题。② 同时，在未来社区内部，通过合理改造建筑屋顶及室内、

---

① 司舵，章瑾.浅谈"未来社区"建设的浙江探索[J].特区经济，2021（8）：99-101.
② 薛国琴，项辛怡，鲁凯.未来社区建设的支撑体系探析[J].绍兴文理学院学报（人文社会科学），2021（2）：108-113.

运动场、城市绿地、户外广场等现有空间，配套建设了九大场景的。未来社区将传统因素与现代科技融合，以打造宽敞的公共空间为载体，强调邻里精神的回归以及公共空间面貌的恢复，重视社区环境的保护，打造假山鲜花绿草、小桥流水人家的意境。同时，合理规划社区功能分区，加强社区管理，优化社区生活功能，明确生活住宅区的界限；通过搭建立交桥、地下通道，实现未来社区的交通动静分离，明确人行、物行、车行的专属通道，提供随处可见的开放交流空间，真正发挥房屋建筑的使用价值。

2. 社区景观生产

伴随着人们对物质水平和居住生活质量追求的日益增强，社区居民已不满足于单纯的基本生理需求保障，渴望获得更加生态宜居的社区环境。尤其是在房地产市场化大潮的影响下，城市社区居住景观的特色化和生态化成为居民选择社区的首要考虑因素。社区景观是由作为社区空间载体的假山、植物、水流、小品等组成的各种实体形态，由于能够直接被人的视觉、听觉、嗅觉以及身体触觉所感知到，其科学设计和优美布局，能够凸显社区美学的要义。社区景观也是当前未来社区建设中改善空间环境，进而创造高质量的空间美学的重要手段。未来社区的景观生产应延续本地区原有自然景观的特色内涵，从而保留地方特色的传统文化基因，同时在景观设计中也积极吸纳现代社区的数字化景观和产品应用，从而真正实现传统与现代的深度融合。在此基础上，未来社区的景观生产还需要融入更大范围的城市群建设，以开放、绿色、共享为宗旨，从小区地形、步道系统、社区广场、植被绿化等方面对小区进行整体布局，从而创造真正的休闲社区，营造亲切的人性空间。

(二) 城市社区的文化空间实践

未来社区不是单纯技术叠加的智慧社区，而是在社区制度规范和价值观念生产两者基础上形成的社会治理共同体。其中，社区制度规范从社区柔性治理的角度塑造共建共治共享的共同理念，价值观念生产则是社区居民社会资本凝聚和社会信任实现的重要渠道。

1. 社区制度规范

针对传统社区治理过程中存在的物业纠纷、责任模糊、关系淡漠、信任危机等文化问题，如何重塑社区制度从而更好地规范社区居民行为，成为未来社区文化空间治理的关键问题。首先，未来社区建设要完善生态环境保护制度。未来社区建设坚持生态化理念，这就需要注重保护自然环境、人文环境和社会环境，而完善的生态保护制度能够对社区的生态实现全周期管理，以此促进社区的环境得到有效改善。其次，未来社区实施高度自治的管理制度。未来社区通过搭建专门的演讲、申诉表达平台，让民众可以自己管理自己、自己服务自己，增强人们的社会责任感。未来社区通过融合互联网、大数据分析、健康医疗等科学技术，打造完善的小区物业管理系统，更好地服务社区居民。最后，未来社区需要构建健全的数字技术服务制度。未来社区为促进互联网、大数据、人工智能等现代信息技术的高效应用而出台更具包容性的服务制度，从而加快推进智慧养老、医疗、交通、保洁等配套服务，真正提升未来社区的现代化水平和治理效能。

2. 价值观念生产

传统城市社区缺乏地方文化和价值观念传承，在建筑风格和历史文脉保护上同质化问题严重；未来社区建设则注重分类施策、因地制宜，强调居民价值观念的保护，从而凸显社区文化空间实践的公共性、多元性和共生性。未来社区的价值观念生产要结合城市社区的文化定位，挖掘居民的切身需求，将分散化、个性化以及差异化的个人价值观转化为具有凝聚力、团结感和归属感的社区核心价值观，从而形成不同未来社区的专有IP。未来社区在价值观念生产的同时，能够更好地激发社区居民的文化认同感，更好地促进城市社区与历史文脉的有机融合，从而为构建和谐的邻里关系奠定坚实的基础。例如，杭州市的始版桥未来社区在坚持老旧小区改造基础上，保留社区核心的价值文化体系，为延续居民记忆、激发社区活力、重塑社区共生系统发挥了重要作用。在价值观念生产的引导下，未来社区也能够真正破解社区更新带来的环境恶化、文化缺失和价值冲突问题，从而为实现良善治理指明方向。

（三）城市社区的社会空间实践

未来社区在社会空间实践层面主要体现为人际关系生产和人际信任生产两方面内容。其中，人际关系生产体现为回迁居民和新入住居民在生活方式、行为习惯、风俗人情方面的差异与融合，而人际信任生产体现为通过社区居民的持续信任更好地提升社区治理绩效。

1. 人际关系生产

未来社区代表着未来城市社区的发展方向和进步趋势，从社会关系层面体现了邻里关系的和谐，是社会空间实践的重要组成部分。当前，未来社区建设以老旧小区改造为主，居住人群主要包括了回迁居民和新入住居民两大类。其中，回迁居民大多延续原有的生活方式，而新入住居民则一般采用城市的新型生活方式，因此两者之间存在着生活方式、行为习惯、风俗人情方面的差异,这对于人际沟通和交往势必产生影响。同时,未来社区的未来性特征又承载着社区居民的共同向往,从而使得新社区、老居民与新需求之间存在着多重矛盾关系。因此,未来社区的人际关系生产需要综合考虑本地居民与外地居民,老人群体与青年群体、儿童群体的多元化需求,为各类人群提供空间互动的平台和交流的场所,从而更好地提升未来社区的社会资本,进而实现未来社区的可持续发展。

2. 人际信任生产

科尔曼（Coleman）认为,信任与网络、规范一样是重要的社会资本。[1] 在一个共同体中,社会信任水平越高,团队合作的可能越大。同时,信任能够由互惠规范和公民参与网络产生。[2] 居民的良性互动不仅需要多元主体的参与,更重要的是构建开放、包容、有序的社会治理格局。[3] 也就是说,未来社区建设非常重视人际信任生产,通过获得居民的持续信任,从而更好地实现社区的自主治理。未来社区的持续信任是保持和扩大社区规模的重要条件,也是吸引社区居民参与社区治理的核心因素。未来社区的人际信任生产关键在于强化社区的技术信任、制度信任和人际信任,具体表现为未来社区系统稳定性的增强、社区运营制度的完善以及社区对成员合法权益的保障。组织开展各类丰富的线上和线下活动,能够促进成员之间的人际信任,进而更好地提升未来社区的治理效能。

---

[1] Coleman J.Social Capital in the Creation of Human Capital[J].American Journal of Sociology, 1988 (94): 95-120.

[2] Putnam R D.Making Democracy Work: Civic Traditions in Modern Italy[M].Princeton: Princeton University Press, 1993.

[3] 罗婧.信任与风险：走出社区治理的多元主体困境[J].江西社会科学, 2020（9）: 214-223.

二、理论创新：社区成员主体与治理主体理论

人的主体性表明，人作为主体，与客体是区分开来的，而主体自觉是人的主体性的重要表征。[①]"价值使命""人性的自由解放""主观能动性""自我认识与审视"等表述都是主体自觉在某一维度的体现，有关主体自觉（包含主体性、主观能动性等概念）的研究是伴随西方哲学史发展全过程的重要课题。从西方学术史发展的角度来看，有关主体自觉的认识可以分为古希腊时期、文艺复兴与启蒙运动时期、近现代与当代四个阶段。

首先，古希腊时期是主体自觉的诞生阶段，以"人通过认识形成对客观世界的感受"为契机，探讨主体自觉性。其中，智者派代表普罗泰戈拉最早提出了"人是万物的尺度"的论断，强调人的感觉是获取知识的途径，被认为是探讨主体自觉的起源[②]；苏格拉底丰富了普罗泰戈拉的观点，进一步提出"有思想力的人是万物的尺度"，强调了人的思想力的能动作用。中世纪时期，主体自觉的发展遭受了重大打击，而主体自觉与人性、理性的结合，始于西方文艺复兴时期后的近代哲学，与人本主义思潮紧密相关。笛卡尔在人本主义思潮下，提出了"我思故我在"的著名观点，强调了人通过理性思考发挥的主观能动性对于主体自觉解放的重要意义。[③]近现代以来，主体自觉这一概念得到了全新阐释，费尔巴哈确立了人本主义哲学体系，认为人是自然的产物，人的主体性包含在社会团体中，强调了人的主体自觉与社会的联系。直至今日，有关主体自觉的研究仍然占据西方学术研究

---

① 陈淑文.洛克的第二性质理论探讨[J].中南民族大学学报（人文社会科学版），1985（2）：48-54.
② 康德.道德形而上学原理[M].苗力田，译.上海：上海人民出版社，1986：23.
③ 邢贲思.费尔巴哈的人本主义[M].上海：上海人民出版社，1981：67.

的主流地位，由主体性衍生出的主体间性是目前哲学研究的前沿。当代学者基于后现代主义理论，对主体性进行了解构与重建，相关研究结论被纳入后主体性的体系统一考察。① 胡塞尔以人的交互主体性为切入点，从现象学的角度批判了康德、笛卡尔等人的主体哲学观点，"据不同的经验层析对交互主体性做出了重要区分；马丁·布伯提出，"我"具有双重属性，既与"你"相对，也与"它"对应，由此完成了主体性向主体间性的哲学转变；哈贝马斯进一步将主体间性的地位上升为交往理性和商谈理论的前提②；齐泽克则从本体论层面探讨主体间性，主要论述了自我意识的双重化；乔·霍里德认为，个人主体特征无法与自然、社会历史制度分离。综合而言，后主体性理论彰显了主体性从单一的"我"走向多个的"我们"的思维范式的转变，突出了主体间互动对于社会整合的关键意义。

改为"而在社会转型大背景下的所谓社区成员主体理论，伴随社区公共生活空间呈现出的城市社区主体日益多元化现象，城市社区成员主体既包括传统意义上的户籍在社区的居民，又包括在城市社区区域化范围内的各类组织（含机关单位、企事业单位以及其他经济组织、社会组织等）以及工作或生活在社区的各类个体（如非户籍居民、外来流动人口、业主、农民工、辖区学校学生、辖区医院病人等个人或群体）。

在城市社区治理的实践中，主体的多元化是必然要求，社区成员主体理论必然对应产生社区治理主体理论。城市社区治理需要多元主体的参与和决策，政府与社区之间要形成积极而有效的合作信任关系，以善治为目标，使城市社区公共利益最大化。因此，社区治理主体理论应当是指在城

---

① 杜鹃.齐泽克对主体辩证结构的阐释[J].学术交流，2017（2）：219.
② 大卫·雷·格里芬.后现代精神[M].王成兵译，北京：中央编译出版社，1998：124.

市化进程中，参与社区建设和发展、获得社区各项服务的参与主体多元化，既包括作为各级党委、政府"触角延伸"的社区党组织和自治组织，又包括作为社区主体的所有成员，同时还包括其他面向社区开展服务、获得发展的各类组织和个人。

城市社区治理主要体现为地方政府以及其他组织的权力分配关系、动力机制和利益结构，这是社区治理实践得以进行的基础。[①] 主体与客体的关系是互相依存、互相作用、互相决定的，主体不仅能在物质决定意识的唯物主义主体论前提下主动地设定客体、影响客体，表现出积极的能动作用，而且还有消极、被动地反映客体，被客体所决定的一面。正是在两者间的各种关系中，主体与客体才分别具有自身的意义。其实，这一关系在海德格尔后期建立的本体论的主体间性一说中阐述得更为透彻。本体论的主体间性指的是活动中的人与世界的同一性，不是主客体对立的关系，而是主体与主体间的交往、理解关系。

（一）主体与客体相互转化

1. 主体客体化

在信息化时代，社区治理主体的去中心化、去主体化等特征日益凸显。而在此过程中，社区治理的现代化需要依靠主体客体化来实现。一方面，在互联网、大数据、云计算、人工智能等现代技术引导下，作为传统社区治理主体的政府部门逐渐扬弃单一化、简单化的行政指令方式，选择运用引导、指引等方式来实现自身的角色转型。这种转型并不是政府弱化的表现，而是运用更加有效的治理方式以实现社区的善治，这实则体现出政府

---

① 赵毅旭.城市社区治理路径[M].成都：四川大学出版社，2010：24-25.

由"大政府"转为"强政府"的转型逻辑。另一方面，伴随着政府角色的转变，社区治理中的其余主体开始发挥自身的治理优势，纷纷参与到社区治理的各项事务中，并且承担起社区治理的职责。政府部门的这种主体客体化，有助于将自身置于社区治理客体的角度去了解社区治理的难题和社区居民的真实需求，站在客体角度思考问题，才能更好促进社区治理现代化目标的实现。

2. 客体主体化

在社区治理现代化的过程中，以往处于社区治理客体位置的居委会、社区居民、社会组织等在现代信息技术引导下，其主体作用更为凸显。社区治理客体已经逐渐改变了以往作为被治理者和受动者的角色，在一定程度上具备一定的主动性，且这主动性在一定程度上影响着社区治理现代化的质量。所以社区治理现代化过程中，应本着主体与客体相互尊重的原则，尊重和关注社区治理客体的需求，提升社区治理客体的平等主体地位，在平等的语境中实现社区治理的完整路径，通过客体主体化行为，进一步提高社区治理现代化的水平。

3. 主体客体化和客体主体化交替

社区治理主体和治理客体间并无完全清晰的界限，在一定程度上，社区治理主体也是治理客体，而社区治理客体也能在一定环境中转化成社区治理主体。一方面，这既基于主体角色的理性认知边界，同时也基于人们获取信息的对称性以及自身获取信息资源的能力。作为社区治理主体，我们不能获取全部信息，即使是作为知识丰富的社区治理主体的政府部门，也必然存在认知的盲区。另一方面，社区治理现代化是一个动态发展过程，伴随着不同发展阶段社区治理目标和治理任务的转变，势必引发社区治理主体与治理客体的转变，其更有利于推进社区治理现代化的实现。

（二）主体与客体相互转化的条件

治理主体与治理客体之间是互相学习、共同进步的关系。社区治理现代化过程中，主体与客体的相互转化是个双向进行的过程，必须具备一定的条件才能够顺利实现。

首先，社区治理主体和治理客体应具备相互学习、共同进步的基础。只有存在这样的客观条件，作为主体的政府和作为客体的社区居民才能在一定条件下实现角色的互换。作为社区治理主体的政府具备信息资源优势，但尽管如此，政府的力量也是有限的，迫切需要引导更多的社区治理客体协作政府部门开展公共事务。而作为社区治理客体的居民具备更多的实践技能，而且也是社区治理的最终受益者。因此，双方能够互相学习，从而实现社区治理现代化过程中主体与客体的相互转化。其次，治理主体和治理客体都应具备相应的能力。治理主体和治理客体作为治理实践行为的主体与客体，只有都具备相当的能力，包括信息获取能力、主体合作能力、社会保障能力、政治参与能力等，并在此基础上具有一定程度上影响对方的能力，才能在治理实践活动中实现身份的良好转化。[1]

---

[1] 吴彦辉，韦吉锋.网络思想政治教育的主客体关系及其相互转化形式探索[J].广西教育学院学报，2018（4）：93-97.

Chapter 3

| 第三章 |

社区治理现代化的目标做法

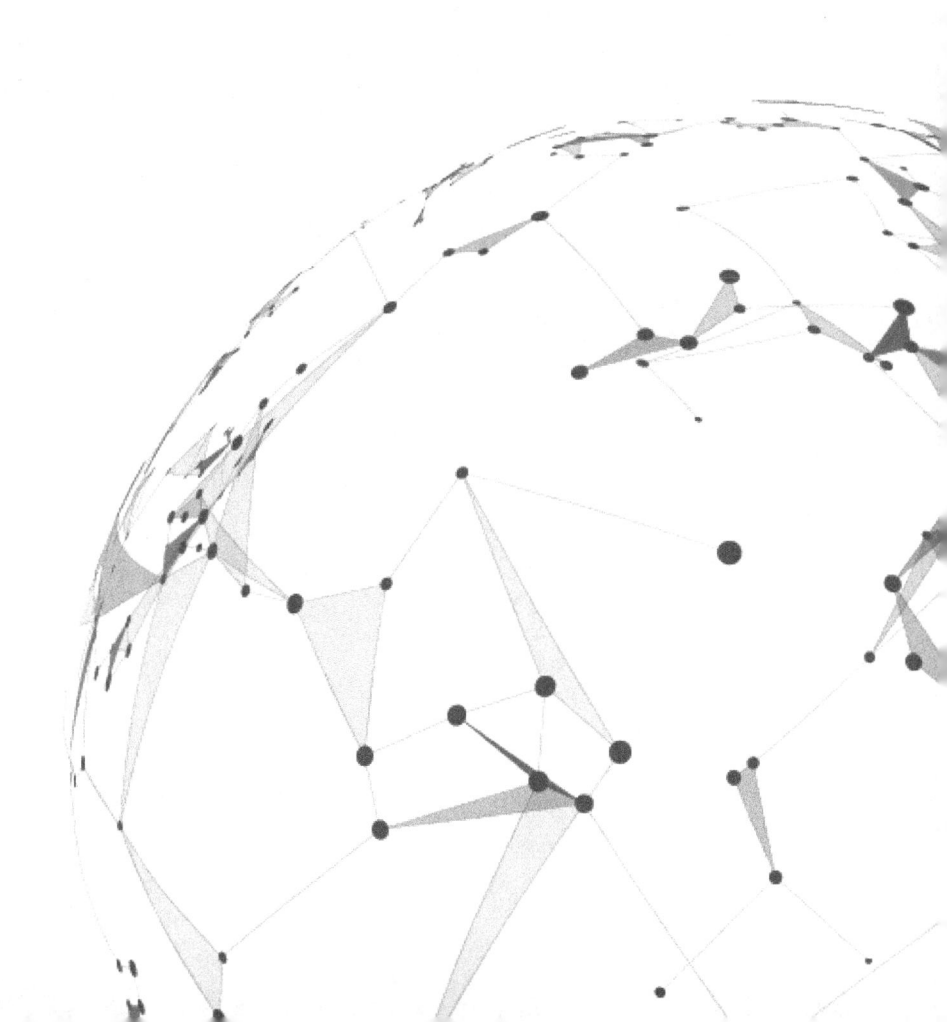

杭州作为沿海发达城市，经济社会发展整体水平走在全国前列。进入21世纪以来，杭州在各项事业迅速发展的同时，始终以改善民生为核心，大力推进基本公共服务均等化，把人的需要、人的感觉和人的满意度作为城市建设与发展的最高追求。一方面，强化"为民办实事"的工作原则，努力在完善城市功能、提供便民服务、营造优美环境、解决群众困苦等方面提供优质的公共服务；另一方面，创新"民主促民生"的工作方法，在"问需于民、问情于民、问计于民、问责于民、问绩于民"方面投入了大量精力和政策支持。通过加快构建有杭州特色的广覆盖、强保障、一体化、可持续的基本公共服务体系，杭州在社会保障、公共事业、基本生活等领域取得了显著成效，社会发展综合水平连续12年位居全省首位、连续4年位居全国副省级城市第一。

根据中国社科院《公共服务蓝皮书：中国城市基本公共服务能力评价（2012—2013）》发布的数据，2011—2013年3个年度的城市基本公共服务满意度调查中，杭州均在全国38个主要城市中处于前10名。[1]2012年、2015年，杭州又先后两次荣登中国公共服务小康指数调查之"15城市公共服务满意度"排行榜榜首。公共服务水平的不断提升增强了杭州市民对城

---

[1] 钟君，吴正杲.公共服务蓝皮书：中国城市基本公共服务能力评价（2012-2013）[M].北京：社会科学文献出版社，2013：245.

市的认同感、归属感、安定感、满足感。至 2017 年，杭州成为全国唯一连续 11 年入选"中国最具幸福感城市"榜单的城市。2021 年，杭州市委十二届十二次全会审议并原则通过《杭州争当浙江高质量发展建设共同富裕示范区城市范例的行动计划（2021—2025 年）》，按照推进七方面"先行示范"、打造七个"省域范例"要求，创造性、系统性落实示范区建设各项目标任务，加快构建"一核九星、双网融合、三江绿楔"城市新型空间格局，率先探索破解新时代社会主要矛盾的有效途径，率先形成推动共同富裕的体制机制，高水平打造"数智杭州·宜居天堂"，争当浙江高质量发展建设共同富裕示范区的城市范例。

第一节 杭州市社区治理现代化的提出背景

一、杭州市社区治理现代化的发展历程

杭州市是全国最早开展社区建设工作的城市之一。新中国第一个居民委员会——上羊市街居民委员会——在杭州诞生，全国第一次社区建设研讨会在杭州召开，全国第一个社区建设研究会在杭州成立，中国社区建设展示中心在杭州建成。杭州的社会管理体制改革始于 20 世纪 80 年代中期。随着我国商品经济特别是社会主义市场经济体制的逐步确立，杭州在教育、就业、医疗、住房等领域的相关政策进行了重大调整，社会事业逐渐步入市场化和社会化发展阶段，教育产业化、公共事业市场化、劳动保障市场化、医疗卫生产业化趋势日趋明显。[1] 这一系列的市场化和社会化改革取向

---

[1] 史及伟，邵德兴.杭州特色与经验：纪念改革开放 30 周年（社会卷）[M].杭州：杭州出版社，2008：3.

激发了社会发展的活力，社会生产力大幅提高，城乡居民生活水平明显提高。与此同时，越来越多从单位社会中遗留下来的"铁饭碗"被打破，人们的工作生活也不再囿于一个单位、一个地方，城乡之间、区域之间以及行业之间的社会流动不断加速。在这样的背景下，社区逐渐成了承载城市人群生活的主要空间，并引发流动人口、小区治安、小摊小贩等一系列城市社会管理问题。由此，政府也越来越意识到社区工作的重要性，并将社区作为城市社会建设和治理的基本单元而纳入政府的重要工作计划。

1999年8月14日，民政部在杭州召开全国首次社区建设实验区工作座谈会，研究了社区建设实验区工作实施方案，对社区建设的问题进行了深入探讨。[①]2000年8月，杭州成立杭州市城市管理体制改革和社区建设协调小组，并在王国平、仇保兴等市委、市政府主要领导的牵头下深入开展调研，形成《杭州市城市社区建设五年发展规划（2001—2005年）》和《关于进一步加强城市社区建设的若干意见》初稿[②]，其为此后指导杭州社区建设与管理工作的重要基础性和纲领性文件。21世纪以来，杭州以"八八战略"为总纲，以改善民生为核心，把人的需要、人的感觉和人的满意度作为推动深化改革与发展的价值追求，开展以人民为中心的杭州实践。

2002年，杭州市围绕民生建设，提出了具有重要影响的"破七难"策略，而后推出系列十件民生实事项目。20多年来，杭州市一直将"十件民生实事项目"列入政府工作报告，提高了政府民生工作的针对性。杭州持续推进"破七难"就是以人民为中心的发展理念的生动实践。21世纪初，杭州市委、市政府在充分了解民意的基础上，把民众最关注、反映最强烈

---

① 任振泰.杭州年鉴2002[M].北京：中华书局，2002.
② 任振泰.杭州年鉴2001[M].北京：中华书局，2001：321-322.

的就业难、看病难、上学难、住房难、行路停车难、办事难、清洁卫生难等七大热点难点问题作为市委、市政府保障和改善民生的主要载体与抓手。以群众呼声为第一信号，以群众利益为第一追求，以群众满意为第一标准，杭州不断丰富"破七难"内涵，提高"破七难"针对性，形成"7+X"新框架，实现"破七难"与时俱进，及时解决人民群众最关心、最现实的问题，让人民群众"学有所教、劳有所得、病有所医、老有所养、住有所居"。

杭州市确立建设生活品质之城、宜居幸福城市的目标，自 2004 年以来，围绕居民需求落实"民主促民生"，先后开展了屋面整治、物业改善、背街小巷提升、庭院改善等专项行动，逐步补齐老旧小区的基础功能。杭州在推进社区建设的过程中，不断创新社区管理与服务，动员和激励多元社会力量共同参与社区治理，探索并建构一种政府引领的多元复合、良性互动的社区管理与服务的行动格局。2008 年初，杭州市提出"城市有机更新"的发展理念，强调城市社会具有类似于有机生命体的内在机理与特征，并强调以城市复合主体的治理结构，亦即以党政界、行业界、知识界、媒体界的社会合力，在多重社会力量的参与协商中，推进城市社会事业的发展。[①] 具体到社区建设事业的层面，在完善社区管理过程中，各层级政府以不同形式参与社区事务，在参与协商中实现管理与服务的目标。

2016 年，杭州市以整治市容、迎接 G20 峰会为契机，开始统筹谋划老旧小区综合改造提升，将公共空间、停车泊位、道路空间、架空线路、地下管网、电梯加装、小区风貌、园林绿化、安防消防、服务配套、房屋本体、长效管理等小区围墙以内涉及民生的重要问题通盘纳入提升计划，从

---

① 王国平.培育社会复合主体研究与实践[M].杭州：杭州出版社，2009：1-16.

"头痛医头、脚痛医脚""零敲碎打""重复开挖"升级为"综合改一次"、长效管理,使改造成果更具持久性。[①]2019年,全国两会政府工作报告提出城镇老旧小区改造任务后,杭州市委、市政府决定开展以争创全国样板为目标的新一轮老旧小区综合改造提升行动,将老旧小区改造作为展示社会主义制度优越性的"重要窗口"之一,打造"有完善设施、有整洁环境、有配套服务、有长效管理、有特色文化、有和谐关系"的宜居小区,为全国提供"杭州经验"。2020年以来,作为中国首批10个实施数字化城市管理的试点城市之一,杭州市从市情实际出发,按照"服务为主,监管为辅"的治理理念,以网格化管理为基础,统一信息采集标准,加强基础信息采集,建立数据信息共享机制,形成智能协同、高效便民的精细化、全过程治理机制,社区治理现代化取得实效。

当前,杭州在城市化高速推进的过程中,存在"重发展、轻治理"现象,只强调城市化的带动作用,而忽视对"城市病"的研究与治理,结果造成了"发展过于超前,治病严重滞后"的局面。社区治理现代化是伴随着"大城市病"逐渐蔓延而发展的。第七次全国人口普查数据显示,杭州主城区常住人口数量已达到874万,居全国第11位。近年来,杭州主城区人口呈现激增态势,"大城市病"趋于严重,在交通、住房和教育等领域均有明显体现。2020年,杭州在全国百城通勤高峰拥堵指数榜中排名第13位,居民通勤满意度长期偏低;2020年,二手住宅销售价格较2015年涨幅超过50%,在全国70个大中城市中高居前五;2020年,市区小学师均负担学生数为16.7名,显著高于上海、南京等邻近大城市,教育等公共资源紧张问

[①] 杨正宇.以社区建设为着力点推动杭州社会管理创新[J].观察与思考,2012(3):66-67.

题较突出。

对此，杭州市加紧探索智慧城市与未来社区的方略。党的十九大报告指出，当前我国社会主要矛盾已转向人民日益增长的美好生活需要和不平衡不充分的发展之间的矛盾。而数字化时代的智慧城市建设以促进人的城镇化为核心，致力于解决城市社会发展不均衡问题，不断满足人民对美好生活的向往，因而成为新型城市化发展的关键路径。《国家智慧城市试点暂行管理办法》的出台开启了国家探索智慧城市的发展道路。2014 年八部委发布的《关于促进智慧城市健康发展的指导意见》以及 2016 年国务院发布的《关于进一步加强城市规划建设管理工作的若干意见》都明确了智慧城市建设目标。2020 年是中国智慧城市建设的验收之年，也是下一阶段的启航之年。然而，突如其来的新冠疫情使智慧城市建设面临重大考验。部分智慧城市凭借着互联网、云计算、物联网等现代信息技术的有效应用而显著地提升了城市社区治理的精细化、智能化水平，为疫情防控、经济发展和社会秩序的稳定奠定了坚实基础。然而，更多的智慧城市在此次疫情中也暴露出了数据割据、设施落后、协同不足、忽视冲突等问题。[①] 由此，后疫情时代如何更好地探索新型智慧城市的发展路径成为杭州市政府关注的重点问题。

智慧城市概念最早来源于 IBM 提出的智慧地球理念。目前，国内外对于智慧城市的概念仍没有形成统一明确的认识，但我们可从技术、社会及城市发展三个不同层面对中国智慧城市概念进行深度理解。

首先，从技术层面来看，智慧城市是在充分应用各项新基建设施，综

---

① 孟凡坤，吴湘玲. 重新审视'智慧城市'：三个基本研究问题——基于英文文献系统性综述[J]. 公共管理与政策评论，2022（2）：148-168.

合互联网、云计算、大数据等现代信息技术优势基础上而实施的现代城市智慧化管理、网络化服务以及科学化决策的新方式和新路径。[①] 以 IBM、中国联通等公司为代表，它们强调智慧城市建设中的核心系统数据与信息技术支撑。其次，从社会层面来看，智慧城市是在对城市人口、土地、资源、经济、生态、交通、医疗等要素进行整合优化基础上而构建的新型城市生态系统，包括政府组织、社区组织、企业组织等复杂治理主体，是拥有完备的服务与决策功能的信息体系。[②] 最后，从城市发展层面来看，智慧城市是集合行政管理、公共服务、产业发展、决策咨询、政治参与、社会公正等的整合性城市发展策略，是现代城市的发展趋势和未来导向。[③] 综合而言，数字化时代的智慧城市建设是在科学化城市发展策略引导下，充分应用现代信息技术和科学管理方法，以解决城市社会治理难题、服务城市产业发展、促进城市公民政治参与、维护城市社会秩序为目标的新型智慧化城市发展模式。

2022 年以来，杭州市为迎接亚运会的顺利召开，在社区治理过程中除了注重智慧城市与数字城市的建设之外，还对娱乐、商业、教育、体育等服务模块进行组合，从而真正满足居民的居住、发展、休闲、养生等需求。综合而言，杭州的社区建设形成了自身特色，取得了明显成效。可以说，迈入 21 世纪以来，围绕城市化带来的诸多挑战，杭州先后实施了数百项重大工程，由点到面，由线到片，大力推进城市形态、街道建筑、自然人文景观、城市道路、城市河道、城市产业、城市管理的有机更新，初步形成

---

① 巫细波，杨再高.智慧城市理念与未来城市发展[J].城市发展研究，2010（11）：56-60.
② 史璐.智慧城市的原理及其在我国城市发展中的功能和意义[J].中国科技论坛，2011（5）：97-102.
③ 李重照，刘淑华.智慧城市：中国城市治理的新趋向[J].电子政务，2011（6）：13-18.

了推进城市有机更新、走科学城市化道路的"杭州经验"。在实施这些重大工程的过程中，杭州按照打造民心工程、畅通工程、生态工程、竞争力工程、文脉工程五位一体要求，坚持以道路有机更新带整治、带保护、带改造、带建设、带开发、带管理的"六带"方针，推动城市有机更新，彰显城市魅力，体现城市美，取得了明显成效。新时代、新机遇、新作为，让城市有机更新不再是一个理念，而是高质量发展、高品质生活的现实载体。城市有机更新带动沿线环境综合整治、自然和人文生态保护、"城中村"改造、乡村全面振兴、"四化"长效管理，为城市产业转型升级提供了新路径、为对外开放打开了新空间、为提升城市能级提供了加速器，进而带动新旧动能转换、产业高端转型，推动城市在高质量发展、高品质生活建设新征程中继续走在前列。

二、杭州市社区治理现代化的现实特征

城市再生是城市更新的一个阶段。城市更新主要有重建（reconstruction）、再开发（redevelopment）、改善（rehabilitation）、保存（conservation）、保护（protection）、复苏（revitalization）、更新（renewal）、再生（regeneration）以及复兴（renaissance）等多种方式。城市更新的具体内容包括：①调整城市结构和功能；②优化城市用地布局；③更新完善城市公共服务设施和基础市政设施；④提高交通组织能力，完善道路结构与系统；⑤整治改善居住环境和居住条件；⑥维持和完善社区邻里结构；⑦保护和加强历史风貌与景观特色；⑧美化环境，提高空间环境质量；⑨改善城市社会、经济与自然环境条件；⑩城市文化更新，从城市软、硬两个文化角度提出文化更新的对策。随着城市化的不断推进，新时代城市社区治理新情况、新问题层出不穷，

主要包括：新时代城市社区治理的任务迅速增加，城市社区治理的难度不断提升，城市社区治理的风险日益增加。当前新型智慧城市呈现了从智慧城市（smart city）向智能城市（intelligent city）再到新型智慧城市（new-intelligent city）的转型，但依然面临着新型智慧城市建设整体规划不科学、新型智慧城市社区治理体制机制不完善、新型智慧城市信息资源整合不充分以及新型智慧城市数据运营保障不健全等问题。

（一）新时代城市社区治理的背景特征

1. 新时代城市社区治理的情境剖析

第一，新时代城市社区治理的任务迅速增加。现代城市多领域、多类型以及多空间的特征决定了城市社区治理必然是一项庞大的社会系统工程，这就对城市管理的民主机制建设提出了更高的要求。例如，近年来杭州市大规模的社区改造与有机更新，使得原本由社会经济发展衍生出来的治理任务数量迅速增加，这些任务几乎都转交给了基层政府和城市社区，使得城市社区治理的任务增多，城市基层工作人员的行政负担不断加大。

第二，新时代城市社区治理的难度不断提升。在城市社区治理现代化的推进过程中，政府部门主要面临三个方面的难题：一是公众参与度不高。政府向社会赋权不足，往往事无巨细、大包大揽，长此以往便降低了公众参与城市社区治理的主动性和自觉性。二是管理者自由裁量权过大。在城市基层治理过程中，政府与社会之间的职责边界模糊、行政人员权力约束不足以及经验性办事影响深刻，导致管理者的权限很难得到有效监控，进而引发了社会矛盾冲突。三是政策制度不完善。当前，城市基层社会治理的政策制度存在不完善、不健全等问题，在应对突发性事件时缺乏必要的协调机制，降低了政府治理的效能。

第三，新时代城市社区治理的风险日益增加。随着人口大量流动、人口产业高度集聚、技术创新不确定性等问题的产生，城市风险不再是单一化、相似的低级公共治理问题。许多城市风险问题涉及面广，夹杂着复杂的利益，并且具有并发性的特征。现实中，许多城市问题有可能演变成城市危机，城市社区治理风险不断集聚，治理成本不断上升。因此，为应对城市发展中的一系列挑战，实现长远的可持续发展，构建智慧城市发展体系、提升科学决策水平和精细化管理效率成为更多城市管理者的首要选择。

2. 智慧城市发展的阶段及特征

自2008年我国提出创建智慧城市目标以来，我国的智慧城市建设经历了3个阶段的跨越式发展。

首先，智慧城市1.0，即智慧城市（smart city）。顾名思义，智慧城市建设最初仅是简单地将现代信息技术导入城市社区治理各领域环节，开展分散型的建设。其次智慧城市2.0，即智能城市（intelligent city）。政府逐渐开始探索智慧城市各应用业务的完善拓展，更加关注满足社会公民的切实需求，以破除传统城市社区治理的体制障碍。最后，智慧城市3.0，即新型智慧城市（new-intelligent city）。当前，国家已经意识到城市的智慧化和智慧的城市经济化相结合的重要意义，真正开始从系统整体的角度落实智慧城市的全方位发展目标。[1]

可以说，可以说，上述3个阶段充分体现了智慧城市发展理念从以往政府主导向社会服务转型的特征，展现以人为本的智慧城市发展理念。党

---

[1] 唐斯斯，张延强，单志广，等.我国新型智慧城市发展现状、形势与政策建议[J].电子政务，2020（4）：70-80.

的十九届五中全会提出,新型智慧城市,是数字中国、智慧社会的核心载体。相较于传统城市社区,智慧城市更加重视顶层设计与数据的融合,发展重点也面向城市智慧平台的建设和共享数据服务的推进,将真正形成一体化运行格局。

(二)杭州市社区治理现代化的特征分析

杭州坚持以人民为中心,大力发展各项社会事业,把人的需要、人的感觉和人的满意度作为城市建设与发展的最高追求。通过加快构建有杭州特色的广覆盖、强保障、一体化、可持续的基本公共服务体系,杭州在社会保障、公共事业、基本生活等领域取得显著成效。

首先,注重城乡统筹、政社联动,在改善民生中创新社会治理。习近平在浙江工作期间,对杭州城乡区域发展问题高度重视。例如,2003年11月6日,习近平在浙江省委常委会听取杭州工作汇报时指出:"推进城市化,不仅要把杭州市区规划建设好,同时也要把杭州所属的五县(市)乃至农村都规划建设好,实现城乡一体化发展,否则还会出现'村村像城镇,镇镇像农村'的问题。杭州市要认真总结萧山、余杭撤市设区的做法和经验,从统筹城乡协调发展的高度,切实抓好城乡一体化工作,在全省发挥示范带动作用。"[①] 自2003年以来,特别是自党的十八大以来,杭州市委紧密结合地方实际,创造性地贯彻落实中央和省委决策部署,创新实施城乡区域统筹发展策略,科学谋划"十七项统筹"任务,精心设计工作载体,有

---

① 习近平.干在实处 走在前列——推进浙江新发展的思考与实践[M].北京:中共中央党校出版社,2006:398.

效结合"三城三区"①"美丽杭州""六大西进"②"杭改十条""五水共治""一号工程""城市国际化"等重大部署，加快推进城乡之间以及政府、市场、社会等不同层面和领域之间的联动协调、资源整合，为构建具有杭州特色的社会建设和治理体系奠定了坚实基础。

其次，以整合资源、促进和谐为目标导向，积极探索多元参与、立体联动的城乡社会治理体系。纵观改革开放40多年来杭州的社会治理工作，一个突出的特点就是注重立足本地实际、创新体制机制，整合政府、媒体、社会组织及互联网信息技术等治理资源，加强多主体、多方面、多层次的联动合作，维护社会公平正义，促进社会和谐稳定。特别是自党的十八大以来，杭州市委、市政府在现代治理理念的指引下，以协商民主为改革方向，构建多中心复合型城市基层治理格局，探索政府治理和社会调节、居民自治良性互动的"平安杭州"具体实践路径，从而激发了基层民众参与社会治理的热情，提升了杭州城乡基层社会治理的效能。

最后，以激发社会活力、转变政府职能为改革思路，有序推进特色鲜明、管理规范的社会组织发展体系。改革开放40多年来，杭州在社会建设和治理领域所取得的诸多成就在很大程度上都离不开各类社会组织的参与和奉献。特别是10多年来，杭州市政府越来越重视社会组织的建设性力量，并通过发挥社会组织的治理作用和转变政府职能相结合的方式来开展实践行动。在这个过程中，杭州积累了较为丰富而鲜活的实践经验，为形成特色鲜明、管理规范的社会组织发展体系奠定了良好的基础。

---

① 2012年2月召开的杭州市第十一次党代会提出了建设"三城三区"的目标，即学习型城市、创新型城市、生态型城市、安居乐业示范区、城乡统筹示范区、人文法治示范区。

② "六大西进"是杭州市以区县协作为抓手统筹城乡区域发展的一项重要工作计划，包括科技、现代服务业、文创、旅游、交通和人才六大西进行动。

从现实层面来看，杭州市上城区打造的全国首个"民主促民生"社区互动平台——湖滨晴雨工作室，创建了"政府搭建平台、多主体共同参与、整合多方资源、协商解决问题"的社会治理新机制；下城区创造性地提出并组织实施以社区党组织联系服务党员群众"六必到、六必访、八必报和十条为民服务线"为主要内容的"66810"为民服务工作法；西湖区实施了以服务时间"全天候"、服务内容"全方位"、服务对象"全覆盖"为根本目标的"三全十服务"工作机制，推进了服务型政府建设；江干区持续开展"周三访谈夜"常态化民情联系走访活动，每周三晚区、街道、社区三级机关干部下街道、进社区、入网格，为群众排忧解难；建德市全面推行"走村不漏户，户户见干部"的有效做法，推动全市党员干部离开"案头"、走向"田头"、熟悉"户头"，进一步打通联系服务群众的"最后一公里"。

三、杭州市社区治理现代化的动力因素

实地考察与文献研究发现，现阶段杭州市社区治理现代化变革的动力因素主要包括三方面。

（一）社会转型的压力

转型是指事物从一种运动形式向另一种运动形式转变的过渡过程；社会转型则是指社会从传统型向现代型转变的过渡过程，是传统因素与现代因素此消彼长的"进化"过程，也是一种整体性的社会发展过程。[1]社会转型必然伴随着各种价值冲突，这些价值冲突从表面来看是两种价值的彼此否定和相互竞争，例如道德价值与利益价值的冲突、政治价值与文化价值

---

[1] 刘祖云.社会转型：一种特定的社会发展过程[J].华中师范大学学报（哲学社会科学版），1997（6）：32-37.

的冲突等，这些价值冲突在某种程度上可以深化社会转型。[①] 随着改革的不断深入和利益格局的深刻调整，社会矛盾日益激烈，政府面对较高的治理难度，也迫切想要对城市社区进行综合整治与重建。再加上，市场化和城市化进程的日益加快，新的城市问题不断涌现，社区治理问题的解决关乎民生，关乎社会基层稳定，进而关乎我们改革开放大业能否可持续深入进行。由此，社区治理现代化成为政府推进基层社会治理、维护社会秩序稳定的重要抓手和突破点。

对此，简·雅各布斯（Jane Jacobs）曾指出，城市社区治理是一个连续地从传统迈向现代的过程，但由于早期转变工作不到位，地方在社会层面、文化层面以及经济层面失去了自己的完整性和特性。[②] 反之，如果在社区治理现代化过程中处理好传统和现代的关系，不仅有助于传承传统文化、改进现代技术，更有助于促进传统和现代的融合。

首先，传承传统文化是实现社区治理现代化的灵魂。立足于可持续发展的理念，传统文化的保护和传承需要营造传统与现代的良好关系，促使负责者高度重视传统文化，进而推动社区乃至城市的发展。其次，发展现代技术是实现社区治理现代化的重要力量。从高速度发展的角度来看，良好的传统与现代的关系为现代技术的创新和发展营造了良好的社会环境，进而提供了社区治理所需的各种社会资源。最后，融合传统与现代是社区治理现代化的根本路径。从最优治理的目标层面来看，现代技术的发展创新了传统文化的传承方式，塑造了新时代传统文化的新内涵，打造了独具特色的未来社区品牌。

[①] 兰久富.社会转型与价值冲突[J].北京师范大学学报（社会科学版），1999（3）：97-102.
[②] 简·雅各布斯.美国大城市的死与生[M].金衡山，译.南京：译林出版社，2006：199.

杭州市政府于2020年1月12日起施行的《高质量推进杭州市未来社区试点项目建设的实施意见》中，汇集未来邻里、教育、健康、创业、交通、低碳、建筑、服务和治理九大场景，融合数字经济、城市大脑、创新创业三大特色的未来社区会给住在杭州的人带来更多幸福感。杭州的未来社区建设将分三步走：第一阶段是全面启动首批省级试点创建项目建设；第二阶段是在2021年底前，争取培育创建省级试点项目15个左右；第三阶段是2022年起，全面复制推广，以未来社区建设理念示范引领"棚改旧改"和新建小区建设，确保杭州市未来社区的创建数量、成效走在全省前列。入选首批省级试点创建项目的有上城区始版桥社区、上城区采荷街道荷花塘社区、拱墅区瓜山社区、西湖区之江社区、萧山区瓜沥镇七彩社区、萧山区亚运社区、钱塘区云帆社区，住在这些社区的朋友将提前享受到未来社区的福利。

上城区始版桥社区将通过空间资源的集约利用，延续城市记忆，打造居住、商务商业和文化旅游功能复合的高密度、高容积率开放街区，营造"上城之上、空中坊巷"的美好生活。江干区采荷街道荷花塘社区将以街桥公园慢行系统串联各更新地块，采用"地上＋地面"的空间模式，构筑"采荷天上城"，与东面的钱江新城核心区交相辉映。萧山区瓜沥镇七彩社区旨在建设大都市圈周边TOD卫星镇的未来社区，试点打造产研居融合示范区、临空数字科创集聚区、共生共融美好生活体验地。为了鼓励杭州未来社区建设，杭州还拿出了丰厚的政策支持"大礼包"：对于老旧小区改造中融入未来社区九大场景理念的项目，在给予老旧小区综合改造提升市级财政补助的基础上，再进行适当财政奖励；将未来社区作为数字经济"一号工程"创新落地单元，优先推广物联网、大数据、第五代移动通信技术等新一代信息技术应用；未来社区中的企业申报市外国人才和科技人才计划项目的，同等条件下给予政策倾斜。

（二）国家发展的驱动

伴随着工业化、市场化和信息化的不断推进，特别是劳动力市场的放开和土地国有化征收制度的施行，2015年，我国的城镇化水平已经达到56.1%，进入了城镇化的"下半场"。我国的城镇化之所以能够如此高速发展，得益于政府长期实行的城市偏向政策和城乡二元体制结构，其推动传统乡村的三大要素（劳动力、资金、土地）净流向城市。在经历了较长时间以乡村衰败为代价的激进城镇化进程后，近年来，国家开始意识到城乡二元结构的弊端，并对之前的城市偏向政策进行了深刻的检讨与反思。[①]现阶段，中央政府关于社区建设、社区治理现代化等方面的政策、文件强调以改善民生为核心，把人的需要、人的感觉和人的满意度作为推动深化改革、推动发展的价值追求。

社区治理现代化的愿景目标是实现社会的可持续发展，而目标的实现是建立在政府客观的角色定位和科学的发展规划基础上的。政府先后经历了守夜人、干预者、企业家、服务者的角色变化，随着数字技术的发展，政府逐渐转变为服务者的角色。服务型政府的定位要求政府不仅应权为民所用、利为民所谋，而且所提供的服务还应让人民满意，而数字政府建设正好回应了这一时代要求。数字政府强调利用先进技术为公众提供高质量服务，同时为公民参与国家事务提供便利的渠道和平台，本质上体现了以人为本的服务理念。杭州市政府从全局出发考虑资源整合和制度安排，根

---

① 沈费伟.社会技术分层视野的村庄复兴[J].重庆社会科学，2016（8）：34-40.

据当地经济社会发展要求提升社区治理现代化水平，构建绿色发展的长效机制，促进可持续发展目标的实现。同时，杭州市政府在市级层面加强社区治理现代化的顶层制度安排，确保社区治理现代化能够在地方落到实处。地方层面则需要发挥治理主观能动性，推进社区治理现代化创新发展。

习近平指出，"人民对美好生活的向往，就是我们的奋斗目标"。[1]浙江正处于"两个高水平"建设交汇期，以未来社区建设推动以人为核心的城市现代化，在人与社区的和谐关系中促进人的全面发展和社会进步正当其时。2019年6月19日，李克强在国务院常务会议上做出推进城镇老旧小区改造的全面部署。[2]杭州市老旧小区点多面广，建设粗放问题、安全隐患等较为突出，用未来社区模式系统破解土地不集约、公共服务品质低之困，是推动城市老旧小区改造的大胆路径创新。沿着浙江省创新城市与产业关系的特色小镇模式、乡村与田园关系的"千万工程"模式、政府与社会关系的"最多跑一次"模式等一系列"金名片"打造足迹，杭州市以未来社区建设创新城市与人的关系是厚植于"干在实处，走在前列，勇立潮头"浙江精神的大胆探索。以未来社区建设提升人居环境品质，吸引高端要素尤其是人才集聚，对于提升城市能级、实现可持续发展具有重要意义。

（三）社区居民的利益诉求

利益是人类一切行动的起点，也是一切行动的归宿。所谓利益，就是人们一切自我满足的需要。对于每一个社会成员来说，利益尤其是切身的

---

[1] 习近平.习近平在十八届中央政治局常委同中外记者见面时的讲话[N].人民日报，2012-11-16（5）.
[2] 国务院常务会议李克强主持召开国务院常务会议　部署推进城镇老旧小区改造[N].光明日报，2019-06-20（03）.

物质利益至关重要，直接影响自身的基本生活和发展状态。① 在改革开放前，计划经济体制造成了居民对集体的紧密的人身依附，一切经济活动都由单位来组织和决定，社区居民缺乏必要的自主性、主动性、开放性和创造性，更缺乏能够保障自身利益的措施手段。改革开放后，市场作为资源配置的一种有效机制开始进入基层社会，政府、市场与社会逐渐分离，形成多元化的社会格局。在多元的社会需求下，社区居民权利保障意识逐渐觉醒，居民要求社区资源的均衡分配和社区生活质量的提升。

居民与他们的社区生活场域密切相关，社区的本源在于社区居民的参与。② 现代化的社区没有满足传统居民的需求，其原因是居民不主动参与社区治理，进而使得其无法满足社区居民的发展需求。居民归属感、社区存在感及均衡发展等都要求妥善处理社区和居民的关系。其一，有助于增强居民归属感。社区治理现代化过程中存在大量的治理资源，只有广泛的居民参与才能够最大化资源利用率。因此亟须通过改善社区和居民的关系来提高居民对社区的熟悉度，增强居民的社区认同感、归属感，从而加强居民参与度。其二，有助于突出社区存在感。只有城市社区提供出适宜居民生活、满足居民需求的环境，社区治理现代化才有意义。然而，当前社区供给的部分服务导致居民的处理事情复杂化，背离了满足居民生活需求的目标。其三，有助于实现均衡性发展。当前社区的发展速度快于居民的参与意识提升速度，社区的现代性和居民的传统性存在矛盾，未来社区只是改善了社区的品质，没有改变社区居民的习惯和视野。

---

① 陈向军，徐鹏皇.村民自治中村民政治参与探讨：基于利益与利益机制的视角[J].宁夏社会科学，2014（1）：9-14.
② 王法硕.智能化社区治理：分析框架与多案例比较[J].中国行政管理，2020（12）：76-83.

21世纪以来,杭州市实施"民主促民生"策略,坚持以人为本、以民为先,建立"民主促民生"工作机制,落实"四问四权",拓宽民主参与渠道,创新民主参与方式,健全民主参与制度,保证人民群众当家作主,使发扬民主成为改善民生的动力,成为推进社区治理体系与治理能力现代化的重要保障。通过践行"人民城市人民建,人民城市为人民"理念,杭州市政府做到了发展为了人民、发展依靠人民、发展成果由人民共享、发展成效让人民检验,实现了社会建设和政治建设良性互动,为杭州加快建设社会主义现代化国际大都市、纵深推进国家治理体系和治理能力现代化提供了政策建议。

(四)资源的紧约束

社区治理现代化需要各种资源,但是仅仅依靠政府掌握的资源是不够的。尤其是受财力紧约束的地方政府,较热衷于社会治理创新的项目制,因为项目制能够动员、整合社会资源,用最少的行政资源做出最大的政绩。譬如在杭州市上城区望江街道的民生实事公益项目"资本相亲会"中,政府整合居民的生活需求,搭建合作平台,鼓励企业出资金支持项目开展,引入社会组织作为第三方来监督项目的开展与执行,居民作为项目的受益者评估对项目的满意度。政府通过协调与整合社会组织、企业以及居民三方面的需求和资源,节省了行政成本和公共资源,提高了治理绩效,赢得了居民的认可。另外,余杭区良渚社区分类治理创新项目也是在公共资源约束下开展的。余杭区政府针对现有的农村、农民集中居住、拆迁安置、商品房、老城市社区5个类型社区并存的问题,结合民众多元化、个性化的需求,充分考虑和整合各个社区的类型与特点,制定了《分类治理指导意见》，从而实现了多个社区资源优化整合的目标。

社区治理现代化需要合理配置项目资源，促进社会均衡发展。社区治理中的各项任务和项目原本是政府通过财政转移支付的方式，试图加大对社区群体的补助力度，来保障社会的公平和公正，从而实现社会均衡发展的目标。然而，在现实中，地方部门领导很少能够完全掌握社区民众真实的需求偏好、倾斜力度、配给额度等信息，在这种信息不对称情形下，政府所提供的公共品与民众的真实需求经常存在着偏差。众所周知，社会总体资源的数量是确定的，而在项目制供给马太效应的"损不足、奉有余"的影响下，社区治理现代化不仅难以保障弱势群体的基本利益，而且造成的贫富差距问题容易带来社会的失序危险。[1] 社区治理现代化是促进国家治理体系现代化的一项重要制度，政府在配备项目资源时，要因地制宜，充分考虑不同地区的经济能力，要秉承普惠的原则，除了需要重点加强对示范工程和试点项目的支持，也需要设计和实施其他普惠项目，真正合理配置项目资源，促进社会的均衡发展。社区治理现代化实践的最终目的在于服务广大人民群众，从此种意义而言，社区治理创新中的资源配置应该致力于协同国家、社会与市场三者力量，以充分发挥社区治理现代化的制度优势，进而提升资源再分配的效益，促进社会和谐发展。

此外，社区治理现代化也易受地方领导者个人的影响。作为一种创新活动，许多富有特色的社区治理创新项目都是在地方领导者的推动与支持下展开的。在社会治理创新中，地方领导人又称为地方社会企业家（social entrepreneurship），奥斯丁等认为，社会企业家精神是创造社会价值的生产

---

[1] 楼慧心.和谐社会与"马太效应"[J].中国行政管理，2006（2）：100-104.

活动，这个生产活动可以发生在非营利组织、商业组织或政府部门内部或者它们之间。[①] 社会企业家在社区创新项目运行过程中扮演着关键性角色，譬如以老人志愿者为主、服务弱势群体的杭州市天水街道灯芯巷社区"鲍大妈聊天室"，其首席主持人鲍倩的突出领导才能使该项目得以长期持续和广泛推广，鲍倩也先后被评为全国优秀志愿者、全国好邻居标兵、杭州市第六届十大平民英雄等。

杭州的社区建设起步较早。进入21世纪之后，杭州市在社区建设、社会组织管理体制上进行了新的探索，出台了一系列以完善培育和规范发展社区社会组织为重点的政策，社区社会组织的发展取得了显著进步。其重点是以政府放权和社会自治为引擎，提升能力与发挥作用并举，发挥社区及各类社会组织等社会力量广泛动员社会资本的优势和提供多类型公共物品的能力，以及在政府与社会、政府与个人、群众与企业之间建立桥梁纽带的作用。在发展主体上，重点培育了一大批基层社会组织，如遍布杭州各县（市、区）的"和事佬"协会，在和谐社会建设中显现出草根调解的优势；在发展方式上，积极构建社会组织服务平台，如"市民之家"公益互动平台、恩众公益事业发展中心等；在合作关系上，积极转变政府职能，加大向社会组织购买服务的力度。[②] 通过一系列的制度供给，杭州市有序推进特色鲜明、管理规范的社会组织发展体系，各类社会组织被有序纳入社会治理体系，实现从单一的行政管理向多元的社会治理转变。

[①] Austin J, Stevenson H, Wei-Skillern J. Social and commercial entrepreneurship: Same, different, or both？[J].Entrepreneurship Theory and Practice, 2006(1): 1-22.

[②] 郎晓波.城市社区公共事务分类治理模式的实践与创新：以杭州为例[J].甘肃行政学院学报，2010（6）：27-35.

第二节　杭州市社区治理现代化的主要目标

生活品质已成为现代生活的主题。生活品质是指人们生活的优劣程度，它是全面衡量人们生活好坏的尺度。现代的生活世界是一个丰富、综合的整体，人们不能简单以生活用品的获得与消费程度来衡量、判定生活的优劣程度。生活用品丰富，物质生活奢华，并不能表示生活品质高。衡量和判定现代生活优劣的标准主要是人们在生活活动中满足自身需要、实现自身待遇的程度。满足了自身在一定社会条件下应该满足的需要，实现了自身在一定社会条件下应该实现的待遇，人们就会感到幸福和快乐，人们的生活就会充实和有意义。人们的经济生活品质、政治生活品质、文化生活品质、社会生活品质、环境生活品质等都是以满足人们的需要、实现人们的待遇为标准的。[1]

因此，衡量和判定人们经济、政治、文化、社会、环境生活品质的指标都是根据人们的待遇需要制定的。人们生活优劣的程度取决于人们需要的满足程度，取决于人们待遇的实现程度。人们的待遇是人们生活优劣程度的判定者，是全面衡量人们生活好坏的标准。从而，待遇就必然地成为衡量人们生活品质的标准。[2] 基于目标模式，阐释社区治理现代化以实现人们对美好生活的向往、实现每个人的中国梦作为发展愿景。高品质生活是美好生活的体现，集中体现为政治、经济、文化、社会、环境等五大品质。这是针对破解人民日益增长的美好生活需要和不平衡不充分的发展之间的社会基本矛盾而提出来的目标。如何在城市化推进过程中不断提高人

---

[1] 王国平. 待遇论[M]. 北京：人民出版社，2016：84.
[2] 王国平. 待遇论[M]. 北京：人民出版社，2016：84-85.

民群众政治生活品质、经济生活品质、文化生活品质、社会生活品质、环境生活品质，让市民生活得更好，是摆在杭州市委、市政府面前的一项重大课题。

一、政治生活品质

政治待遇是指公民依据法律政策规定享有的政治方面的权利和权益，包括公民的平等权、人身权（含人格权、身份权）、财产权（含财产所有权、财产经营权、财产承包权、财产抵押权、财产留置权、财产继承权、债权）、自由权（含迁徙自由权，居住自由权，言论、出版、集会、结社、游行、示威自由权，通信自由权，宗教信仰自由权，婚姻自由权，其他自由权）、劳动休息权（含劳动权、休息权）、参政权（含选举权与被选举权，知情权，批评、建议、申诉、控告、检举权，公共事务管理权，公共决策权，其他参政权）、自治权（含社会团体自治权、少数民族自治权、特别行政区自治权、农村和社区自治权）和其他政治待遇。① 在政治领域中，待遇的多元效应表现为多元的待遇群体的独立存在及相互作用。

现阶段，中国社会的主要矛盾已经转变为人民日益增长的美好生活需要和不平衡不充分的发展之间的矛盾。因此，在社会生活中，处理社会各个阶层和团体关系的重要性突出起来。现阶段的各个阶层和社会团体分别代表着社会生活各个层面的人们对具体待遇的要求，同时，各个阶层和社会团体又存在着对共同待遇的追求。待遇群体和待遇主体的本质区别在于，前者是从政治关系上代表某一阶层或团体的待遇，后者是从经济关系上代表某一集团或个人的待遇。两者的联系在于，某些待遇主体的愿望和要求，

---

① 王国平. 待遇论[M]. 北京：人民出版社，2016：205-206.

要通过相应的待遇群体得到反映和维护，某些待遇群体的行为要通过相应的待遇主体获得支持。待遇群体的多元并存和健康发展是社会主义民主的标志，协调多元性的待遇群体间的关系是社会主义民主建设的重要课题，应从理论和实践上认真地解决好这一有关社会主义制度巩固与完善的重大课题。①

在现代化与城市化进程中，杭州一直将法治建设作为城市发展与经济、社会发展的重要保障。经济社会的快速发展催生了"法治杭州"的理念，城市决策者和管理者清醒地意识到杭州在向世界名城目标迈进的过程中，要加快国际化必先加快法治化，法治必须成为深化改革的重要基石。改革开放以来，"法治杭州"建设成效较为明显，立法工作稳步推进，执法标准更加规范，司法工作尝试创新，全方位、高起点构筑起牢固的法治大厦。在此高起点的基础上，继续深化法治意味着更高标准与坚持。10余年来，杭州多次获得"中国大陆最佳商业城市""中国城市总体投资环境最佳城市"等称号，这些正是杭州依法治市、不断深化行政体制机制改革、推进审批制度改革的结果。杭州从依法执政、科学立法、严格执法、公正司法等重点领域出发，注重法治文化与普法宣传，为城市发展提供了坚实有力的法治保障，即稳定和谐的社会环境的基础。

实现好、维护好、发展好最广大人民的根本利益，坚持保障和改善民生，是党和国家一切工作的出发点与落脚点。为此，按照"有事好商量，众人的事情由众人商量"的原则，杭州各社区立足实际，搭建协商平台，明确协商主体，制定协商清单，完善协商流程，以民主恳谈会、民情议事

---

① 王国平.待遇论[M].北京：人民出版社，2016：291.

会、小区说事会等方式，开展了形式多样的协商实践，开创了民主治理的城市社区治理模式。杭州市坚持以人民为中心的发展思想，以提高人民群众的生活品质为目标，从市民的生活、工作和创业需求出发，广泛听取民众意见，提供高品质、高绩效的满足人民群众对美好生活需求的公共服务和公共管理，统筹多元利益，将"寓管理于服务"的理念落实到城市管理的每一个岗位。杭州市形成与发展了社会各界广泛参与的城市社区治理结构和秩序，将市民、创业者与管理者之间的互动关系贯穿于城市管理的全过程，让每个市民都成为城市管理的参与者，让改革发展成果更多、更公平、更实在地惠及广大人民群众，让全市人民有更多获得感、幸福感。

可以说，"民主促民生"的工作机制就是上述以民为本治理情怀的具体落实。"民主促民生"的杭州模式是全国首创，核心理念就是在民生领域坚持问情于民、问需于民、问计于民、问绩于民，切实落实人民群众的知情权、参与权、选择权、监督权，做到"大家的事大家来办，杭州的事杭州老百姓来办"，是一条探索城市民主参与方式的创新之路。

二、经济生活品质

经济待遇是指公民依据法律、政策规定享有的经济方面的福利、服务和保障，包括公民的土地待遇（含承包地待遇、宅基地待遇）、住房待遇（含住房公积金待遇、经济适用房待遇、公共租赁房待遇、拆迁安置房待遇、廉租房待遇、人才用房待遇、自建房待遇、商品房待遇）、经济补偿待遇（含拆迁补偿待遇、征用补偿待遇、国家赔偿待遇）、税费待遇（含税收政策待遇、缴费政策待遇）、物质分配待遇（含工资待遇、奖金待遇、各种补贴待遇）、技能资质待遇和其他经济待遇。[①] 经济待遇也称物质待遇，以满足人们在物质生活方面的需要。物质生活方面的需要是人们最基本的需要。人们要生存下去，首先必须解决衣、食、住、行的问题，然后才谈得上发展，才能进行政治的、精神的、艺术的活动。人们物质需要的极端重要性决定了对物质待遇的谋求是社会生产的基本动因，是历史活动的基本动因，是撬动生产力发展和社会进步的重要杠杆。

在经济领域中，待遇的多元效应表现为多元的待遇主体的独立存在及相互作用。待遇关系是社会经济关系的直接体现，社会经济关系是形成待遇关系的基础。每一个社会的经济关系都具有多种经济形式和多种经济成分并存的特点。在各种经济形式和多种经济成分的背后，是不同集团或个人的待遇所得，它们构成了不同的待遇主体。这些不同的待遇主体分别代表着不同形态的经济形式或经济成分，构成了多元化的经济运行结构。各个待遇主体之间既有相互协调的一面，又有相互摩擦的一面。应该认真研究各个待遇主体存在、发展和消亡的条件，保护各个待遇主体的合法待遇，尽力增加合作因素，减小摩擦系数。这对于巩固和发展中国的经济基础、保护与促进生产力的发展，是十分必要的。[②]

杭州以改革求突破，率先形成加快经济发展的体制机制优势，营造良好的发展环境，市场主体不断增加，发展活力不断增强，发展成果惠及全社会，高水平的小康社会正在实现。杭州市坚持以提升人民群众生活品质为重点，促进社会公平，维护社会和谐，确保全体人民共享改革发展成果，努力打造共同富裕的成功样本。一方面，居民收入水平高。伴随着经济增

[①] 王国平.待遇论[M].北京：人民出版社，2016：206.
[②] 王国平.待遇论[M].北京：人民出版社，2016：291.

长，人民的收入也同步增长。2021年，杭州着力保障和增进民生福祉，努力实现建设共同富裕示范区城市范例。杭州全市居民人均可支配收入为67709元，名义增长9.4%，扣除价格因素，实际增长8.0%。城乡居民收入比由2020年的1.77缩小至1.75，已连续11年缩小。[①]另一方面，随着收入增长，居民储蓄规模不断扩大，人民财富不断增长，2021年，杭州市实现生产总值（GDP）18109亿元，同比增长8.5%，高于全国0.4个百分点。杭州市实现一般公共预算收入2387亿元，全国排名进位至第五，其中税收收入为2234亿元，全国排名进位至第四。

三、文化生活品质

文化待遇是指公民依据法律政策规定享有的文化方面的福利、服务和保障，包括公民的教育待遇（含学前教育待遇、义务教育待遇、高中教育待遇、高等教育待遇、成人教育待遇、职业教育待遇、特殊教育待遇、继续教育待遇）、公共文化服务待遇、文体设施利用待遇和其他文化待遇。[②]在文化领域中，待遇的多元效应表现为多元的学术流派和艺术风格的独立存在及相互作用。学术流派和艺术风格通过张扬自己的学术主张与艺术主张的形式，间接地反映某些社会阶层、团体或个人的待遇主张，特别是精神待遇方面的主张。"百花齐放，百家争鸣"的方针正是待遇多元效应的体现，其实质是鼓励多元的艺术形式自由发展，允许多元的学术主张自由争论。围绕着多元的学术、艺术主张，形成了多元的学派、流派，各个学派和流派都有自己的待遇要求，学派、流派之间相互争论、融合、补充和替

---

① 敖煜华.2021年杭州居民人均可支配收入67709元[N].杭州日报，2022-01-22.
② 王国平.待遇论[M].北京：人民出版社，2016：206.

代的矛盾运动推动着社会文化事业的发展。①

社区人文发展的核心理念是以人为本，强调人文内涵的生态性构建和人与城市的和谐发展，目标是建构生态宜居、底蕴浓厚、独具特色、和谐发展的新型人居聚落形态。改革开放以来，杭州在高度重视经济建设的同时，把文化名城建设摆到了一个十分突出的位置，文化建设成效显著。尤其是进入21世纪后，全市各级党委、政府围绕文化大发展、大繁荣这一主题，以社会主义核心价值观为指导，以建设文化名城为实践载体，以提高群众文化生活品质为根本目的，以积极的姿态、创新的思路、有力的举措，把杭州逐渐建设成为一座历史文化与现代文化同城辉映、休闲文化与创业文化和谐交融、文化事业与文化产业共同发展的文化名城。注重文化挖掘，以城市乡愁记忆和社区历史文脉为基础，打造社区文化家园和党群服务中心，建设温暖的精神家园，形成"一社一品"。如下城区小天竺知足弄社区结合潮鸣文化特点，打造归德小院、天竺公园、潮鸣寺印记公园、口琴博物馆文化长廊及琴缘雕塑等特色文化节点。

四、社会生活品质

在社会分工的基础上，社会的进步，就个人而言，增加了个人间待遇冲突的可能；就群体而言，造就和增加了群体间的待遇对立和待遇冲突，由此形成了现代社会中突出的待遇分化问题。而整个人类的生存和发展史证明，凡是存在待遇关系的地方，就会有基于这种待遇关系嬗变的社会冲突，因而社会冲突就成为我们社会生活的正常组成部分。"现代"本身就包含着一个人要与无数的人共同产生待遇关系、社会分工范围扩大、待遇关

---

① 王国平. 待遇论[M]. 北京：人民出版社，2016：291.

系范畴拓展、待遇分化领域延伸等问题，由此导致待遇矛盾的加剧和量增，形成了现代社会待遇分化的基本动因。社会待遇是指公民依据法律政策规定享有的社会方面的福利、服务和保障，它包括公民的社会保险待遇（含养老保险待遇、医疗保险待遇、失业保险待遇、工伤保险待遇、生育保险待遇）、社会福利待遇（含老年福利待遇、残疾人福利待遇、儿童福利待遇、妇女福利待遇）、社会救助待遇（含贫困救助待遇、孤寡病残救助待遇、乞讨人员救助待遇、应急救助待遇、临时救助待遇）、社会优抚待遇、社会公共服务待遇（含烈士优抚待遇，烈士家属抚恤，伤残军人优待待遇，军人家属优待待遇，复员退伍军人和军队退休干部安置待遇，牺牲、病故革命工作人员家属优抚待遇，伤残革命工作人员优抚待遇）和其他社会待遇。①

　　待遇分化、社会冲突和待遇协调成为现代社会生活的普遍现象。待遇协调的最高目标既是人类社会待遇协调应该追求的最高目的，也是判定人类社会待遇关系是否协调的最高标准和尺度。即，人的待遇全面而自由的实现。一方面，人类追求彼此之间待遇关系的协调归根结底是为了人的待遇的全面实现，而不是为了某个人或者某一部分人的待遇的实现，也不是为了人的某一方面的待遇的实现，更不是为了要人类放弃对自身待遇实现的追求。同时，待遇协调也是为了追求人的待遇的自由实现，亦即为了人的待遇能够不受任何束缚或者阻碍地得以实现。另一方面，能否促进人的待遇的全面而自由的实现也是判定某种待遇关系是否协调的最高尺度，凡是能够促进人的待遇全面而自由实现的待遇关系都是协调的待遇关系；反之，则是不协调的待遇关系。也正是在这个意义上，待遇协调的最高目标

---

① 王国平. 待遇论[M]. 北京：人民出版社，2016：206.

无疑也是待遇协调的直接目标和核心目标是否具有合理性的判定尺度。[①]

在社会生活品质方面，杭州市建立"和事佬调和、社区律师调和、镇街中心维和、专业调委会求和、司法机关促和、大调解中心保和"的"六和塔"矛盾调处模式。2016年，杭州市共排查各类安全风险隐患10万个，化解矛盾纠纷9.6万余件，完成50个市级挂牌治安重点地区的整治工作。根据中国社会科学院马克思主义研究院等单位联合发布的《公共服务蓝皮书（2012）》，市民安全感排名前十的城市是拉萨、上海、厦门、宁波、杭州、南京、长春、重庆、天津和大连，杭州市民安全感位居全国第五。在近年来市统计局开展的民意调查中，市民认为生活在杭州有安全感的比例始终保持在96%以上。杭州每年都被浙江省委、省政府命名为"平安市"，并先后获得全国社会治安综合治理优秀市、全国和谐社区建设示范市、全国文明城市等国家级荣誉称号。特别是在保障G20杭州峰会等的成功举办方面，杭州交出了一份满意答卷。

五、环境生活品质

环境待遇是指公民依据法律、政策规定享有以环境方面的福利、服务和保障，包括公民的生活环境待遇（含生活供水待遇、生活供电待遇、生活供气待遇、生活供暖待遇、生活废弃物处理待遇、社区环境待遇、生态环境待遇、交通环境待遇、治安环境待遇）、公共服务待遇（含就业创业服务待遇、劳动环境待遇、医疗服务待遇、计划生育服务待遇、殡葬服务待遇、法律服务待遇）和其他环境待遇。[②] 疏通社会各阶层待遇表达渠道，尤

[①] 王国平.待遇论[M].北京：人民出版社，2016：542.
[②] 王国平.待遇论[M].北京：人民出版社，2016：206.

其是弱势群体的待遇表达渠道，应从体制内外双管齐下，对症下药。

首先，建立多渠道待遇表达路径。要加强社会待遇矛盾协调机构如群众信访部门建设，建立与规范各种听证会、论证会、行政官员接待日等民主对话和协商机制，引导各待遇群体以合理、合法的方式表达待遇诉求，使群众的待遇诉求在基层组织中得以表达、解决，避免待遇矛盾冲突升级。建立社情民意的政策形成机制。要成立政府专门的民调机构，凡是涉及群众待遇的政策出台，都必须建立在深入了解民情、倾听百姓疾苦、了解社情民意、广泛集中民智的基础上，充分考虑和兼顾不同地区、不同行业、不同阶层、不同群体的待遇，以形成社会大多数人普遍认同的公共政策。

其次，加快推进民主政治制度化和程序化。在扩大基层民主方面，要真正地实行政务公开、厂务公开、村务公开等公开办事制度，切实保障人民群众的知情权、监督权、参与权、建议权等民主权利。充分发挥舆论监督的作用。在目前社会民意表达渠道不够畅通的情况下，网络媒体往往具有时效性强、影响面广、监督力量大的特点，是广大民众表达待遇诉求的有效渠道和平台。

最后，充分发挥行业中介组织的作用。中国行业中介组织介于官方与民间之间，这种角色恰恰能担当政府与群众沟通的桥梁，它们的声音往往来自底层民众，更具代表性。它们往往能坚持客观公正的立场，是协调待遇矛盾的有效工具，在一定程度上能起到平抑部分待遇冲突的作用。[1] 杭州以建设美丽中国样本为目标，坚持走"绿水青山就是金山银山"发展道路，成为省会城市中的首个国家生态市。

---

[1] 王国平.待遇论[M].北京：人民出版社，2016：611.

第三节　杭州市社区治理现代化的具体做法

杭州市社区治理现代化的实践主要包括五方面内容，分别是：构建"三位一体"社区管理体制、建设专业化的社区管理队伍、建立多元矛盾纠纷调解机制、创新社区现代化治理机制、推进社区服务的长效发展。

一、构建"三位一体"社区管理体制

社区治理现代化应规范城市社区组织与管理体制，拓展社区参与的广度与深度。理顺城市社区自治组织与城市基层政府及其派出机关——街道办事处——的关系，理顺城市社区自治组织与社区党组织的关系，是规范城市社区组织与管理体制的一项重要内容。其中，当务之急就是强化城市社区自治组织的建设，这既是规范城市社区组织与管理体制的重要内容，又是新形势下推动社区居民参与社会与经济事务管理的有效途径。然而，城市社区自治组织内，各个层次机构的建立都必须有社区居民的自觉参与，他们不仅有权就本社区内重大的社会经济发展事务发表自己的看法、观点，而且还可通过决策参与、执行参与、监督参与等形式实现自己当家作主的愿望。

2008年，杭州在全市社区建立社区公共服务工作站，构建社区党组织、社区居委会、社区公共服务工作站"三位一体"、交叉任职、合署办公的社区管理新体制。"三位一体"社区管理体制的最大优势是弱化了社区居委会的行政化倾向，重塑了党委对社区的直接领导，有助于提高公共服务

的优质供给水平。[①] 在"三位一体"社区管理体制引导下，杭州市通过不断加强社区党组织的建设和有序推进居民自治，民间组织得到较好发展，从而将各种资源调动起来助推社区建设，形成了强大的治理合力。

首先，杭州市社区党群服务中心瞄准"全省示范、全国一流"的标准，着力实现政治功能、服务功能和治理功能的有机统一，提出了"要活动到中心，有困难找中心，作奉献来中心"的建设理念，致力于把各级党群服务中心打造成为"党史学习的宣教中心、党员群众的活动中心、服务群众的便民中心、志愿服务的奉献中心"。比如：临安区社区党群服务中心致力于推进"组织生活策源中心、党建课程配送中心、红色社团孵化中心、党群服务指导中心"的"四个中心"功能建设。建德市社区党群服务中心坚持整合提升为主路径，超前提出"党群活动中心、便民服务中心、协商议事中心、创客创业中心、文化健身中心、综治应急中心的六大功能定位。

其次，杭州市创新社区服务中心功能设置，推出会议和文体活动场地预定、文化艺术培训、家庭和个人生活困难互帮互助、心理疏导、矛盾调解、法律援助、休息便民等综合惠民服务，集中打造一站式中心。在此基础上，各级党群服务驿站还创新推出"12+X"模式，即必须有驿站导览图、服务项目清单、免费开水、免费Wi-Fi、免费咨询、免费休憩区、共享充电宝、共享雨伞、公用打气筒、公用微波炉、书籍报刊借阅室、应急药箱等12项基本便民服务，同时鼓励结合自身实际推出母婴室、咖啡吧、摄影沙龙、骑友俱乐部等X项特色服务和文娱活动，提升驿站整体运维水平。例如，萧山区北干街道、余杭区仓前街道太炎社区等新增骑士驿站，为辖区

[①] 阮重晖.复合型社区组织是我国社区治理的独特优势：由杭州社区疫情防控实践引发的思考[J].杭州，2020（5）：66-67.

快递员、外卖送餐员、网约车司机等提供免费茶水、休息座椅、急救药箱、应急充电等，真正让群众在中心体验暖心服务。

最后，深化党建引领社区治理服务，整体构建与全面提升一站式政务平台和服务水平，让群众享服务、感党恩、跟党走。比如，滨江区的滨河社区结合当地青年人才的发展需求，推进"社区党群服务中心＋'一滨办'窗口"改革，提供14项政务服务和便民服务，通过下沉积聚党群服务、政务服务、社会服务等资源，让群众找得到人、办得了事，从而真正加强社区一线治理，在情感上拉近与居民的距离。目前，杭州市各级社区服务中心针对新形势下群众家里难走进的现状，紧盯群众需求点、兴奋点构建服务和活动清单，吸引党员群众主动走进党群服务中心，不断发挥密切联系和服务群众作用。一站式政务平台在党群服务中心的设置充分体现了最多跑一次、为人民服务的办事宗旨。

综上所述，"三位一体"的社区管理体制既突破了传统社区治理的政治与行政的二分，也打破了政府与市场的二分及政府、社会和市场的三分，实现了社区治理的多种机制和多元主体混合运作，增强了基层治理体制的弹性。

首先，"三位一体"的社区管理体制突破了政治与行政的边界，推动了政治与行政的混同运作。在我国，政治与行政并非截然分开的，政治过程常常借助于行政手段，行政过程往往也借助于政治过程。[①] 不管是政府主导的还是社会自发产生的或者是多元主体协同合作的社区治理创新项目，都要接受党的领导，只有获得党委的肯定、支持或者默许，社区治理创新项

---

① 王汉生，王一鸽.目标管理责任制：农村基层政权的实践逻辑[J].社会学研究，2009（2）：61-90.

目才能获得合法性。同时，各个社区治理创新项目，还必须接受各级政府的监管，各职能部门为创新项目协调各类关系，并提供资金、技术或者权威支持。"三位一体"的社区管理体制进一步模糊了党委和政府的边界，使二者混同运行，共同构成社区治理创新的合法性、权威和财力的来源。通过治理创新的项目制，党委和政府并未退出社会领域，而是以一种更为有效的形式继续主导着社区治理领域。

其次，"三位一体"的社区管理体制突破了政府、社会与市场的边界。在社区治理中，政府、社会与市场是具有各自的边界、分工和优缺点的治理机制。但是，它们中的任何一种机制都不能单独解决所有社会问题，必须两种或两种以上的机制混合使用。当然，社区治理创新中多种机制的相互协作并非自发或无条件的。

最后，与传统的政府、社会及市场三分法相比，注重有限目标和有限合作的社区治理现代化项目制能够跨界合作，弥补单一机制存在的资源、技术、能力与知识的不足，走出传统社区治理中集体行动的困境。"三位一体"的社区管理体制的这种一体化特点能够使社区治理项目的开展与运行过程流畅，并始终保持统一的目标。社区治理项目负责人在这个过程中也能够集中资源进行项目的维护与监督，使得项目高效地朝着预期的目标前行。

二、建设专业化的社区管理队伍

杭州市各级部门积极集结力量和下沉资源，组建社区治理工作核心运营团队，主动吸纳包括党务工作者、社区志愿者、第三方社会组织（或企业）在内的多元主体，合力供给社会服务。比如：市级层面成立包括阿斌电力服务队、95128 爱心车队、律协法律咨询服务队等 10 支专业志愿服务队；萧山区北干街道的核心运营团队由一支以专职党务工作者为主体的党员队伍组成；萧山区闻堰街道社区服务中心遵循"一核多元"的党群服务矩阵，引进喜马拉雅、乐刻健身、娃哈哈未来城、慕仁文化等项目，以企业运营的方式提供综合性专业服务；滨江区滨河社区组建青年党员联盟，凝聚在职党员、在册党员和青年党员力量，同时积极引入社会力量；上城区打造"尚城·红星系"公益党建联盟，以党建为引领，集结全区 80 多家民营企业和社会组织，形成辖区内资源共享、活动联办、共驻共建的社区公益服务新格局。

为提高社区管理队伍的工作绩效，杭州市各级政府坚持需求导向、问题导向和效果导向，研究制定"区县（市）社区工作者领先榜积分规则"，以数据化、可视化方式，压实各级社区工作者责任。聚焦热度指数、活力指数、关爱指数、服务指数、实力指数、满意指数 6 个维度，分别对县（市、区）、街道、乡镇、集聚区、社区、村级党群服务中心进行指数化赋分，形成动态化、智能化评价体系。通过开展"五项晾赛云评选"，召开运维类社会组织评审会、党群服务最优项目打擂比武等比学赶超举措，推动各级社区治理现代化一体发展。探索积分制管理，加强社区工作运行机制建设。加大定向招考公务员和事业单位工作人员的工作力度，把每年的 10 月 23 日定为"社区工作者节"，充分调动和激发社区工作者的积极性。

在加强社区工作者队伍建设方面，杭州市还大力推动社区工作者队伍职业化、专业化建设，积极改善社工队伍结构，提高社工素质。按照分级负责原则，开展以党建知识、社工业务、岗位技能和学历素质等为重点的各类培训，推行互动式教学和体验式培训，提升社区工作者队伍的整体素质。鼓励社区工作者参加继续教育、学历教育和社会工作专业教育。杭州市政府还借助现代技术升级为数字智慧体，实现实时感知、分析预判、辅助决策功能，让社区工作者的各项服务与活动更精准触达社区群众，推动社区工作的精细化治理。比如，高新区（滨江）社区工作者借助数字化技术，分析客群性别与年龄数据，发现参加活动的72.2%为女性，31—40岁的占比为49.7%，据此，高新区（滨江）各社区在部分活动中安排了亲子托管服务。又如，依据温州籍居民人数在新滨江人中数量位列第一，高新区（滨江）的社区策划推出了"寻味温州"活动，以提升居民的获得感、幸福感和归属感。

三、建立多元矛盾纠纷调解机制

杭州市逐步建立起以合作共治为原则的多元矛盾纠纷调处机制，社区矛盾化解机制逐步健全。一是搭建社会矛盾纠纷大调解工作机制，形成了集民间调解、行政调解、司法调解于一体的大调解工作机制。二是推广联动研判调解工作机制，引导群众、社会组织和各个层面互动参与。三是发展社会矛盾调解的各类专业社会组织及民间团体，充分发挥社会组织参与调解的优势。在具体的活动方面，例如，开展"律师进社区"活动。2009年12月4日，杭州市率先在全国推出了"律师进社区"工作。社区律师的主要工作任务是为社区组织与社区群众提供法律咨询和法律服务、帮助符合条件的困难群众依法获得法律援助、协助社区人民调解委员会和"和事佬"协会开展矛盾纠纷化解工作。"律师进社区"被评为2010年杭州总点评年度活动奖。此外，杭州市组建了"网络律师团"，以提供法律咨询、帮助困难群众依法获得法律援助、加强法律风险防范为主要职责，将法律服务、法律宣传不断延伸到农村乡镇，以实现市、县、乡、村四级公共法律服务实体平台的全覆盖。

自2017年开始，杭州市就探索举行"联百乡、结千村、访万户"活动（简称"百千万"活动）。2017年3月，全市4.3万名干部结对联系3089个村和社区，深入开展集中蹲点和地毯式走访，全年协调解决民生问题和信访维稳问题4.9万个。2018年起，杭州市推动"百千万"活动常态化制度化。同时，大力开展"走亲连心三服务"活动。2019年，市、县两级集中开展"走亲连心三服务"蹲点调研活动。市领导带头，市、县两级机关干部纷纷深入基层，到联系的乡镇（街道）、村（社区）和企业开展蹲点调研，切实帮助企业、群众、基层解决困难和问题。

此外，杭州市政府还围绕基层矛盾调解议题，充分发掘来自民间社会有经验、有威望的人员资源，建立了"和事佬协会"。全市有近2万名"和事佬"们日常就在群众间做细致的沟通、交流工作，力求把群众内部矛盾、居民生活诉求、社区住户反映的问题在第一时间收集、处理和解决。类似的平台（活动）还有"律师进社区""钱塘老娘舅""朱学军法官调解工作室"等，这些富有生活气息的调解平台（活动）缔造了情理法结合化解基层矛盾的杭州模式。

四、创新社区现代化的治理机制

服务是指为集体或别人工作，或为他人提供帮助，即满足他人需求的行为。公共服务即满足公共需求的行为，是为公共利益提供的一般性或普遍性服务。[1] 政府应该提供那些市场失灵无法有效提供的但对社会有益的、

---

[1] 柏良泽. "公共服务"界说[J]. 中国行政管理，2008（2）：17-20.

必需的产品和服务。无论是罗尔斯（Rawls）强调的社会正义中初级产品的公平分配，还是阿马蒂亚·森（Amartya Sen）的保障每个人的可行动能力，或是诺齐克（Nozick）的程序和权利公平，都要求政府承担起重要责任，政府的有效作为是保障社会公正实现的基础。[1]社区治理运行机制现代化要求政府积极运用现代化的信息技术工具，来提升社区治理机制的运行效率。当前，杭州市社区治理现代化过程中贯穿着协商议事机制、智慧治理机制和居民参与机制，能有效助推现代社区的高质量发展。

第一，协商议事机制。杭州市率先建立以"四会制度"为核心的协商议事机制，构建"我们圆桌会""民意直通车"等多个民情沟通参与平台，在加装电梯、停车位改造、垃圾分类等民生项目中发挥了重要作用。通过打造基层社区议事厅，广泛民主协商议事，协调推动民生实事，实现上级要求与基层实际有机融合，不断发挥治理平台作用。同时，充分发挥党建引领作用，把党的政治优势、组织优势转化为治理和服务优势。杭州市在社区探索建立以党群服务中心为主阵地、以居民议事厅为平台、融合各社区邻里坊的"1+1+X"居民议事组织架构，以广泛收集社情民意，聚焦民忧，为民解忧，提升居民幸福感。比如，上城区丁兰街道通过议事协商，集聚民智，同题议事，为解决居民群众在生活中遇到的大事小情搭建协调议事平台，增强居民社区认同感和归属感，实现社会治理与经济发展、民生改善的良性互动。

第二，智慧治理机制。杭州市借助数字经济先发优势，推出"云上潮鸣"智慧治理平台、城市大脑湖滨综合试验区等，以数字化转型带动老旧

---

[1] 吕炜，王伟同.发展失衡、公共服务与政府责任：基于政府偏好和政府效率视角的分析[J].中国社会科学，2008（4）：52-64.

社区治理水平的全面升级。[①] 在社区治理现代化实施过程中，从决策领导机制、法律保障机制和人才队伍建设三个方面入手。一是优化决策和运行机制。一方面，建成导向明确、职能精细的领导班子，负责统筹全局、协调推进智慧社区建设中的重大事项；另一方面，优化社区治理现代化过程中的机构设置，明确每个人的职责，提升行政运行的效率。二是优化法律保障机制。杭州市政府积极探索建立健全与社区智慧治理相适应的制度，如信息公开制度、数据安全保护制度、数字治理标准化建设制度等，推动社区治理现代化深入发展。三是完善社区治理现代化的人才队伍建设。杭州市各级政府充分重视内部人员的数字化技能水平提升，通过设置专题讲座、纳入人员考核计划、更新社区组织文化等方式提高社会工作者的数字素养，通过完善优秀人才的福利保障机制，吸引社区治理急需的顶尖人才和复合型人才加入。同时，加强外部"智力支持"，成立社区治理现代化建设专家咨询机构，组织不同领域的专家参与社区治理现代化的过程。

第三，居民参与机制。社区治理现代化代表着未来城市社区的发展方向和进步趋势，从社会关系层面体现了邻里关系的和谐，是社会空间实践的重要组成部分。当前，未来社区建设以老旧小区改造为主，居住人群主要包括了回迁居民和新居住居民两大类别。其中，回迁居民大多延续原有的生活方式，而新居住居民则采用城市的新型生活方式，两者之间存在着生活方式、行为习惯、风俗人情方面的差异，这对人际沟通和交往势必产生影响。同时，社区治理现代化的未来性特征又承载着社区居民的共同向往，从而使得新社区、老居民与新需求之间存在着多重矛盾。因此，杭州

[①] 杨婷，何凌超.构建共建共治共享社区治理格局的探索之路：访杭州市民政局局长何凌超[J].社会治理，2019（12）：19-24.

市在推进社区治理过程中,始终坚持充分发挥人民的主体作用,充分调动社区多元主体的积极性,践行参与式民主理念,社区治理水平明显提升。[1]社区治理现代化综合考虑本地居民与外地居民以及老人群体与青年群体、儿童群体的多元化需求,为各类人群提供互动的平台和交流的场所,从而更好地积累未来社区的社会资本,进而实现城市社区的可持续发展。

综合而言,创新社区现代化治理机制能够将"一刀切"的制度规范转化为多样化的创新实践。传统的社区治理强调应用单一或者相同的方法与规章制度来解决复杂的社会治理问题,忽视了各地社会环境的复杂性、治理主体的多元性、社会问题的专业性等问题,不仅不能有效地解决社会问题,而且更多时候会造成行政效率的低下、社会资源的浪费。而社区治理创新的现代化机制发挥了多元治理主体的积极性和主动性,地方政府从关注一切到选择性注意和选择性创新,根据不同的问题类型及轻重缓急、解决问题的成本大小和工作人员能力强弱,有选择地设计不同的解决方案,实现资源的最大化利用。

社区治理创新机制在地方层面上把"一刀切"的规章制度转化为地方性的行动方案,克服了政策执行中的教条主义。譬如,在人民导向的综合考评项目中,从1992年起,杭州市政府就坚持"创一流业绩、让人民满意"的宗旨,而没有直接照搬诸如北京的"三效一创"绩效管理体系、青岛市的市直单位目标绩效考核体系、贵州省的省直机关绩效管理体系以及南通市的"三位一体"绩效评估体系等做法,而是根据自身的特点与要求,制定了适合本市的人民导向的综合考评项目,通过科学量化的指标体系、综合性

---

[1] 杨芜.积极探索具有杭州特色的社区治理体系:访杭州市民政局局长邵胜[J].杭州(周刊),2014(11):30-33.

的维度标准，对不同层级部门各类涉及政治、经济、社会、生态、文化等领域的社会问题进行全方位、多样化的考察，极大地推动了政府管理和社会管理的创新与全面提升。

五、推进社区服务的长效发展

杭州市的社区服务业起步于 20 世纪 70 年代，是全国社区服务的发源地之一。2005 年，杭州市在全国率先把社区服务作为新型产业列为现代服务业的八大重点发展领域之一，社区服务业不仅在数量和覆盖范围上有了新的扩大，而且在规模和档次上有了新的升级。[①] 在居民需求引导下进行整体规划，探索旧区改造与邻里中心、居家养老等相关资源的融合，打通便民服务"最后一公里"。如借鉴新加坡邻里中心的理念，整合老旧小区周边资源，通过租赁大型超市周边场地或扩建农贸市场等方式，采用财政买单、社会组织运营、适当收费的模式，为周边居民提供餐饮、阅读、健身、亲子、棋牌等准公益性服务。整合社区卫生医疗资源，通过租赁或扩建的方式，扩大场地面积，建设卫生康养综合体。除原社区卫生院的服务功能外，综合体要为社会化的养老、托幼、康养、助残提供场地，政府通过财政补助给予一定的支持，以吸引具备专业化能力的社会资本投资、运营。目前，杭州市在各社区提供的服务可以归类为信仰教育服务、综合惠民服务、创业指导服务。

第一，信仰教育服务。杭州市政府整合市委党校等资源，成立红色宣讲团，定期为社区居民提供党史和理论政策宣讲。例如，余杭区中泰街道成立了"泰·精彩"基层理论宣讲队伍，累计为社区居民宣讲 217 场次，听

---

① 杭州社区建设研究课题组.社区建设的"杭州样本"[J].今日浙江，2009（7）：46-47.

众达 20 万余人次，被"学习强国"平台和中央、省、市媒体多次报道。富阳区东洲街道通过整理展示毛主席调研的珍贵史料，打造"调查研究大讲堂"，其成为党校各类班子和机关干部教育培训的必修课堂。建德市梅城镇打造了"15 个一"服务，累计吸引参与答题 5300 余人次，寓教于乐，潜移默化地教导社区党员，有效实现了党建引领社区治理现代化的目标。

第二，综合惠民服务。针对社区服务中心运维不佳问题，杭州市政府创新功能设置，总结推出家庭和个人生活困难互帮互助、心理疏导、矛盾调解、法律援助、休息便民等综合惠民服务，集中打造一站式中心。在此基础上，各级社区党群服务中心还创新推出"12+X"模式，即必须有驿站导览图、服务项目清单、免费开水、免费 Wi-Fi、免费咨询、免费休憩区、共享充电宝、共享雨伞、公用打气筒、公用微波炉、书籍报刊借阅室、应急药箱等 12 项基本便民服务，同时结合自身实际推出母婴室、咖啡吧、摄影沙龙、骑友俱乐部等 X 项特色服务和文娱活动，提升驿站整体运维水平。例如，萧山区北干街道、余杭区仓前街道太炎社区等新增骑士驿站，为辖区快递员、外卖送餐员、网约车司机等提供免费茶水、休息座椅、急救药箱、应急充电等，真正让群众在中心体验暖心服务。

第三，创业指导服务。围绕发展所需、群众所盼，杭州市致力于为各类社区提供政策咨询服务、职业技术培训、农技培训、创客孵化，努力把社区建设成为推动共同富裕的重要支点，在居民中赢得了口碑。比如：萧山区北干街道立足"创想·汇"品牌，在金融服务企业与其他企业间牵线搭桥，帮助小微企业和员工解决融资难问题。余杭区未来科技城成立创业导师团，推行大学生创业导师制，2022 年已开展各类专家授课、咨询指导 60 余次，协助提高大学生创业实践能力，培育未来企业家。建德市杨村镇结合草莓小镇和草莓产业发展，建设了草莓文化展示馆，开展草莓师傅"大学堂"活动，为居民免费提供草莓种植问题咨询服务。临安区通过建设山核桃特色产业云服务平台，促进山核桃产业可持续、高质量发展。

Chapter 4

| 第四章 |

社区治理现代化的策略经验

进入新时代以来，党和国家多次强调国家治理体系与治理能力现代化建设。党的十八届三中全会提出，全面深化改革的总目标是完善和发展中国特色社会主义制度，推进国家治理体系和治理能力现代化。党的十九届四中全会提出，我国国家治理体系和治理能力是中国特色社会主义制度及其执行能力的集中体现。党的十九届五中全会提出，要完善社会治理体系，健全党组织领导的自治、法治、德治相结合的城乡基层治理体系，完善基层民主协商制度，实现政府治理同社会调节、居民自治良性互动，建设人人有责、人人尽责、人人享有的社会治理共同体，为加强和创新社会治理指明了方向。2021年4月，中共中央、国务院印发《关于加强基层治理体系和治理能力现代化建设的意见》，强调基层治理是国家治理的基石，社区治理是实现国家治理体系和治理能力现代化的基础工程。"十四五"时期，构建基层社会治理新格局，必须把保障基层人民生活作为民生基础，把家庭和社区作为基层社会治理的基本单位，不断推动社会和政府数字化转型，使人民群众生活品质大大提高，实现社会高质量发展。

杭州是社区治理现代化真正实践"人民城市人民建、人民城市为人民"理念，做到发展为了人民、发展依靠人民、发展成果由人民共享、发展成效让人民检阅，实现社会建设和政治建设的良性互动，为推进国家治理体系和治理能力现代化提供了宝贵的经验和有益的启示。在未来社区层面，萧山区瓜沥镇七彩社区通过结合实际、借鉴经验、突破传统、创新模式，做优运营、政企共赢、总结迭代、谋划提升，形成了以人为核心的建设理念，最终有助于提升社区现代化服务水平。在老居民老社区层面，西湖区西溪街道上马滕社区通过武林门新村整治提升、莫干山路79号加装电梯、文三路55号成立自管小组，形成了成立"九长制"、设立民情"回音壁"和成立"益爱社"的经验启示。在新居民新社区层面，余杭区仓前街道灵源社区通过全域环境整治、全域治理现代化、特殊人群帮扶，形成了启动民生实事项目、村党组织带动支持和致力于社区文化建设的经验启示。在老居民新社区层面，上城区彭埠街道建华社区通过公益便民活动、回迁安置活动、垃圾定时定投工作，形成了处理居民需求与政府供给、居民与整体、短期与长期之间关系的经验启示。在新居民老社区层面，西湖区三墩镇文鼎苑社区通过党建引领数字治理、垃圾分类推进环境整治、社区侨联打造"国际友邻·IN社区"，形成了打造民生综合体、秉承以人为本理念和规划科学合理社区的经验启示。上述成功案例反映出杭州市在社区治理现代化过程中主要坚持贯彻"民主促民生"、社区智治、未来社区以及老旧小区改造策略，并促成了集政策制度、组织结构、公共服务、协同治理、技术平台于一体的社区治理现代化经验的形成。

第一节 杭州市社区治理现代化的典型案例

一、未来社区：萧山区瓜沥镇七彩社区

瓜沥镇七彩社区地处瓜沥镇新区核心地块，毗邻萧山国际机场，总投资50亿元，规划单元面积约79公顷，实施单元面积约40公顷，申报直接受益居民9261人，人才落户数为3806人。项目紧抓国家级临空经济区核心区域的临空机遇、亚运会赛事举办地和国际化城市能级提升的机遇以及、杭州与萧山数字经济推动瓜沥镇传统产业转型升级的产业机遇，着力打造中国都市圈TOD卫星镇的未来社区领先样本。萧山区瓜沥镇七彩社区是最早运用新加坡社区规划理念的典型案例，以核心项目七彩社区一期（A区块）为载体，总结出一条"新加坡特色＋在地化定制"的未来社区实践国际化路径，初步打造了公共服务中心、智慧治理中心、交通出行中心、创新创业中心、邻里共享中心、文化教育中心、运动健康中心等满足居民美好生活需要的七大中心，并以企业投资、政企共建的方式，实现七大场景的功能，在理念和功能上非常契合浙江省未来社区建设工作"三化九场景"的理念设计。当前，七彩社区坚持党建引领，以人民为中心，以需求为导向，构建了政企共建的红橙黄绿青蓝紫"七色彩虹"社区治理模式，其中七色代表"七大中心"，还代表"七大主题"，即服务、治理、教育、健康、交通、邻里、创业。

七彩社区是全省未来社区的先行试点。2018年，政企合作共同打造文化教育中心、公共服务中心和智慧治理中心。2019年，七彩社区成为浙江省首批24个未来社区创建试点之一，也是唯一一个位于乡镇的未来社区创

建试点。同年，七彩社区一期正式运营，瓜沥镇党委书记朱国军表示，七彩社区通过在未来社区创建上先试先行，率先探索实现了交通出行、文化教育、公共服务、智慧治理、运动健康、邻里共享等场景，实现了未来社区的可持续发展。同时，大数据数字化改革纵深推进，在场景开发、数据应用上成效明显。七彩社区以大都市圈周边 TOD 卫星镇为定位，产研居融合。由运营商（七彩集团）联合瓜沥镇投资地块；之江文创基金介入拿地，先有运营再延伸做产业园；安置房交由瓜沥镇投资建设，商品房地块 2021 年底挂出，以社会资本参与开发运营为特色。未来，七彩社区还将在基础设施、公共设施、绿色建筑、交通物流、数字虚拟等层面规划并实现更多的未来场景，努力打造可复制、可推广、可应变的未来社区样板，让当地民众获得更好的体验感和幸福感。

（一）七彩社区治理现代化的具体做法

1. 结合实际，借鉴经验

政府主体和市场主体统一思想，在规划前期，七彩社区保留区块内原有老旧公交首末站地块不外迁，借鉴新加坡"交通+邻里"的复合式开发经验，并结合浙江省现有土地政策，以居民出行便捷为出发点规划未来社区新业态，创新提出"原址提升+功能混合"公交 TOD 综合开发模式，实现有限投资、多方共赢。七彩社区建设了立体化交通出行体系，综合配备了便捷的立体化交通出行体系。其中，一层植入了文化公交场景，二至四层建设了 480 个免费立体停车位——居民公共交通出行不便和停车难问题得到有效解决。

该交通出行中心借鉴新加坡 TOD 模式邻里中心的理念，把室内公交中心、公共停车楼、社区影院、运动健康中心、老年健康生活馆等集于一体，给居民的交通出行和生活带来了极大的便利。七彩社区重点建设新加坡数字创新产业园、超级 5G 产业园、人才绿色住宅区等项目，创建了"双创空间＋人才公寓＋创科学院"三位一体的优创环境。简言之，实现公共交通 TOD 综合高效开发是未来社区建设的必然要求。七彩社区从浙江省中小城市、新城镇普遍的公共交通实际出发，以居民步行半径考虑为原点，借鉴运用新加坡社区规划理念先行先试，推动公交 TOD 功能混合建设，打造符合老百姓生活习惯的社区文化生活综合体。

2. 突破传统，创新模式

社区是城市更新的基本单元，与传统社区相比，未来社区建设最大的亮点与区别在于其人本化导向和人文精神内核。同时，信息技术的高度成熟和广泛应用使得社区内的智慧服务平台成为可能。七彩社区打造了 24 小时服务、365 天办公的社区智慧公共服务中心，居民可就近办理社保、医保、市民卡、违章处理等与民生密切相关的 261 个事项。尤其是"沥家园"数字驾驶舱已经布局实施，通过政府数字化驾驶舱管理端、社区居民微信用户端、"沥小二"瓜沥公众用户端、"沥 MALL"现场实体端等应用，构建了覆盖社区居民的"七彩云端未来社区"。

居民还能通过"沥家园"参与各项公共事务。"招募社区活动志愿者，积分 300 分""找人帮忙带点菜，积分 100 分""帮忙修洗衣机，积分 360 分"……在七彩社区的杭州"城市大脑"数字化驾驶舱大屏上，有不少互助任务正在滚动更新。2020 年 3 月，瓜沥镇打造"沥家园"系统，以积分制管理的方法，构建起一个覆盖社区居民的"七彩云端未来社区"，居民在"沥家园"系统上实名注册后，可以通过生活互助、社区活动等赚取积分，还可以用积分换取想要的生活用品。居民日常社区生活中遇到的问题、意见建议也可以在"沥家园"上反映，并通过数字化平台呈现在数字驾驶舱大屏上，社区工作人员会一一解决。

3. 做优运营，政企共赢

七彩社区坚持可持续运营理念，通过激活社区存量空间、组织社会团体广泛参与、开展主题化多样化的社区活动，形成具有七彩特色的公益性、微利性、志愿性相结合的创新运营模式。从 2019 年 8 月至今，公交 TOD 综合开发模式为社区的邻里中心引流超 300 万人次，承接 1000 余场交流活动，举办 100 余次邻里活动，开办 500 多堂文化公益课，成为居民家之外的第二客厅，构建了公交公司、政府、投资运营商和社区居民多方共赢的良好局面。

在积累实际运营经验基础上，七彩社区持续迭代既有场景应用内涵，同时，从社区居民实际需求出发，进一步谋划提升，如打造与交通场景相融合的未来社区衍生场景，结合杭州"城市大脑"全面构建数字化基层治理场景。七彩社区通过文化串联邻里场景，形成"文化运营＋文化客厅＋运动休闲"的社区邻里体系。社区组建了武术社、茶艺社、话剧社等 10 个社团，常态化开展武术健身、朗读会、音乐会等丰富的主题性社团活动，促进邻里交往。通过挖掘展示瓜沥镇文化名人、人文底蕴，涵盖学习、互动和服务三大功能，七彩社区营造了浓厚的文化氛围。以筹备亚运会武术比赛为契机，七彩社区建设了总建筑面积 3.5 万平方米的瓜沥文体中心，并在社区内高标准打造多功能运动健康中心。

4. 总结迭代，谋划提升

七彩社区就是把邻里、办事、服务、娱乐、教育等都纳入同一个社区体系，形成了一个特有的"小城市"，居民再也不用舍近求远跑城区了。而正是这个"城市体系"，牢牢地抓住了居民的心，让社区真正成为以人为本的社区。七彩社区用创新和实验的方法提出了7个（塑造邻里、共享校园、全龄乐活、七心归一、数字创业、绿色节能、互联社区）充满想象力和幸福感的未来社区场景画面，在栩栩如生的"七彩画卷"上画下浓墨重彩的一笔，将让若干年后的社区居民切实感受到未来社区带来的生活的舒适便利、居家的创业生活、邻里的文化自信、全民的快乐学习、健康的自我修炼、欢乐的社区狂欢，让居民的生活就像万花筒，充满七彩梦幻的美好向往。七彩社区正在将数字化应用到居民医疗健康体系中——发放智能手环，社区里老人一旦发生心梗等紧急情况，健康中心的智慧终端可以预警，相关的医疗团队也可以及时介入。"我们的目标是把这个社区2000多名老人的数据上传，争取让数据跑起来，让我们医务团队跑起来，精准地找到这些需求。"健康中心负责人说。

七彩社区是土地混合、功能链接、关爱全覆盖的社区，并以"三化九场景"为指引走向未来。七彩社区一期率先试行七大场景：公共服务中心、智慧治理中心、邻里共享中心、运动健康中心、文化教育中心、交通出行中心、创业创新中心。通过丰富的社区邻里活动、表演、文化与公益课等聚集社区人气，七彩社区一期已成为一个充满活力的地标。截至2019年，七彩社区一期已接待逾300万+人次，社区广场举办100多场邻里活动与表演，社区文化客厅开办500多堂邻里文化与公益课，项目承接1000余次参观交流与会议活动。

（二）七彩社区治理现代化的经验启示

1. 以人为核心建设理念

社区是城市的最小单元，城市更新的本质就是社区的更新，社区居民作为社区的主人，在环境更新过程中受到最直接的影响。因此，应将社区居民纳入更新决策实施和监管的全过程，使其充分行使知情权和参与权，与政府、开发商相互制衡，确保公共利益最大化目标的实现。未来社区以居民需求为中心，将技术的智能与治理的智慧高度结合，通过社区治理体制和治理手段创新，实现共建共治共享的社区治理新格局。未来社区治理重点围绕党建引领、公民参与、社会协同、智慧治理等途径，发挥基层党组织引领、宣传、组织的关键作用，鼓励社区居民管理基层公共事务和公益事业，协调各级政府和居委会、业委会、物业的关系，将"互联网+"等信息技术与社区治理深度融合，推进传统社区向未来社区的智慧治理转型。

在七彩社区的设计中，人恰恰是核心要素，这里的一切似乎都是围绕着如何让人生活得更便利、更舒适展开的。上班要坐公交，就把公交车站"请"进了社区；出门要办事，就把办事服务"搬"进了社区；居民要来往、娱乐，又建起了"起居室"，让新瓜沥人和本土居民其乐融融地共享社区图书馆、亲子阅读、英语角、红色书吧……生活、办事的所需这里都能找到。从人的需求出发，这正是七彩社区从开建之初就追求的目标。七彩文化科技集团副总经理、首席学习官杨攀介绍，借鉴新加坡新市镇邻里中心模式，七彩社区以TOD公共交通为导向，定制城镇化创新型产品，一站式满足居民公交出行、公共服务、文化教育和生活配套等需求，其核心理念正契合了浙江省未来社区的"三化九场景"。根据规划，七彩社区将是个绿色低碳智慧的"有机生命体"。

2. 探索场景融合建设

社区既是城市的最小细胞，也是城市文化融合、市民凝聚力与幸福感提升的重要场所。未来社区赋能城市有机更新，点亮人民美好生活。未来社区的"三化九场景"并不是相互割裂的，而是相互统一的有机整体。为了更好地促进未来社区的场景融合建设，七彩社区突出因地制宜的特色，通过结合本地的经济发展水平、历史文化传统以及地方特色项目来助推场景建设，以真正激发未来社区的生命力和创新力。在具体的实践中，七彩社区拟定科学合理的规划布局，兼顾个性与共性，正确处理好传统与未来的特征，从而在共性中凸显社区特性，不断开创未来社区建设新高潮。

不断完善收益评估机制，避免数字技术被滥用的威胁。七彩社区在建设运营过程中，从经济效益和社会效益两个维度提前做好建设前的投资收益预测与建成运营后的收益评估，始终以坚持人本主义和技术向善为导向，避免技术侵权问题的出现。此外，七彩社区注重提升未来社区的韧性，强化其应对风险的能力。未来社区代表着现代技术与传统社区的有机融合，要始终坚持将提升未来社区的运营能力作为出发点。七彩社区在场景融合中植入了更多的功能模块，帮助应对风险的冲击，从而确保社区的可持续发展。

3. 提升社区服务水平

党建引领，加强住宅小区业委会建设，夯实社区自治的底层基础。杭州市将物业服务管理纳入社会建设体系，构建"党建引领，居委会、业委会、物业服务企业三方协同"模式，从实际出发推动业委会与物业服务企业党的组织、力量和工作覆盖服务企业，明晰三方职责定位和议事规则、协调联动等常态机制,明确程序要求。社区党委加强对业委会选举的指导把关,提高候选人中党员的比例。社区党组织和居委会加强对业委会工作的指导监督,倡导交叉任职,有的还组建小区监事会对业委会日常工作进行监督,有效破解了小区治理难题。建议确认业委会是住宅小区的居民自治组织,为其制定规范的权力清单和责任清单,通过培训提高其履职能力。在城市新老住宅小区普遍建立业委会,租房户比重较大的住宅小区业委会中要有长租户代表。小区公共事务由业委会讨论决定,重大事项由业委会或居委会召集业主和居民代表协商决定。日常管理服务由业委会购买服务,聘请符合资质要求的物业服务企业和专业性社会组织承担,扩大规模效应,规范评价标准,提高服务质量,降低服务成本。物业管家可以兼任网格员。

尤其是未来社区更加注重人的美好生活需要,以功能复合的邻里中心为依托,构建24小时全生活链功能体系,有机叠加教育、健康、商业、文化、体育等高品质公共服务,并合理配建适老化公寓、婴幼儿托育中心,为"一老一幼"提供友好生活环境。未来社区要构建党建引领的"政府导治、居民自治、平台数治"未来治理场景,并将社区治理体制机制、社区居民参与、精益化数字管理平台作为场景分项考核的二级指标,充分体现出公民社会参与的必要性与可行性。未来社区是具有归属感、舒适感和未来感的新型城市功能单元,是以人为核心的城市现代化、高质量发展、高品质生活的新平台,是新时代浙江省"两个高水平建设"的新名片。相比于传统社区,未来社区以智慧互联为基本特征,更加注重数字技术在社区建设运营中的应用。在后疫情时代,如何吸取疫情期间治理不力的惨痛教训,探索社区治理的新路径,以未来社区三大价值坐标、九大场景为基础,推进社区治理能力现代化,是重点研究课题。

瓜沥镇七彩社区以未来社区"139"顶层设计为指引，创新未来社区实践落地。瓜沥镇七彩社区一期是其核心引擎项目，率先试行七大场景，集居民生活、精神文化、社会治理、智慧管理等城镇功能于一体。同时，实现公共交通 TOD 综合高效开发是未来社区建设的必然要求。七彩社区从浙江省中小城市、新城镇普遍公共交通实际出发，以居民步行半径为考虑原点，借鉴运用新加坡规划理念先行先试，推动公交 TOD 功能混合建设，打造符合老百姓生活习惯的社区文化生活综合体，显著提升了社区治理效率。

二、老居民老社区：西湖区西溪街道上马塍社区

上马塍社区地处市中心，东至莫干山路，南沿天目山路，西接马塍路，北至文三路，社区总面积为约 21 万平方米，辖区内有浙江省广播电视台、浙江省规划设计院、杭州市燃气集团等省、市、区级单位 14 家。现有住户 1713 户，总人口为 5055 人，其中 80 岁以上老年人有 512 人，是老年人较多的老旧社区。为便于社区管理以及提升现代治理能力，上马塍社区划分为 4 个网格。第一网格的网格编号为 05021001，包括武林门新村 1、2、3、4、5、6、7、10、12、14 幢，以及武林门幼儿园、市规划信息中心、易盛大厦，网格内有 10 幢 34 个单元，总户数为 473 户。第二网格的网格编号为 05021002，包括马塍路 9、16、18、20 号，文三路 55、57、59 号，武林门新村 8 幢和省中山医院，网格内有 10 幢 35 个单元，总户数为 418 户。第三网格的网格编号为 05021003，包括莫干山路 55、79 号，混堂巷 13、20 号，以及省广电集团、金汇大厦、省冶金研究院，网格内有 13 幢 42 个单元，总户数为 445 户。第四网格的网格编号为 05021004，包括天目山路 20、22、24、28、28-1 号，马塍路 4-1、7-1 号，武林巷 10 号，以及市燃

气集团、省出版大厦、宁波大厦、锦绣文苑，网格内有14幢31个单元，总户数为432户。

（一）上马塍社区治理现代化的具体做法

1. 武林门新村整治提升项目

社区治理现代化应整合资源，多方筹资，提升功能。整合小区碎片资源，优化公共空间布局；通过相邻小区及周边地区联动改造、社区公共空间协同开发综合利用，实现服务设施、公共空间、公共资源的共建共享；鼓励行政事业单位、国有企业将老旧小区内或附近的存量房屋提供给所在街道、社区，用于公共服务；解决老旧小区内配套设施建设空间不足的问题，全面提升老旧小区公共服务水平，满足小区居民对养老助餐、托幼教育、公共休闲、卫生防疫、无障碍设施等的需求，打造集住、食、行、医、养、文、娱于一体的15分钟居家服务圈。武林门新村通过向上级争取资金支持、确定市级财政补助标准和多渠道引导居民出资参与改造，破解筹资难题，居民出资原则上不超过改造成本的10%。

武林门新村地处市中心的文三路和天目山交叉路口，位于西溪街道上马塍社区，建造于20世纪80年代，用地面积为约1.25公顷，共有10幢房屋，现有居民476户。周边是省广播电视台、省高院培训中心、市海关所属检验检疫局等省、市重要单位所在地。未改造前存在消防主干道阻挡、电气线路老化、电表老化、消防设施不健全等隐患。且居住的人群密集，包括55户出租户，常住人口1428人，流动人口165人，80岁以上老年人191人。一旦发生火警等紧急情况，救援困难。2018年，西湖区西溪街道对该小区进行民意四问四权调查发现，居民对改造小区、排除安全隐患的呼声很大，经研究决定对该小区进行全面提升改造，总投资1000余万元。

第一，抓电力上改下。对整个小区的管道线路进行整体规划，对阳台水管道实施雨污分流改造，对原本存在安全隐患、架在空中的变电箱进行下移，对裸露在外的各类"天空蜘蛛网"分类贴标，并预留好电线管道，在不影响居民正常工作、生活的前提下实施电力上改下作业。对小区的水管、燃气管主管道进行全面检查，保障居民用水、用气安全。总共铺设高压线路1647米，低压线路5221米；拔除电线杆49根；新建低压电缆分支箱12座；更新各类管道1109米。

第二，抓辅房拆除。经过与11家产权单位及小区居民长达2个月的沟通协商，最终征得全体业主的同意，全面拆除了主干道两侧的辅房及围墙共计1108平方米。打通小区主干道的同时，确保了消防通道的畅通无阻。

第三，抓外立面整治。对10幢房屋进行系统性外立面整治，确保美观与实用并重。其中，墙面粉刷6420平方米，拆除3305平方米，空调移位1023台，安装铝合金空调罩954个，更新安装雨棚1558个，新装晾衣架291副。同时，为改善小区环境，对10幢房屋的顶层进行漏水修理，面积达1210平方米；对所有楼道、扶手均进行重新粉刷等工作；对各幢屋面落水管均进行雨污分流。

第四，抓居民生活品质。开展美丽家园提升工作，通过拆除围墙、拆除辅房、移位修缮自行车库等工作，改变了旧校区停车难的现状，新增车位约130个，新增彩色游步道600米，铺设沥青7000余平方米，道路焕然一新。新增绿化2238平方米，新增景观灯93个，安装智能充电桩20余个，配备260个插座。加装智慧门禁及人脸识别智能安防系统、居家魔眼系统，通过电弧检测每户人家的用电情况，一旦异常会通过APP报警到住户和网格员手机上，等等，全力打造安全小区整治样板，平安建设初显成效。

第五，抓居民自治。在整治提升的同时，街道大胆创新，推出"我的家园"规范化服务管理，引导武林门新村小区成立自管小组，同步引进杭州万远物业有限公司，实现小区封闭式管理，全力打造设施齐全、安全整洁的老旧小区整治的美丽样板。

第六，完善周边配套设施。为最大限度地做好居民群众生活配套设施的建设，通过与辖区单位协商共建，统一完成武林门新村周边文三巷外立面整治、房屋加固、弱电改造、店招店牌整治等硬件提升工作，彻底改变了脏乱差的状况，同步围绕老人生活实际需求，优化环境，引导业态调整，新增老年食堂、理发、缝补衣物、翻丝棉被等便民站点服务设施；完善武林门新村周边位于马塍路10号的文化中心提升工作，创造良好的文化环境和浓厚的文化氛围，建立功能更加完善的公共文化服务体系和文化基础设施，满足周边居民就近享受公共文化服务的需求。依托杭州市机场快线轨道交通（沈塘桥站）征迁工作，拆除了武林门新村8幢住宅，完成了房屋拆除、垃圾清运等后续工作。同时，积极申请对武林门新村配套用房的拆除补助，以便为周边居民提供更好的服务，全力构建起上马塍区块吃、住、行、娱等便民服务区域化服务。

2. 莫干山路79号加装电梯

杭州市的老旧小区综合改造提升工作在实际推进过程中尽管面临着许多困难，但依然特点突出、成果丰硕。在老旧小区改造综合提升工作中，既有住宅加装电梯的居民呼声普遍较大，并且可以将加装电梯所面临的诸如管线迁移、管网改造、绿化腾挪等难题一揽子解决，有利于加装电梯工作的整体推进。莫干山路79号位于西溪街道上马塍社区，共有2幢7层住宅楼，合计6个单元，每个单元有14户住户。住宅楼建于20世纪90年代初。房屋结构为地上7层+半地下自行车库，共有84户住户，60岁以上的老年人住户占比为70%（其中80岁以上老人有8人）。2018年上半年，社区书记带领发动其党员、楼道长，通过座谈会、上门解释加装电梯政策和征求全体居民意见，完成了加装电梯思想统一工作。达成加装电梯意见后，又进行了加装电梯公示，10天公示期间内无异议后由社区备案。

自莫干山路79号2幢房屋住户申请要求加装电梯起，西溪街道和上马塍社区高度重视，多次实地走访调研。街道和社区发现莫干山路79号2幢楼房高空强弱电管线多，线路复杂，涉及的单位较多，而且地面管道铺设遍地，上下管线、管道都需要进行迁移，工程量浩大，电梯加装工作一度停滞。

西溪街道为了解决民忧，让居民早日实现"电梯梦"，在多方努力下将莫干山路79号2幢强弱电线路上改下纳入美丽家园建设重点工程，在项目和资金上给予高度的支持，出资200余万元，为电梯加装开启绿色通道。街道和社区负责协调各方力量，与电力、电信、燃气、自来水等管线、管道迁移单位联系，紧盯工程每个环节，确保各类管道顺利迁移。同时，在施工过程中，为了不影响居民出行，电力、电信、燃气、环卫等单位施工人员紧抓时间节点，紧张有序地施工。10月中旬，莫干山路79号各类管道、管线铺设结束。该工程不仅优化了小区的综合环境，还让2幢房屋6个单元的加装电梯工程解决了后顾之忧，也是在电梯加装中政府出资较多、实行强弱电上改下的民生实事项目。2019年6月底，莫干山路79号加装电梯工程竣工并交付使用。

3. 文三路55号成立自管小组

完善考核机制，突出目标管理，鼓励社区组织实事求是，创造性地开展工作。社区治理和公共服务精细化、规范化、标准化的重点应该放在目标管理而不是过程管理，各种形式主义的做法追求的往往是过程的好看而不是最终的实效。在制定社区治理和公共服务的制度和标准时，应尽量剔除各种并非必要的过程性要素，允许因地制宜，鼓励探索创新、百花争艳。"不管黑猫白猫，能捉老鼠就是好猫。"制定社区治理和公共服务目标也要符合本地区的经济社会发展水平，使绝大多数社区经过努力能够达到，避免拍脑袋、"一刀切"下定量指标。同时，在考评市区街道各部门工作时要加大社区的发言权，这样才能巩固清理减负的成效。

上马塍社区的文三路55号为原省建行机关宿舍，1989年投入使用，内有房屋3幢，建筑面积为7941.84平方米，共有住户85户，现有户籍居民231人。自房改以后，因房屋性质变化，原单位管理终止，小区长期处于无管理状态，脏乱差现象严重，基础设施老化破损，垃圾分类问题难以解决，小区居民的生活品质受到较大影响，业主盼望政府改造的愿望和期待与日俱增，成为小区居民特别关切的问题和迫切需求。这几年，成规模的老旧小区改造力度较大，但是规模较小、散落零星的老旧小区的改造出于种种原因，推进缓慢。针对以上情况，为配合政府破解难题，尽快实现小区整治和优化，在上马塍路社区的领导和支持下，小区业主大会推荐居民认可的9人成立自管小组，其在民政局成功备案，承担起小区日常管理和基本改造的任务。

自管小组成立后，充分发动群众，团结一心，集思广益，群策群力，克服困难，从建章立制入手，先后制定《小区物业管理办法》《物业费、停车费收费标准》《小区整治推进方案》等多项制度，确保小区管理工作的公平公正、公开透明和按章操作。与此同时，自管小组以垃圾分类制度及其实施为突破口，采取因地制宜、重点突破、统筹推进等方式，在较短时间内顺利完成物业费、停车费收缴等前期工作，并用自筹资金完成门卫房翻新、绿化带整治、自动收费道闸安装、停车位划线和自行车棚整治等多项改造工作，初步实现"三个焕然一新、两个百分之百"的成效，即小区环境、停车管理、小区面貌焕然一新；物管费和停车费收缴率达100%。小区垃圾分类实施推进工作经社区检查，评估成效彰显。

自管会前期工作成效不仅得到了社区领导的充分肯定，也为广大业主所认可，从而实现了从当初业主不理解、不支持甚至强烈抵触，到积极支持、主动关心、群策群力的根本转变，充分展现了自管会管理模式的生机和活力。坚持因地制宜，实行业主自我管理，也是加快推进老旧小区改造的一种有效模式。院区整治的初步规划和目标是通过绿化带、交通路面停车、建筑外墙立面、垃圾分类等综合性整治整合，做到院区干净、舒适、方便、整洁，营造一个温馨舒适的生活环境。自管会力争尽快基本实现上述整治目标，将小区纳入常态化规范管理。在街道和社区的支持下，小区垃圾库房得到了提升改造，小区计划安装健身器材10件（套），向小区提升又迈进了一步。下一阶段推进重点：一是做好年度物业费、停车费收取工作，为后续工作提供资金保障；二是尽快启动已列入计划的后10项改造工作，力争保质保量逐步完成；三是继续加强宣传引导，做好群众思想工作，落实自管会成员分工，对业主反映的合理要求、诉求及各种问题，及时给予回复、处理，做好解释疏导工作，争取业主配合支持，争创文明小区。

（二）上马塍社区治理现代化的经验启示

1. 成立"九长制"

社区治理现代化更加注重多元主体共同参与，鼓励发挥社区议事会、社区客厅等自治载体和空间作用，强化社区自治功能，由居民共同管理社区事务。优化提升基层治理四平台，实现基层事务统筹管理、流程再造、智能服务，有效推进社区治理体系和治理能力现代化。"自从有了'九长制'，咱们小区变化比较大，小区服务群众的办法更多了。"上马塍社区党委书记、主任项静谈起的"九长"，就是纳入小区治理体系的网格长、警长、城管队长、自管小组组长、保安队长、楼道长、社团团长、文体队长以及小区周边机关企事业单位片长，推行以来已解决小区门口人行道改建和交通优化等多项民生问题。杭州市还从搭建社区党组织领导下的多方参与治理构架入手，推出群团组织"连心桥行动"、社区社会组织"双强争先"、社区红色义工队伍培育等举措，扩大服务居民的"朋友圈"。

为应对居民小区自治方式多元化趋势，社区工作者还专门总结提炼自治经验，在全区层面推广自治互助站模式，引导居民自我管理、自我服务，解决小区长期以来存在的急难热盼问题。依托居民自管、辖区资源的整合，"九长共治"，自管小组组长、社区网格长、警长、城管监管队长、物业队长、楼道长、社团团长、文体队长、辖区单位片长"九长"共同参与小区各类问题诉求的研判处理，建立各方联动处理问题、解决问题的社区治理平台。"九长"从不同的层面共同参与小区治理。其中，网格长承担问题诉求处理的牵头协调责任，物业服务企业负责人履行主体责任，自管小组组长有监督责任，并充分发挥以楼道长、社团团长、文体队长等为代表的小区居民的自治作用，以及警长、城管队长的执法支撑作用，辖区单位片长的党建共建资源共享作用，最大限度整合各方力量参与小区治理，力争做到"小事不出小区、中事不出社区、大事不出街道、矛盾纠纷不上交"。"九长制"实施4个月内，通过三张清单（问题、需求、资源清单）和"民情一码通"，已经解决了63项问题、19个需求，有效解决了上马塍社区的早晚高峰交通堵塞、小区老年食堂等重大难题，并先后被浙江卫视、《浙江日报》、《浙江法制报》《杭州日报》等主流媒体宣传报道。

2. 民情"回音壁"

上马塍社区有个特殊的党员活动室，社区在这个活动室内外布置了可供休憩的座椅，定期向辖区老年人开放。社区还安排了党员志愿者轮流值班，倾听居民的心声，传递居民的诉求，成了一面民情"回音壁"。民情"回音壁"的发起，正是始于社区对一项居民诉求所做出的回应。

上马塍社区里的住宅楼有许多是20世纪八九十年代建造的，老年住户不少。一些老人喜欢在单元间的通道内自搭座椅、"扎堆"聊天休息。长此以往却堵塞了消防通道，还影响了来往车辆的正常通行，也引来了不少居民的投诉。于是社区对这一现象进行了劝导整治，效果也不错。然而问题的另一面也产生了：老人们又该去哪儿休憩、打发空暇时间呢？

"小区虽然有专设的老年活动室，但老人们都喜欢在家附近的室外坐着，可以晒晒太阳、通通风。"70多岁的社区退休书记罗卫平在了解到情况后，决意为老人们发声。他仔细整理出了整整7页的情况说明和方案，提交给社区。在方案中，他建议在党员活动室外开辟一块老人休息区域，同时设置共享空间，也就是民情"回音壁"，为居民尤其是老年居民提供一个抒发心声的场所。

没过多久，党员活动室内外放上了崭新的椅子，供老人们休息聊天。社区第十支部党员们自愿报名，轮流值班，在民情"回音壁"帮助辖区居民解决问题。"安装的那天我也在现场，一装好我就帮着清扫地面、擦拭椅子，老人们坐上干净舒服的椅子，别提多开心了。"罗卫平笑着说。民情"回音壁"就像是一座桥梁，连接起了居民和社区。

民情"回音壁"也让不少居民敞开了心扉。韩大伯是独居老人，加上言语障碍，是社区重点关心的对象。在社区持续的关心关注下，特别是民情"回音壁"发起后，韩大伯时常来到活动室外与老人们一起晒太阳，听听居民反映的问题，人也变得开朗了。现在，韩大伯还是社区活动的积极分子，平日里只要看到有共享单车乱放情况，总会主动把单车整齐地摆到小区外，前段时间听说社区里组建了环境整治志愿者队伍，还热心报了名参加。"看着韩大伯每天开开心心，我们也感到很暖心。"

3. 成立"益爱社"

近年来，上马塍社区立足实际，紧紧围绕"构建和谐社区，打造幸福家园"工作目标，坚持以社区党建工作为龙头，以"我们的嘉年华"为主题，从培育社区居民"低碳环保、工艺传承、浓浓果情、幸福家园"的意识入手，不断创新工作思路，精心策划、因势利导开展社区邻居节系列活动。社区邻居节活动开展以来，受到广大社区居民的热烈欢迎和普遍赞誉，一时间成为人们街谈巷议的热门话题，显示出勃勃生机，同时也营造了邻里和谐互助、友爱团结、其乐融融的辖区氛围。

西溪街道加大对社区教育的财政投入，全力打造"文化社区——学习型社区"，筑建了一处集学习生活、文化休闲、技能培训、活动体验、成果展示于一体的活动基地与生活空间——益爱社，开辟国学堂、书画坊、琴筝坊、手工坊、心灵驿站等，邀请名师专家定期为社区居民教授纸艺、摄影、国画等课程，满足社区居民多层级、多元化的文化需求，培育自主学习与互动学习的氛围。"社区通过手机短信、QQ群、微博、微信等形式定期向居民预告即将开课的课程，大家可以根据自己的兴趣爱好，自由选择想要学习的内容。"石灰桥社区主任崔莉莉说道。

值得一提的是，被益爱社邀请的专家可都是"国宝级"的名师。除了绢画修复师严美娟之外，还邀请了浙江旅游文化研究会会长、浙江大学亚欧旅游规划设计院院长林正秋，西泠印社特聘书法家朱妙根，国家高级美术师余晖，等等。希望能让老年人找到生活的乐趣，让外来人员提高生存能力，让弱势群体在大家的肯定中发现自己的价值，建立对自己、对生活的信心。同时将中华传统文化根植于人们的生活中，而对我们来说，老有所为，老有所乐，为居民服务，我们愿意发挥我们的余热。"一位国学大师道出了所有名师的心声。

三、新居民新社区：余杭区仓前街道灵源社区

灵源社区成立于2004年8月，由之前的灵东村和仓前村合并而成。全村面积为5.3平方公里，共有村民小组42个，农户1100户，其中已拆迁的有142户，常住人口有4405人。灵源社区下辖42个村民小组，有农户1180户，户籍人口5091人，常住人口1.5万人。村党委下设7个党支部，共有党员207名。灵源社区设有一站式服务大厅、农家书屋、谈心室、妇女之家、室内外健身活动场所等，全村已完成通村联网道路的亮化工程，自来水入户率达100%，卫生厕所改建率达100%，并获得省级卫生村、省级村级体育俱乐部、市级体育小康村、杭州市第六次人口普查村级单位先

进集体、杭州市"12345进社区"工作先进单位、余杭区五好学用示范站点、余杭区平安家庭创建活动示范村、余杭区精品社区、余杭区庭院整治示范村、余杭区示范综治工作室等荣誉称号。

从2012年起，灵源社区呈现高速发展态势，以辖区集镇点仓兴街为界，南边开启城市化发展蝶变，北边则打造全域美丽田园风光，可以说有了翻天覆地的变化。随着未来科技城的纵深发展，大量的征地拆迁陆续跟进，城市化建设脚步显著加快。尤其是2015年，梦想小镇正式启用，灵源村主街仓兴街提升改造，昌源清苑小区建成回迁，区域发展带动了灵源社区全方位的提升。2019年初，灵源社区完成全域基础环境整治，实现了农村从"脏乱差"到"净美优"的蜕变，美丽样板上徐桥街道在当地被誉为梦想小镇的后花园。如今的灵源社区不仅环境优美，现代化氛围浓厚，而且集体经济得到持续壮大，村民家庭收入逐年提升，村民生活水平不断提高，成了仓前街道高质量快速发展的标杆区域。未来几年，灵源社区将依托火车西站和高铁新城，全面打造美丽乡村新风貌，全力壮大集体经济，并逐渐从乡土农村发展成为民主法治文明的社会主义新农村。

（一）灵源社区治理现代化的具体做法

1. 全域环境整治

社区治理现代化更加注重社区优美环境打造，充分运用新材料、新技术，减少建设过程中和建筑本身的环境污染。合理优化社区空间规划，打造多样化、个性化的立体绿化空间，建设成网、成环的慢跑绿道，演绎绿意盎然的生态交响曲，让居民能够遥望星空、看见绿意、闻到花香。2019年初，灵源社区完成整村全域基础环境整治，实现从"脏乱差"到"净美优"的蜕变，美丽样板上徐街道在当地被誉为梦想小镇的后花园。2020年，仓前街道提出了国家级卫生镇、省级森林城镇、省级美丽城镇三大创建目标，全面加大工作力度、加快工作节奏，防风险、补短板、除隐患、优环境，进一步夯实社会治理根基，优化综合基础环境。以三大创建目标为契机，仓前街道启动了"全域治理·城市能级提升"百日攻坚，5月18—24日是"十大专项"攻坚行动之一的"全域卫生环境整治专项行动周"。仓前街道开展了全域卫生环境整治专项行动，调动和发挥各村社、各部门的积极性，广泛动员全民参与国卫创建、爱国卫生活动。集中整治内容有：消除暴露垃圾、露天棚厕、旱厕；周六"全民清洁日"活动；家家户户庭院整治集中活动；开展工地、农贸市场及"八小行业"等公共场所专项整治活动。

灵源社区组织居民走上街头，开展大清扫志愿服务活动和垃圾分类宣传工作，为美丽灵源建设贡献力量。组织社区党员志愿者、楼道长、梦想志愿者、消防志愿者、巾帼志愿者、小区物业等进行集中大整治活动。重点对社区主干道路暴露垃圾、卫生死角、楼道等进行了集中清理。仓前街道上下村村行动、户户参与，以建设整洁有序、山清水秀、舒适靓丽的美丽仓前为导向，扎实、深入、持续推进城市、农村人居环境整治。截至2020年5月，仓前街道已清理陈年垃圾共710吨，清理废旧广告牌32个，清除"牛皮癣"410处，清理乱堆乱放152处，清除、清理积水容器510个，宣传活动受益群众9200人，发放宣传资料1.9万份。下一步，街道将继续积极开展村社督查，指导环境卫生全域整治工作，对发现的问题及时上报反馈，督促整改到位，对工作突出的单位进行表彰，对行动迟缓、工作不力的单位进行通报批评，为下一阶段城市序化管理整治专项行动打下基础，力图实现街道环境卫生整治的常态长效。

灵源社区对照创建国家卫生城镇的目标要求，采取"三步走"方式对辖区内小餐饮店开展整治。一是宣传发动，自查自改。为营造创建国家卫生城镇氛围，街道大安全中队下发《致仓前街道餐饮行业经营户的一封信》给各餐饮单位，累计下发 500 余份，要求餐饮单位根据食品安全的相关要求进行自查自改。二是现场检查，限期整改。经过一周的自查自改，大安全中队牵头联合市场监管等部门开展联合检查，对未整改到位的经营户下达限期整改通知，累计下发整改通知书 76 份。三是联动执法，停业整顿。自查自改和限期整改拒不执行的，由大安全中队牵头，联合市场监管、派出所、环保所、城管中队、网格中队、相关村社等部门开展联合执法，责令停业整顿、待整改完成、通过验收后准予经营，累计下发停业整顿通知 9 份。通过全域环境整治，灵源社区的环境得到了显著优化，进而提升了社区治理现代化的效益。

2. 全域治理现代化

近年来，仓前街道围绕全域治理现代化建设，不断做强"全域治理"创新发展。在小区治理方面，创新"红黄蓝绿"住宅小区物业管理新模式；在"三源"治理方面，创新"网事警情"联动治理体系；在环境治理方面，深化美丽村社"建设十法"；在经济治理方面，推出"楼宇经济工作十条"——街道全域治理创新有力、成效显著。在仓前街道的引导下，灵源社区全面加大工作力度、加快工作节奏，防风险、补短板、除隐患、优环境，进一步创新全域治理、赋能城市管理。

首先，提升社区综合基础环境。仓前街道组织辖区居民召开"全域治理·城市能级提升"百日攻坚行动动员大会。街道用 100 天的时间，坚持以"双线作战""两战都要赢"为前提，集中开展数字·健康小镇环境综合整治、道路交通安全整治、全域环境卫生整治等 10 个专项整治，点面结合、标本兼治，以切实举措提升仓前城市能级，助推全域发展新高度。

其次，加强党建统领"一个核心"。发挥党建引领作用，加快党建统领的组织领导体系，健全完善"党委统一领导、条块齐抓共管"的基层治理运行机制，深化"党建＋治理"工作方式，强化基层党组织在推进中心工作、预防化解矛盾和培育乡风文明等方面的职责担当，以党建统领推动全域治理落实落地。大力推进"最多跑一地"改革，按照"一心治理、一网兜底"联动治理理念，充分发挥街道"主任热线"属地吸附、信访调处作用，做强综合信息指挥中心，统筹调动辖区资源力量，构建"网事警情"联动治理体系。

最后，开展"十大专项"攻坚行动。数字·健康小镇环境综合整治专项行动、全域卫生环境整治专项行动、城镇序化管理整治专项行动、道路交通安全整治专项行动、安全生产和消防安全整治专项行动、小区物业信访整治专项行动、"低散乱"行业整治专项行动、西站工地及周边整治专项行动、垃圾分类优化整治专项行动、流动人口出租房屋整治专项行动有效提升了社区治理现代化水平。

3. 帮助特殊人群

习近平总书记曾说，要坚持民有所呼、我有所应，民有所呼、我有所为。学党史，悟思想，办实事，开新局。余杭区积极贯彻落实杭州市"民呼我为"主题活动，推动广大党员干部牢记嘱托、学史力行，主动回应人民群众呼声，更好顺应美好生活需要，让杭州市真正成为人民的幸福城市、幸福的人民城市。

灵源社区主任叶农从 2000 年起，一直扎根在农村基层工作。作为村党委书记和村主任，近年来，叶农在全力推进乡村环境整治、村集体经济发展、征地拆迁、流动人口管理、平安治理等方面都取得了优异的成绩，助推了仓前街道以及未来科技城各重大项目的顺利开展。在他的带领下，灵源社区用1年多的时间完成了社区全域基础环境整治工作……打造了上徐桥美丽样板，社区面貌焕然一新。除此之外，他积极关注社区里的弱势群体，充分利用仓溢绿苑、仓溢东苑、昌源清苑等小区剩余房源，提前安置租房难的特殊拆迁户。例如，2018年9月，因高铁新城一期项目建设需要，灵源社区居民陈治森的家面临征迁。他妻子脑梗中风快6年了，卧病在床，靠家人照顾。"像我们这种情况很难租到房子。多亏政府出台了提前安置政策，解决了我们的大难题。"陈治森感激地说。也正因此，叶农年年被评为优秀共产党员、党员先进积极分子，赢得了社区居民的认可和称道。

（二）灵源社区治理现代化的经验启示

1. 启动民生实事项目

增强社区工作的问题意识和服务意识。居民的获得感、幸福感、安全感更多地取决于他们的切身利益、迫切需求得到满足的程度，以及他们遇到的实际问题的解决程度和速度。上级机关下达的指令是为了给老百姓办好事、办实事，可能还考虑得更长远、更全面，但由于信息传递经过较多环节，这些指令是否契合本社区居民的需要还要经过实践的检验。因此，党政各部门应该给社区组织更多的机动余地和从本地实际出发创造性开展工作的权力，让社区组织能够把更多的精力和资源用于满足其服务对象的迫切需求。把上门走访作为了解和满足居民需求的主要途径，与多数居民的生活习惯、生活节奏存在错位，事倍功半，建议多用线上预约沟通、窗口受理、定时接待、限时办结回复、线上回访接受满意度评价等方式。因地制宜搭建各种议事协商平台，利用双休日组织一些居民参与度高的活动，加强社区与居民的沟通以及居民之间的相互沟通，也是值得倡导的做法。

近年来，灵源社区大力启动民生实事项目，致力于提升社区治理现代化能力。在灵源社区居民议事会第四次会议上，全体成员经过讨论，票选产生了2021年度4项民生实事项目：幼儿园改建开园项目、梦想小镇安置区块二期项目、公交候车亭建设及提升改造项目、高桥村田家角闸站改建项目。其中，公交候车亭建设及提升改造项目的实施极大地提升了社区居民的日常出行效率。仓前街道集镇区域仓兴街、乾仓街公交候车亭项目位于仓前街道太炎社区与灵源社区。项目内容包括5个仓兴街候车亭、3个乾仓街候车亭，以及祥余线已有公交候车亭座位增设。项目预算120万元，于2021年3月底确定最终方案，4月中旬完成施工图与预算清单编制，4月底完成施工招标与确定监理，6月底完工。此外，为维护社区治理秩序，灵源社区充分借助了仓前街道和余杭区的治理政策。例如，仓前街道"主任热线"（88610110），一线处置到位、一线解决到底，成为发现问题、化解矛盾的重要渠道，同时，"主任热线"也将被打造成为仓前街道社会治理的亮点品牌。

2.社区党组织带动支持

近年来，灵源社区党委坚持党建统领，秉持创新理念、务实态度，以贯彻落实"双城建设""幸福新仓前"既定蓝图为目标，立足村情，以服务村民为中心，紧密团结村三副班子，在全村广大党员群众的共同努力下，认真落实基层党组织建设工作各项措施，不断创新工作思路，改进党建工作方法，党组织和党员的先进性作用得到充分发挥，村级党组织的领导能力持续提高，全村经济社会发展实现了新的跨越。尤其是2018年以来，在攻坚克难推进各项重大事项上，灵源村党委以永不言败的韧劲和敢挑重任的决心，凡事党员干部都冲锋在前、发动在前、干事在前、签字在前。

2018年9月，党委书记带头，全体工作人员早起摸黑实地踏勘，"三顾茅庐"入户沟通，高铁新城一期区块287户农户、1800余亩土地顺利征迁，政策阳光、办事靠谱，被征农民乐开怀。2019年9月，仓前钱潮水泥厂关停，灵源社区夜以继日奋战72小时，用真心换来真情，圆满完成辖区所涉133名职工的离职签约，并同时成功破解1例信访维稳难题，维护了广大村民权益，保障了重大项目顺利推进。在社区党委领导下，围绕贯彻落实上级'三个全域'建设决策部署，灵源社区抢抓区域经济社会发展机遇，全力以赴促进农业发展、农村繁荣、农民增收。多年来，灵源社区获得过多项荣誉，例如，2014年1月被余杭区授予"2013年度庭院整治示范村（社区）"称号，2015年2月被余杭区授予区级"文明村"称号，2017年8月被余杭区授予"余杭区健康单位"称号。

3. 致力于社区文化建设

灵源社区文化礼堂位于余杭塘河之畔，由20世纪70年代的仓前电影院改建而来，于2018年建成启用。灵源社区文化礼堂有着丰富的功能区块，是一个集文化宣传、礼仪活动、文体活动于一体的村级文化阵地综合体。如今的灵源社区文化礼堂已成为百姓获取精神食粮、享受美好生活的精神家园。灵源社区文化礼堂内外常年开展着舞龙、舞狮、太极、广场舞、书画等形式多样的文化体育活动。在满足村民日常精神生活需求外，文化礼堂还聚焦奋进的"浪河龙舟"文化，将历史文化传承和区域社会发展有机融合，充分发挥文化礼堂的历史课堂、文化阵地、精神家园的作用。其中，比较有代表性的是灵源社区小灵儿合唱团的成立。灵源社区小灵儿合唱团由灵源社区"两委"及工作人员主导，于2020年组建成立，旨在不断提升农村精神文明建设水平，增强村民幸福感。灵源社区"两委"领导带头放声歌唱，引导全体村民一同歌颂党、歌颂祖国、歌颂家乡、歌颂幸福生活。合唱团下属多支合唱队伍每月定期组织开展排练活动，活跃于街道"相约周末""文化走亲""我们的村晚"等活动中，并不断吸引着灵源社区更多文艺爱好者加入。

四、老居民新社区：上城区彭埠街道建华社区

上城区彭埠街道建华社区上城区彭埠街道建华社区位于沪杭甬高速、德胜路互通立交入口以南，艮山东路以北，社区共有8个居民小组、611户居民、2700余人，社区党委下设9个支部，现有党员139人。随着城市化的快速推进，建华社区自2007年开始征迁，先后经历了地铁1号线、艮北区块等项目4次征迁，于2011年6月整村拆迁。2014年9月，一期安置房回迁，截至2015年10月小区入住率达90%以上。2019年12月10日上午，建华社区回迁安置户主大会在杭州国际博览中心新闻发布厅召开。按按照建华社区回迁指挥部既定的目标，共同把安置房分配好，朝着"回得好""管得好""全面好"的方向努力。建华社区凝心聚力共同组织好广大回迁户朋友，按时按序抽号、看房及选房，把共同的目标、共同的责任转化到接下来实实在在的回迁安置工作中，坚决圆满完成好回迁安置工作。

（一）建华社区治理现代化的具体做法

1. 公益便民活动

建华社区妇联、计生协在社区南门办起了以"老有所养，老有所乐，幸福杭州健康为老服务"为主题的公益集市。集市上有老百姓喜欢的萧山萝卜干、金华酥饼、祖名豆制品、农家蜂蜜等，大爷大妈们看到自己喜欢的东西都喜滋滋买起来了，一会儿他们手上就大包小包地拎了好多。边上还有免费磨剪刀、修雨伞、测血压等，特别是健康咨询摊位前，义诊医生忙个不停，回答问题，测量血压，更有专业的健康管理师给老人们讲解养生保健知识，还不时叮嘱老人注意身体，健康生活。热闹的公益集市为老人们提供了便捷贴心的服务，同时也增进了社区与居民的感情，为构建文明和谐的品质生活出了一份力。社区也将积极探索更多惠民利民的服务形式，为居民带来更多便利，提高社区居民的幸福生活指数。

为更好地服务居民群众，建华社区还发动辖区"同心圆"单位力量、辖区资源力量，开展公益便民服务活动，现场还有文艺表演，吸引了众多老年朋友的参与。活动现场提供相关疾病咨询、口腔义诊、量血压、测血糖、法律咨询、计生宣传等服务，各个便民点都围满了居民。由志愿者带来的沪剧《赏月》、舞蹈《走在乡间的小路上》、诗朗诵《我骄傲，我是中国人》等丰富的文艺表演，让活动现场的气氛不断升温。通过公益便民活动，把服务送到居民家门口，让居民享受到了便利，更感受到了社区的关爱，活动受到了居民的一致好评。

2. 回迁安置活动

杭州火车东站枢纽区位优势日益凸显，基层公共服务配套不断完善，近年来，彭埠街道逐渐成为人流聚集地。彭埠街道以"领导包案"为主契机，以"五Q工作法"为主抓手，因人因事、因时因势抓化解，取得了亮眼成绩。在建华社区回迁安置过程中，共有近200户居民选择了货币化安置，涉及户内已故人员的货币化安置就有42户，占到了总数的20%左右，涉及金额达数千万元。按照一般流程，这类的货币化安置因涉及遗产继承的问题，居民想要拿到款项需要跑四个地方。为此，彭埠司法所积极践行社会治理领域"最多跑一地"等经验，经多方沟通协调，并得到了江干法院及其余部门的大力支持，最终确定了法院、主体单位和银行一同到回迁指挥部现场办理业务，实现了从办理到领款的一条龙服务，让当事人从跑调解室、法院、主体单位、结算银行四地的流程简化到了跑一地。

除了成功探索"最多跑一地"助力回迁安置，彭埠街道还充分发挥基层社会治理基础调解作用，在处理长租公寓属地房源矛盾纠纷过程中另辟蹊径。"我们组织司法所调解能手、金牌和事佬及社区律师成立'住房租赁纠纷调处小分队'，帮助租客和房东化解纠纷、应急止损。"彭埠街道相关负责人介绍，除自行协商外，彭埠街道还探索形成房东、房客各自承担部分损失的基础调解模式，设计统一的调解协议书，最大限度保证多方权益。彭埠街道关于长租公寓属地房源的相关矛盾纠纷已实现全面调解，该街道也是上城区最先"清零"的街道。

3. 垃圾"定时定投"工作

为进一步推动居民自觉践行垃圾分类新理念，营造社区健康、文明、环保的和谐氛围，建华社区组织志愿者在建华家苑小区开展了垃圾分类入户宣传活动。志愿者充分利用居家人员较多的晚上时间，通过"2111"工作法挨家挨户地进行上门宣传。"2111"即2个志愿者上门，发放1份四分类操作宣传单，发放1份宣传品——印有垃圾分类知识的围裙，进行1次对分类知识、小区点位投放、垃圾资源回收减量的详细讲解。在走访中，一位居民大妈笑着说："我穿着你们的围裙，搞卫生也不会忘记要分类了。"另一位大伯也表示相比之前，现在自己分类正确率高了，感谢志愿者们一次次的指导。入户宣传契合社区垃圾分类桶长制标准化提升工作展开，旨在将"绿色、低碳、环保"理念深入人心，促使垃圾源头分类、源头减量意识真正走进千家万户，走进居民的心里。

根据垃圾分类工作要求，建华社区将启动垃圾"定时定投"工作，并于2021年9月底前在建华家苑、建华东苑两个回迁小区全面铺开这项工作。为保障垃圾"定时定投"工作的顺利启动，社区召开了班子、组长、社工等层面会议，明确了垃圾"定时定投"工作目标，做好了工作部署，并结合固定主题党日在党员层面进行了宣传发动。社工开展垃圾"定时定投"宣传，发动垃圾分类志愿者在日常巡查中加强对居民群众的宣传引导，确保这项工作顺利启动。为帮助大家更好地掌握垃圾"定时定投"工作要点，建华社区邀请城管执法中队为班子成员、社工、志愿者及物业工作人员开展垃圾分类"定时定投"专题讲座。同时，通过悬挂宣传横幅、分发垃圾分类宣传册等多种形式加大宣传力度，引导居民支持配合，确保"定时定投"工作全面有序推进。

（二）建华社区治理现代化的经验启示

在推动老旧小区改造中，首先要处理好三大关系：一是处理好居民需求和政府供给之间的关系，着力推动老旧小区改造从政府供给导向向居民需求导向转变；二是处理好局部与整体的关系，着力推动老旧小区改造从局部区域向片区联合改造转变；三是处理好短期与长期的关系，着力推动老旧小区改造从短期侧重功能完善向长期宜居环境打造转变。

1. 处理好居民需求和政府供给之间的关系

老旧小区改造是一项民生工程，更是一项民心工程，在改造过程中必须坚持从居民需求出发，不能因为居民意见难统一，就以政府选择替代民众选择，需要着力推动老旧小区改造从政府供给导向向居民需求导向转变。

第一，构建政府与居民的良性互动机制。将老旧小区改造作为促进基层治理体系与治理能力建设的重要契机，通过基层党建、社区联席会议、社区共建活动等多元途径，加强与居民、业主及公众的沟通，构建更加开放畅通的互动渠道。开展小区党组织引领的多种形式基层协商，主动了解居民诉求，促进居民形成共识。积极推动老旧小区业主大会与业主委员会的组织和建设，完善监督管理机制，形成共建共治共享的社区治理格局。

第二，建立居民需求分类机制，实现服务供给精细化、精准化。一些老旧小区改造没有及时回应居民差异化需求，容易造成"政府做，居民看"的局面，导致"好事没办好"。因此，需要进一步收集和梳理居民需求，明确居民集体诉求，将小区居民最关心、最直接、最现实、最迫切的改善居住条件的要求作为小区改造的重点内容，以解决问题为出发点，合理确定改造方案，分类实施整治改造。在有限的空间范围和预算条件内，尤其要注意比较改造或提供服务的机会成本，使最后的改造方案和公共服务供给方案尽可能贴合民众的实际需求。

第三，吸收专业意见，完善应急管理等基础设施。在获取居民改造需求过程中，还需要专业机构或专业人士进行引导，一些不被居民注意或感受到的改造需求对于提升老旧小区的居住功能也至关重要。例如，一些无物业小区居民物业管理消费意识淡薄，对老旧小区存在的安全防盗、消火栓、灭火器等安全必备设施故障的情况"视而不见"，但一旦发生突发事件，应急设备如不能正常使用，将造成严重的生命财产损失。因此，需要充分吸纳改造专业意见，补充容易被居民忽视的应急管理设备、无障碍设施等。

2.处理好局部与整体的关系

老旧小区改造不仅需要优化小区内部基础设施和居住环境，更需要从城市更新整体角度来解决固有的深层次矛盾和问题，如小区环境与周边发展不协调、改造空间不足、用地效率低等，需要将局部改造融入到城市整体更新中去。

第一，引入"完整社区"建设理念。住房和城乡建设部、教育部等13部门联合印发《关于开展城市居住社区建设补短板行动的意见》，提出大力建设完整居住社区，解决居住社区存在的规模不合理、设施不完善、公共活动空间不足、物业管理覆盖面不高、管理机制不健全等突出问题。在老旧小区改造中，应运用城市更新与街区更新思维，统筹城市空间布局，按照地理位置相邻、居民属性相近、产业配套相关、文化脉络相连的原则，以完整社区的标准和"15分钟生活圈"的规模划定"美好社区"作为改造实施单元。

第二，探索片区联合改造。要改变过去单就老旧小区搞整治改造的老模式，把老旧小区改造与其他城市建设、改造项目捆绑统筹或组合，创新老旧小区及小区外相关区域连片改造方式。还可以实行多个小区联合改造，共享空间资源，充分挖掘存量空间资源，为居民提供养老、托幼、商业等服务，实现住区和住区、住区和周边公共空间之间的资源与设施配套共享，以规模促效益，形成改造一个、更新一片、联片成带动全局的城市更新局面。

3. 处理好短期与长期的关系

老旧小区改造不仅要实现短期的"保基本"，满足民生需求，更要面向未来，紧跟城市发展趋势，实现从面貌、内涵到治理全方位的更新。

第一，利用数字赋能建设智慧社区。积极融入"城市大脑"建设平台，整合各项服务资源，破解各类治理难题，切实提升老旧小区治理效能。杭州市"城市大脑"已经构建了纵向到县（市、区），横向到各部门的组织架构，形成了各具特色的"数字驾驶舱"，打造了丰富多彩的应用场景。一些街道、社区已经借助"城市大脑"下的民生直达平台，实现了政策的惠民直达。"城市大脑"的建设不仅是技术创新，更是社会创新和社会治理模式的创新，揭示了城市未来的发展模式。因此，在老旧小区改造过程中，应主动融入"城市大脑"建设平台，积极打造社区治理"驾驶舱"，实现老旧小区治理的智慧化和现代化。

第二，融入未来社区建设理念。未来社区建设也为老旧小区改造提供了新的发展方向，一方面，充分运用相关理念，让改造后的小区从"忧居小区"变为"宜居小区"，从老旧小区变为未来社区；另一方面，利用省、市两级对未来社区建设的政策支持，通过提升土地容积率、提高土地复合利用效率、新增建设用地指标等手段，扩大空间增量，缓解空间挖潜困难，并为社会化资本的引入提供可能。

第三，创新文化传承形式，延续社区记忆。不少老旧小区地处老城区核心位置，承载着居民社区记忆的同时，更保留着城市文化烙印。老旧小区改造在优化提升小区物理空间的同时，更要从历史眼光注重对老旧小区文化的保护。要在梳理小区风貌基底的基础上，对一些极具历史文化底蕴的小区进行文化的溯源，在改造中有机融入红色文化、历史文化等文化元素，将文化要素体现在小区的城市家具、景观小品中，留住城市文明的历史记忆。同时，可以将文化要素融入外立面的方案设计，让历史和时代的烙印重回居民生活，兼顾改善居住条件和延续历史文脉的双重要求。

五、新居民老社区：西湖区三墩镇文鼎苑社区

文鼎苑社区位于杭州市西湖区境内。该社区成立于2009年7月1日，东起古墩路，南至余杭塘路，西邻浙江大学紫金港校区，北含学军小学。区域面积41.8公顷，现有居民3231户。社区自组建以来，以党建为龙头，以服务为切入点，不断增强社区凝聚力，推动社区建设。完善"123"基础建设，搭建高效服务平台，创新工作模式；利用地域优势，整合辖区资源，打造社区文化，优化社区大环境。

（一）文鼎苑社区治理现代化的具体做法

1. 以党建引领全域数字治理

为破解镇域基层治理普遍存在的指挥传递滞后、部门联动不足、信息协同较差等问题，三墩镇坚持"条抓块统"理念，实现了"跨层级联动、跨事权联处、跨部门数字协同"三大机制重塑，推动指挥调度、矛调应急、闭环管理、研判会商等流程再造。西湖区在三墩镇开展基层整体智治试点，建立了一体化智治平台，包括智慧党建、智慧执法、智慧经济、智慧平安、智慧防控、智慧民生六大模块，开发了"人人都是参与者、民生直达惠百姓、基层执法真减负、工地安全无死角、亲清服务全覆盖"五大场景，实

现了一脑集成、一屏指挥、一事触达、一码平安，目前该系统已在全区范围内推广。文鼎苑社区作为三墩镇的核心区域，通过全区层面的"西湖码"模块、三墩发布的"随手拍"模块，以及"志愿服务3.0""你是我眼"等数字受理端口，构建了市民便捷参与基层治理的闭环渠道，打造了"人人都是参与者"场景。

例如，文鼎苑居民上报小区存在"消防登高平台停满车辆，而地下车库车位十分充足。多次向物业反映无果，求助西湖码，规范物业公司"的情况。收到该事件反映后，三墩镇指挥中心立即签收，根据网格划分，将该事件下派至文鼎苑社区，考虑到该问题具有一定的复杂性，三墩镇指挥中心同时派遣西湖区消防安全委员会办公室工作人员以及综治队员抵达现场，协助社区对该问题进行处置。经过一段时间的劝导和清理后，所有车辆均已驶离违停点位。为落实长效管理，文鼎苑社区联动物业，对该区域加装隔离设施，并通知物业在现场登高平台放置隔离设施。物业后续会加强对消防登高平台的管理，以防业主将车辆继续停放至登高平台。

2. 垃圾分类推进环境整治

为响应三墩镇"积极参与国卫创建，共享健康品质生活"号召，文鼎苑社区的垃圾分类志愿者们对沿街店铺、保洁人员进行了宣传动员，为三墩镇创建国家卫生镇添砖加瓦。沿街餐饮店是垃圾分类的检查重点。近年来，文鼎苑社区一直对农户、商铺、企业的垃圾分类工作高标准、严要求，每一个垃圾桶都仔细翻找检查，垃圾分类状况越来越好，村民的配合度越来越高。工作人员向全村44家餐饮店发放了倡议书，店铺负责人都表示了支持："以前我们也不懂垃圾分类，而且觉得麻烦，总是乱丢，结果你们来帮我们分垃圾，现在形成习惯就觉得很简单的，只要勤清理厨余垃圾，就不会有异味和虫子了。创卫必须支持，环境好了我们住得舒服，客人吃得舒服，对所有人都是好事情。"蒋介斗早餐店的老板接过倡议书说道。

保洁员是创卫工作的一线主力军。文鼎苑社区工作人员对辖区30位保洁员进行动员宣传和工作重点再强调，要求保质保量做好每日两次辖区内垃圾桶的分拣、清理和清洗，及时上报垃圾分类不到位的农户或店铺，之后由工作人员进行上门宣传和指导。此外，文鼎苑社区与西湖环境集团三墩分公司联手打造垃圾分类称重考核法。全村12个组中，率先在条件较为成熟的第七村民小组进行垃圾分类奖惩机制试点。用易腐垃圾称重（过滤水分）作为垃圾分类工作到位与否的衡量维度，对分类积极、准确的农户进行奖励，激发分类积极性。文鼎苑社区的垃圾分类工作一直做得较为到位，但也有难啃的硬骨头。村民的房子用于出租的较多，人员变更频繁，教会了老租户正确分类，来了新租户又开始乱丢。因此文鼎苑社区坚持长期宣传，常抓不懈，同时动员房东督促租户做好垃圾分类，联合村民加强互相监督，建立垃圾分类长效管理机制，确保垃圾分类工作有效推进。

3. 积极打造"国际友邻·IN社区"

文鼎苑社区临近浙江大学紫金港校区，租住的外籍居民有352人，社区积极打造"国际友邻·IN社区"，推动中外籍居民共处、共享、共融、和谐发展。社区设立双语宣传栏、接待岗，制作双语服务卡、宣传通知，成立"WELCOME"英语俱乐部、"夕阳红"外语角，既提高居民英语水平，也让中外居民沟通更加顺畅。同时，以民俗文化为承载，促进多元文化的交融。举办圣诞联欢会、万圣节狂欢、中韩文化交流等活动，既让国际居民在异乡感受到家乡的氛围，也拉近中外籍居民距离。作为杭州首批国际化示范点之一，文鼎苑社区始终引领着"国际范儿"。在这里，《社区服务手册》有英文版本，社工们外语倍儿棒，文化交流中心每月都开英语沙龙，每年举办国际邻里美食节，八国美食尽情品尝。

最近，英语沙龙开启新活动，20多位学员重新聚到一起。年龄最小的孩子刚上小学，年龄最大的大伯已经70多岁。为什么大家都爱来英语沙龙谈天说地？大伯说，因为子女定居海外，自己很快也要出国生活，急需提前训练口语。姑娘说，自己偏爱英文，有空就背牛津字典，想要巩固学习成果，就得找老外多对话。小学生说，老师要求口语交流，可家里爸妈都不懂英文，社区沙龙的外教特别棒，和他聊天很开心。美国来的外教凯文说，除了工作，自己在杭州没有一个朋友，最喜欢找杭州人聊天谈心。就这样，一大帮老老少少，中国人"歪果仁"聚在一起说英语。从最初的自我介绍，到深入探讨问题，再到推心置腹，畅谈人生……通过一场场活动，学员之间有了默契，加深了友谊，白发苍苍的老人与小学生结成了忘年交，全职妈妈和美国外教成了好朋友。

（二）三墩镇文鼎苑社区治理现代化的经验启示

1. 民生综合体建设

习近平总书记指出，"改善民生，实现共同富裕，是社会主义的本质要求"，[①] 高质量发展建设共同富裕示范区是党中央赋予浙江省的光荣使命。社区治理现代化更加注重大众创业、万众创新，建立一批低成本、泛在化、开放式的社区众创空间，为人才提供优质的创新创业环境，演绎浙江版的"硅谷车库创业文化"。杭州市依托社区智慧平台，激发共享经济潜能，促

---

① 习近平. 习近平在河北省阜平县考察扶贫开发工作时的讲话（2012年12月29日、30日）[N]. 求是，2021-2-17（4）.

进社区资源、技能、知识全面共享,让供给和需求零距离对接。近年来,西湖区主动聚焦民生需求,以幸福西湖民生综合体建设为契机,深刻把握推动共同富裕的重大意义,持续增进民生福祉,努力把经济发展成果转化为人民的安全感、获得感、幸福感。2021年6月29日下午,西湖区民生综合体集中启用仪式在三墩镇民生综合体广场举行。幸福西湖民生综合体汇聚了各民生服务部门的力量及各个镇街的资源,旨在通过整合公共服务设施,提高服务供给水平,来提升服务精准度,增强与群众的黏合度,努力实现全人群、全周期、全链条的民生服务。2021年,三墩镇已建成4个民生综合体,其中1个镇街级、3个社区级。三墩镇在重点做好"一老一小"基础上,结合辖区人员结构特点,充分满足残障人士、新杭州人、"老漂族"、中青年人群的需求,以系统集成的方法,从综合体建设的选址规划、空间设计、服务供给到长效管理,实现全流程、全要素管理覆盖,有效打造"十分钟服务圈"。

文鼎苑社区充分统筹考虑民生服务资源和阵地设施,根据居民需求和部门职责设置"7+X"服务空间导则,综合体服务空间按照"7+X"的形式进行统筹设计,即助老空间、健康空间、活力空间、教育空间、治理空间、生活空间、至善空间等七大公共性服务空间和X项个性服务项目、特色化服务项目,以更好地满足居民的多元需求。文鼎苑社区坚持以数字化改革为牵引,以"幸福荟"数智平台为载体,围绕建设物联网全域感知、建立一体化数智平台、绘制全服务生活图景、消除老年人数字鸿沟等四个方面,让综合体的数智平台成为群众爱用、基层受用的数字化改革成果。下一步,在三墩镇的指导下,文鼎苑社区将持续助力西湖区幸福民生综合体建设,持续创新和擦亮"幸福西湖"民生品牌,进一步加强顶层设计,坚持问计于民，进一步持续优化公共服务保障，不断提升居民群众获得感、幸福感、安全感，进一步深刻把握推动共同富裕的重大意义、本质要求、实现路径，努力在全省高质量发展建设共同富裕示范区中走在前列，让"重要窗口"建设中的西湖风景线更加亮丽，把"幸福西湖"的金字招牌擦得更亮。

2. 以人为本的治理理念

文鼎苑社区在开展社区治理过程中始终坚持以人为本的治理理念，注重不同居民的差异化需求，通过寻求精准化的服务供给，有效提升了社区居民的获得感和幸福感。2015年9月，文鼎苑社区"大爱人家"正式启用。"大爱人家"是一个居家养老服务日间照料中心，占地约300平方米，为有需求的老年人提供集中托养、健康、休闲等服务，内部有按摩椅、健身器材、电视机、投影仪等设施，同时还设置了图书阅览室和日间照料室，为有需要和行动不便的老年居民服务。社区还把自己的社区文艺团队表演融入了"大爱人家"，每周一下午组织音乐俱乐部，每周三、周四下午参与越剧团活动，每周五下午乐队进行排演，每周二、周四上午联手辖区益万家药店内的药师在"大爱人家"免费为老年居民测量血压、血糖，每周二、周四全天邀请专业老师傅为居民修补家中衣物。

文鼎苑社区还联合文鼎苑业委会推出了为60周岁以上老人免费理发的服务。每一位年满60周岁的居民都可以到社区办理文鼎苑社区老人理发服务卡，凭此卡到五洲国际贝来美造型生活馆理发。理发这事虽小，却也是老人最切身、最具体的诉求，社区尽力帮他们完成这些小愿望，以更全面做好养老服务工作。"社区对老人们的牵挂也是检验社区服务质量的标准。老人有需求，就是社区坚持解决困难、服务他人的理由。"文鼎苑社区工作人员说。此外，文鼎苑社区文化家园于2018年12月3日正式运行，免费为社区居民提供书籍阅览、资料查找、休闲娱乐的场所，丰富了社区居民的日常生活和文化内涵。

3. 社区规划合理科学

文鼎苑社区地理位置优越，区域条件较好。2006年底，古墩路的景观大道开通，直接拉近了三墩板块至市中心的距离。除了古墩路景观大道外，杭州市规划局在区域内还规划了"六横三纵"的道路网。"六横"即由北到南为通济北路、金渡北路、董家路、环镇北路、镇中路、振华路六条道路，通过东西向这六条道路的设置，使单元东西向交通可以便捷地与东西区域形成整体，提升本单元的生活品质。"三纵"即由西到东为公平路、厚仁路及通济路三条道路，一起构成三墩单元的道路网骨架系统，承担着单元内部及对外的交通联系。另外，杭州地铁2号线也贯穿三墩镇的中心位置。作为三墩镇重点优势的教育配套，浙江大学紫金港校区所形成的新浙大教育圈，使得楼盘与名校合作模式也开始在三墩板块得以实现。例如，文鼎苑与学军小学、西城年华与保俶塔实验学校等，再加上许多楼盘规划的幼儿园，以及三墩镇原本的一些学校，教育配套还是比较完善的。除了三墩镇原本的一些生活配套，许多新楼盘带来的配套也是相当丰富的。比如，亲亲家园一期带来了联华超市、新华书店、知味观等一系列生活配套，给附近的居民生活带来很大的便利。另外，杭州新时代广场和华东陶瓷品市场这两个大规模的装修装饰用品市场也位于三墩镇核心地段，居民们的装修问题就可以很方便地解决了。

第二节　杭州市社区治理现代化的主要策略

社区治理现代化要求打造未来社区，积极推动现代化社区治理的深入实践。现阶段，杭州市社区治理现代化的策略主要包括"民主促民生"、社区智治、未来社区、老旧小区改造，为杭州市社区治理现代化目标的实现奠定了坚实基础。

一、"民主促民生"策略

"民主促民生"策略是在现有社会管理体制内，政府通过鼓励多元主体民主参与、民主决策，把发展民主与改善民生相结合，以民主途径解决民生问题的工作机制，为城市社区自治、破解社会矛盾提供了新思路，真正做到发展为了人民、发展依靠人民、发展成果由人民共享、发展成效让人民检验，实现了社会建设和政治建设的良性互动，为推进国家治理体系和治理能力现代化提供了宝贵的经验与有益的启示。"民主促民生"策略的实施关键是要理解民主和民生的内涵。所谓民主，是指人民所享有的参与国家事务与社会事务管理或对国事自由发表意见的权利。民主，其过程是听取每个人的意见，目的是找到最大公约数，按大多数人的意见即公共利益办事，从而让制度发挥出最大效能。人民民主是一种全过程民主，是中国特色社会主义民主的一个实现形式和实现路径。[①] 从民主的范围看，人民民主不仅体现在政治选举上，还体现在经济、文化、社会等各个方面，体现在微观工作与日常生活中。作为"中国之治"对西方民主危机的回应与超越，全过程民主的产生、发展和不断完善，有利于广泛凝聚社会共识，有

---

① 樊鹏.全过程人民民主：具有显著制度优势的高质量民主[J].政治学研究，2021（4）：3-10.

利于公民有序参与政治，有利于民主与集中有机结合，有利于民主机制自我完善，是人民当家作主的必由之路。

而所谓民生，是指人民的日常生活事项，比如衣、食、住、行、就业、娱乐、家庭、社团、公司、旅游等。广义上的民生概念包含与民生直接相关或间接相关的事情，狭义上的民生概念主要是从社会层面上着眼的，主要是指民众的基本生存和生活状态及民众的基本发展机会、基本发展能力和基本权益保护的状况等。民生问题绝不只是传统的吃饭、穿衣、住房等问题所能涵盖的，而是一个复杂的社会生活系统，改善民生不仅包含人们物质条件的改善、社会财富的公平分配，还体现为权利的保障与平等的服务等，从而使社会成员能够体面而有尊严地生活。习近平总书记指出，我们的人民热爱生活，期盼有更好的教育、更稳定的工作、更满意的收入、更可靠的社会保障、更高水平的医疗卫生服务、更舒适的居住条件、更优美的环境，期盼着孩子们能成长得更好、工作得更好、生活得更好。[1]所谓"民主促民生"，是指民生与民主是满足人民美好生活需要的双重杠杆。21世纪以来，杭州把实施"民主促民生"策略作为社会管理创新的切入点，积极探索建立"民主促民生"的工作机制，真正做到发展为了人民、发展依靠人民、发展成果由人民共享、发展成效让人民检验，实现了社会建设和政治建设的良性互动，为推进国家治理体系和治理能力现代化提供了宝贵的经验与有益的启示。

"民主促民生"工作机制萌发于围绕民生问题开展的民主评估，始于2000年杭州市在市直机关进行的满意单位、不满意单位的评选。2007年，

---

[1] 习近平.习近平在十八届中央政治局常委同中外记者见面时的讲话[N].人民日报，2012-11-16（5）.

杭州市第十次党代会把"民主民生"作为新一届市委的工作重点之一，2008年初，又进一步提出"民主促民生、民主保民生"新要求和建立党政、媒体、市民三位一体"民主促民生"工作机制的新课题。经过1年多的探索，2009年6月，中共杭州市委、杭州市人民政府颁布《关于建立以民主促民生工作机制的实施意见》，把"民主促民生"策略作为城市发展策略之一，建立党政、市民、媒体三位一体的"民主促民生"工作机制。这一城市发展策略延续至今，在社会建设和政治建设的良性互动中，成为杭州市加强社会主义民主政治建设的重要载体和举措。"民主促民生"的实施范围越来越广、工作机制越来越完善、媒体作用越来越明显、老百姓满意度越来越高。

"民主促民生"就是以人民为中心的价值立场与以民为本治理情怀的具体落实，其宗旨是实现人民当家作主。"民主促民生"的杭州模式是全国首创，核心理念就是按照习近平总书记有事好商量、众人商量着办这样一个人民民主的要求，核心理念就是在民生领域坚持问情于民、问需于民、问计于民、问绩于民，做到"大家的事大家来办、杭州的事杭州老百姓来办"，"干不干"让百姓定，"干什么"让百姓选，"怎么干"让百姓提，"干得好与坏"让百姓评。[1]"民主促民生"工作机制，真正做到了发展为了人民、发展依靠人民、发展成果由人民共享、发展成效让人民检验，是一条探索城市民主参与方式的创新之路。[2]

第一，"民主促民生"必须坚持以民为先。以人为本、以民为先，实现好、维护好、发展好最广大人民的根本利益是"民主促民生"工作机制的根

---

[1] 蒋捷，戴辰，毛燕武，沈费伟.余杭区小古城村：村民共治一小步 协商民主一大步[J].杭州，2023（06）：48-49.
[2] 王平.生活与发展的思考[M].杭州：中国美术学院出版社，2014：579-581.

本出发点和落脚点。要坚持以群众呼声为第一信号，以群众利益为第一追求，以群众满意为第一标准，真正做到"治理为人民、治理靠人民、治理成果由人民共享、治理成效让人民检验"。

第二，"民主促民生"必须坚持"五界联动"。党政界、行业界、知识界、媒体界、市民界"五界联动"成为民主促民生工作机制的主要力量。在实施民生工程的过程中，必须充分发挥政府主导力、企业主体力、市场配置力、媒体引导力、市民参与力，搭建协商与参与平台，才能解决不同利益个体、群体之间的矛盾，整合力量，共同推进治理目标的实现和治理效益最大化。

第三，"民主促民生"必须坚持"四问四权"。"四问四权"是建立"民主促民生"工作机制的程序保证。民生问题关系人民群众的基本生存和全面发展，解决民生问题就是给人民办实事、办好事，但民生问题的解决离不开人民的参与，否则就可能把实事办"虚"、好事办"坏"。在实施民生工程的过程中，必须坚持问情于民、问需于民、问计于民、问绩于民，"干不干"让百姓定，"干什么"让百姓选，"怎么干"让百姓提，"干得好与坏"让百姓评，切实落实人民群众的知情权、参与权、选择权、监督权，做到"大家的事大家来办，杭州的事杭州老百姓来办"。

第四，"民主促民生"必须坚持"服从多数、关注少数"。"服从多数、关注少数"是建立"民主促民生"工作机制必须遵循的民主原则。在实施民生工程的过程中，必须坚持"服从多数、关注少数"，不因为少数人的意见而动摇决心，不允许因为少数人的利益而影响多数人的利益，促进社会公平与正义。同时，努力找到"服从多数、关注少数"两者之间的最大公约数，合法、合理、合情地关注并尽力满足少数人的诉求，从而最大限度地调动方方面面的积极性。

第五,"民主促民生"必须坚持依法行使民主权利。依法行使民主权利是建立"民主促民生"工作机制的重要前提。要加强对人民群众行使民主权利的引导,保障人民依法行使民主权利,实现民主与法治的统一、权利与义务的统一,走出一条具有自身特色的民主发展之路,确保"民主促民生"策略取得实实在在的成效。[1]

从 2004 年开始,杭州市连续多年名列"中国最具幸福感城市"榜首。"民主促民生"的工作方法和机制也吸引了众多研究者的目光。中共中央编译局、国务院研究室、国务院发展研究中心、中国社会科学院、清华大学、复旦大学、中国人民大学、浙江大学、新华社、求是杂志社、光明日报社、中国发展研究基金会、浙江省社会科学院等国内知名研究单位和组织都派出调研组来杭调研,给予了充分肯定和高度评价,认为杭州市的做法走在全国前列,具有领先示范价值,值得全国其他城市借鉴。[2]

2019 年 11 月,习近平总书记在上海考察时,提出了"人民城市人民建,人民城市为人民"的重要理念。[3] 杭州市 10 多年前就把"民主促民生"确定为城市发展的六大策略之一,以背街小巷改善、庭院改善等民生工程为载体,建立以"四问四权"为基础的"民主促民生"工作机制,搭建民众参与、社会协商的平台,较好地解决了旧城改造面临的各种难题,提高了满意度,增强了获得感。在城市社区有机更新中,可以把民众参与、民主协商进一步制度化、机制化,全程贯彻,全域推广,以增强动力、优化方

---

[1] 王国平.中国城市治理蓝皮书(2020-2021)[M].杭州:浙江人民出版社,2009:2-3.
[2] 王平.生活与发展的思考[M].杭州:中国美术学院出版社,2014:579-581.
[3] 习近平.习近平在浦东开发开放 30 周年庆祝大会上的讲话[N].人民日报,2020-11-12(2).

案、谋求共识、兼顾各方、强化监督、保障质量，并以此为重要契机，推动基层自治的完善和社会治理共同体建设。

二、社区智治策略

伴随着国家大数据驱动的城市治理方式发生变革，城市社区数字化水平成为世界各国抢占国际竞争优势的又一高地。在此时代背景下，国家将推进社区智治建设作为实现社区治理体系和治理能力现代化的重要途径。①2016年4月，杭州市成为全国首个探索"城市大脑"的城市。以人民为中心，全力打造城市数智治理平台和体系，这是杭州"城市大脑"的初衷。回应城市治理的痛点、堵点和群众反映强烈的热点、难点，杭州"城市大脑"推出的惠民应用直面人本起点。从治堵、治城再到战"疫"，如今，"城市大脑"赋能城市治理已成共识。杭州"城市大脑"让城市学会"思考"，从单领域向多领域全面延伸。数字化撬动改革，赋能民生、惠企、基层治理，"城市大脑"带来的冲击波渗透到方方面面。2023年，杭州"城市大脑"再次迭代升级，让杭州市民享受到更加便利、温暖的城市服务。②因为"城市大脑"，杭州以提升人民幸福感为宗旨的城市治理正在变得更加生动可感，阔步迈向建设"数智杭州、宜居天堂"的快车道。本书认为，杭州城市社区智治策略主要体现在以下四方面。

第一，整体性：线上线下的深度融合统一。在传统社区治理模式下，居民办理业务很大程度上受到时间、空间的制约，迫使居民需要到实体政务大厅办事，再加上审批程序复杂冗长，线下政务服务受到群众诟病。而

---

① 周波.城市社区治理能力现代化的建构逻辑与实现路径[J].湖南行政学院学报，2020（6）：13–21.
② 罗卫东，方洁.会思考的城市更幸福[C].学习强国，2021-02-27.

杭州市开展数字化改革以来，大力推广线上平台，提升办事效率。在推广线上社区服务平台的同时，政府还积极将线下政务大厅与线上政务平台相结合，实现两种模式的互补统一，推动社区治理朝着更为现代化的方向发展。一是平台统一。一体化政务服务平台是线上线下办理业务的统一窗口，社区居民不管是在 PC 端、移动端还是自助端或服务大厅，都可以进入统一的政务服务界面办理事项，从而使群众办事更加便捷。二是标准统一。杭州市政府通过推动同类审批事项审批要素的统一，构建线上线下审批标准化体系，实现同一事项无差别办理。例如，杭州市部分县（市、区）上线"政务服务地图"，办事者可根据事项自主选择线上或线下办理，如果选择线下办理，系统可以自动定位到最近办事地点并提供路线导航服务，从而进一步推动线上线下政务服务深度融合。

第二，系统性：社区治理内外部环境的全面贯通。社区治理现代化建设充分实现了社区治理内外部环境的全面贯通。从社区自身环境来说，社区治理现代化打破了传统社区治理的层级节制管理体制，权力系统随着信息的开放逐渐转变成全新的扁平化结构，社区治理内部沟通受阻减少，运行效率得到快速提升。此外，杭州市政府通过建立完善的内部管理系统，使每项工作都能实现全程追踪、全体覆盖，有助于政府办公的协作高效。从外部环境来说，杭州市政府通过丰富网络政务渠道，增强了政府与民众的有效互动，政府能够更及时地了解公众多样化的需求，居民也能够通过了解政府公开信息对其进行反馈与监督。例如，杭州市部分县（市、区）政务小程序设置了"好差评"栏目，用户不仅能够就服务体验进行满意度评价，而且可以对接在线客服随时进行全程监督、咨询、建议。由此，政府可以及时解决公众反映的问题，不断提升服务水平。

第三，开放性：业务信息的公开透明。建设开放型政府是国家实现社区治理现代化的必然要求。实践证明，最能产生新经济活动的平台是那些最开放的平台。为了让社区的公共数据得到创新与再利用，政府必须重塑其作为信息提供者的角色。在传统社区治理过程中，政府由于传播媒介与治理理念的落后，不能也不愿公开业务信息。而在大数据时代，一方面，杭州市政府搭建了一个高度公开的业务服务平台，保证了数据信息的全程透明。例如，2020年3月，下城区率先开发"杭州社区智治在线下城平台"，从邻里友善度、居民参与度、居民满意度、社区组织力、社区服务力五个维度，实时收集细化指标参数，自动形成动态社区创新活力指数。另一方面，杭州市政府通过门户网站和政务媒体向社会公开基本数据，以促进企业、社会组织以及公众对政务原始数据直接进行开发应用，有助于释放数据活力，激发社会创新动力。例如，余杭区政府依托大数据行动计划，推动社区数据规范有序开放共享，有效加快了社区治理现代化的步伐。

第四，智慧性：以智慧共享为目标追求。社区治理现代化更加注重数字技术在社区建设运营中的应用，利用互联网、物联网、大数据、云计算、人工智能等先进技术为社区赋能。依托智慧社区服务平台，可以打造现实与数字"孪生"社区，以新技术新业态新模式提升社区服务的精准化、精细化水平。一是服务需求全覆盖的全生活链图景。紧扣人的需求，根据少年儿童、上班族、退休老人等不同群体全时段生活需求偏好、活动轨迹特征，围绕社区社交、生活、工作、消费等生活场景变革，实施差异化供给。二是基于"620"的全功能链响应。社区治理基于全生活链需求，围绕集约智能、智慧互联、邻里亲善、共享便利、绿色生态、和谐人居六大功能维度，提供二十大未来社区新功能。三是"1+3+X"的全产业链支撑。"1"即新型建筑产业链，在设计建设环节，BIM（building information modeling）技术、绿色建材技术等的应用落地，实现 EPC（engineering procurement construction）模式的加速推广，支撑建筑产业现代化发展。"3"即带动智能装备、新能源和节能环保三大战略性新兴产业创新发展。"X"即若干商业模式创新，在社区共享经济、新零售、新金融、社区 O2O 等领域催生一批新兴商业服务业态。

三、未来社区策略

社区作为城市有机体中的细胞单元，在新时代城市建设中扮演着重要角色。作为人们实现美好生活的重要载体，未来社区并非凭空出现的概念，而是随着社区的发展历史不断演进。新中国成立后，我国城市基层社会逐步形成了适应计划经济体制的以单位制为主、以街居制为辅的管理体制，但这种体制在经济市场化转型后开始崩溃，社区制应运而生。[1] 随着科学技术尤其是信息技术的发展，社区治理有了新的方向。20世纪90年代，与社区和信息化融合的相关理念就开始层出不穷，综合来看，基本是以政府为主导，以社区为切入点，从渠道建设逐步走向信息资源共享交换。[2] 智慧社区则是基于社区信息化的升级创新，它通过运用物联网、云计算、移动互联网等新一代信息技术，为社区居民提供智慧化、精细化的管理与服务，是构建智慧城市的重要部分。[3] 但从近些年的实践来看，智慧社区侧重技术

---

[1] 何海兵.我国城市基层社会管理体制的变迁：从单位制、街居制到社区制[J].管理世界，2003（6）：52-62.
[2] 宋煜.社区治理视角下的智慧社区的理论与实践研究[J].电子政务，2015（6）：83-90.
[3] 柴彦威，郭文伯.中国城市社区管理与服务的智慧化路径[J].地理科学进展，2015（4）：466-472.

赋能，而忽视了社会交往等问题。[①] 区别于智慧社区，低碳社区更注重节能减排。如今社区居民构成复杂，包括原住民、外来移民和引进人才等，他们有着差别较大的生活习惯和价值观，利益多元化对社区提出了更高层次的要求。幸运的是未来社区在兼顾智慧化和生态化的同时，强调社区治理能力，能够围绕社区全生活链服务需求展开设计，实现以人为本。

　　放眼全球，未来社区建设已经成为国际热点。新加坡"邻里中心"衍生自新加坡政府在1965年推行并长期实施的"组屋"计划，可以说是未来社区最早的探索尝试。[②] 此外，加拿大的Quayside未来社区、欧洲BLOCK街区模式以及日本丰田"编织之城"等，也都可以展现出各国在建设更加智能、绿色和包容的社区上所做出的努力。而在国内，浙江省在2019年率先按下未来社区建设的启动键，制定了《浙江省未来社区建设试点工作方案》（浙政发〔2019〕8号），在全国实践的道路上走出了关键的一步。其提出的"139顶层设计"还为城市未来社区的建设指明了方向，具体而言，就是围绕对人民美好生活的向往这个中心点，坚持人本化、生态化、数字化三维价值导向，以和睦共治、绿色集约、智慧共享为基本内涵，构建未来邻里、教育、健康、创业、建筑、交通、低碳、服务和治理九大场景，打造具有归属感、舒适感和未来感的新型城市功能单元。自2019年3月启动至2021年12月，浙江省未来社区建设共包括第一批、第二批的试点阶段以及第三批、第四批的全面推广阶段总计281个项目，全国未来社区建设以浙江省为首如火如荼地展开。

---

① 申悦，柴彦威，马修军.人本导向的智慧社区的概念、模式与架构[J].现代城市研究，2014（10）：13-17.
② 李琳琳，李江.新加坡组屋区规划结构的演变及对我国的启示[J].国际城市规划，2008（2）：109-112.

未来社区是浙江省继"千万工程"、特色小镇、"最多跑一次"等系列创新后的又一重大创新实践。所谓未来社区，主要是指在转变传统社区建设理念基础上，通过引入信息技术、现代文化、先进设施、社会生活等要素，运用系统性的方法来解决城市社区中的经济、文化、生态、生活等各方面问题，从而显著提升社区居民生活质量和促进社区可持续发展。[①] 从省域层面来审视，未来社区建设是浙江省在大湾区、大花园、大通道、大都市区建设指引下开展的社区专项行动，是新时代助推共同富裕示范区建设的重要步骤。2019年3月，浙江省政府印发《浙江省未来社区建设试点工作方案》，明确从人本化、生态化、数字化三方面来打造未来邻里、教育、健康、创业、建筑、交通、低碳、服务和治理等九大场景。同年8月，浙江省首批未来社区试点名单公布。2020年，浙江省发改委提出要将未来社区打造成为重大民生工程，以及更好应对社区突发事件的示范样板社区。2021年，浙江省明确提出到2022年将未来社区建设打造成浙江省的重大民生工程。可以说，推进未来社区建设而已经成为浙江省高质量发展的重要抓手，也是新发展格局下城市社区创新的未来模式。

（一）理解未来社区：城市基层空间治理的内涵

在未来社区建设的大背景之下，以城市人口、经济、资源、环境等历史数据分析作为基础的传统城市空间发展模型面临着数据来源与研究框架的革新。[②] 空间理论作为一个跨学科的研究对象，有许多学者对其进行了多方面的探讨。马克思和恩格斯在许多著作中提及空间，但其内涵大多为物

---

① 田毅鹏."未来社区"建设的几个理论问题[J].社会科学研究，2020（2）：8-15.
② 曹阳，甄峰.基于智慧城市的可持续城市空间发展模型总体架构[J].地理科学进展，2015（4）：430-437.

理空间。列斐伏尔（Lefebvre）在20世纪提出了重要的空间生产理论，空间生产理论可以分为空间和空间生产两部分，是马克思主义的新发展。① 列斐伏尔在传统二元空间理论中引入社会空间作为第三空间，将空间分为物质空间、精神空间和社会空间三种。在列斐伏尔看来，空间既是物质的也是生产发展的。他结合城市未来社区内涵，将空间生产理论引入未来社区，构建城市物理空间、社会空间和数字空间模型。三元空间模型致力于多维度挖掘城市空间信息，打造人本化、生态化、数字化的未来社区。

1. 物理空间

物理空间是相对于数字空间的概念，可以理解为硬性空间，其本质是我们居住的实体空间，主要包括社区景观、公共建筑等基础设施。② 建构物理空间主要从内、外两个方面展开。首先，物理空间作为城市的实体空间，包含城市时空位置、城市要素、生态环境。"数字城市"运用3S技术、遥测、仿真-虚拟技术等对城市外部信息进行多分辨率、多尺度、多时空、多种类的三维描述，收集过去、未来和现在的信息，精准定位城市的时间、空间位置。③ 其次，城市要素是城市实体的细胞，通过城市内部信息填充物理空间，将城市地理、资源、环境、生态、人口、社会等复杂信息数据系统化、可视化，为未来社区的建设提供基础信息。此外，生态化是未来社区建设的重点特色，生态环境保护与城市空间治理息息相关，因此，城市物理空间的构建始终坚持绿色低碳和可持续发展，以推动城市生态化发展

---

① 列斐伏尔.空间与政治[M].李春，译.上海：上海人民出版社，2016：30-33.
② 沈费伟.未来社区的空间实践与调适治理：基于空间生产理论的研究[J].河南社会科学，2022（7）：88-96.
③ 李德仁，朱庆，李霞飞.数码城市：概念、技术支撑和典型应用[J].武汉测绘科技大学学报，2000（4）：283-288.

进程。城市物理空间由城市框架到实体要素，形成多层次、多类型的物理空间。

2. 社会空间

列斐伏尔认为，社会空间作为社会的产物，不仅承载着社会关系，也生产社会关系。[①] 当代社会已经由空间中事物的生产转向空间本身的生产，空间生产力不断发展，塑造出了各种各样的社会关系。未来社区建设核心是以人为本，因此，社会空间的建构应重视各类社会关系的影响，即人与人的相互联系、个人与城市的联系。人与人的相互联系主要体现在社区的关系、组织、活动中。人与人之间通过交往获取社会关系，居民自发地对自我社会关系进行分类，形成不同的组织。而所谓组织，是具有明确的目标导向和结构的社会实体，有意识地协调活动。自我社会关系网具有交集的居民渐渐聚拢，形成组织，开展社区各类活动。同时，社区作为城市的细胞，其居民对于城市公共事务的关心度和参与度是衡量未来社区人本化程度的标准之一。城市改造过程中，积极吸引社会力量参与社会事务，广泛地听取居民意见，推动居民与城市之间的联系，有力地增强了居民社区生活的幸福感和归属感。从个人与个人相互关系这一群众基础，再到个人与城市关系形成的上层建筑，未来社区的社会空间层层建立，形成人本化、立体化的社会空间。

3. 数字空间

数字空间基于现实又高于现实，它由物理空间和社会空间映射连接形成，同时搭载人工智能、物联网、区块链等技术融合发展，从而推动未来

---

① 列斐伏尔.空间与政治[M].李春，译.上海：上海人民出版社，2016：21-26.

社区的数字化发展。数字空间作为数字孪生的载体，是未来社区空间的必要组成部分。在去地产化的背景下，未来社区围绕社区全生活链智慧服务需求，以数字化为路径，探索智慧化服务社区生态圈。由于物理空间和社会空间囊括大量的散点化、碎片化的社区信息，数字孪生利用感知设备实时采集和传输物理、社会空间数据，汇聚整合多元数据，将物理空间与社会空间统一到一个数字空间中进行信息交互，确保城市空间信息的集中储存和充分利用，并完成从实体世界到虚拟世界的仿真映射，以全景化呈现城市运行状态。① 数字空间的应用体现了未来社区在物理和社会方面的协调发展，可以精准定位社区中存在的问题和痛点，并据此匹配解决措施，实现社区的数字治理。

（二）未来社区的特征

未来社区是以面向未来为特征、以可持续发展为导向、以高品质生活为中心的新型社区形态和产社人文聚合的现代化平台，是社区发展从传统向现代社区转型的必然趋势，也是实现社会可持续发展的有效模式。杭州市基层治理走在前列，有必要进一步破解社区治理"三张皮"矛盾和人文价值缺失、居民参与渠道不畅、治理服务精细化不足等问题，以未来社区建设推动基层治理体系和治理能力现代化改革创新，以凸显未来社区的优势特征与价值意义。

1. 以面向未来为特征

未来社区倡导以未来为愿景。但究竟何谓未来，也即是说未来到底是

---

① 张艳丰，邹凯，彭丽徽.数字空间视角下智慧城市全景数据画像实证研究[J].情报学报，2020（12）：1330-1339.

什么样的状态，目前尚未形成统一的标准答案，因此对于未来特征的勾勒也就成为理解未来社区的重要出发点和关键点。虽然人们对未来的理解随着时间的推移一直在发生变化，但是其折射出人们对美好生活的向往却是毋庸置疑的。[①] 未来社区的发展以面向未来为特征，这是人民对于美好生活向往的新模式探索，而不是新技术的堆砌。从一定程度上而言，未来社区的未来特征也可以理解为前瞻性的规划，即针对现阶段社区发展中存在的问题进行超前规划与科学解决。未来社区应在探索居民宜居的同时，坚持以人为本、有序推进和长远发展。未来社区的未来性特征也表明未来科技系统应用于社区治理中，例如，部分未来社区已尝试将智慧医疗、智慧教育、智慧物业引入社区，同时借助智能化 APP、网上居委会、网上议事厅、居民微信群等方式合理化解传统社区治理问题，凸显先进理念、先进技术、各项功能的系统集成优势。

2. 以人本化为核心

传统城市主要基于满足居民的衣食住行基本需求而规划建设社区功能，虽然在一定程度上也能保障居民的日常生活需要，但是却无法真正体现以人为本的理念。尤其是伴随着经济高质量发展与居民对高品质的追求，传统城市社区的生态环境恶化、服务设施不足、管理方式落后等问题日益显现，不能很好地满足居民的美好生活需求。现阶段，未来社区旨在构建以人为本的理念，致力于构建具有归属感、舒适感和未来感的现代城市社区单元。[②] 无论是在"三化九场景"的整体布局层面，还是在各地区的创新实

[①] 李玉梅.未来社区是"让老百姓幸福"的新平台[J].学习时报，2019（1）：11-25.
[②] 王艳侠.未来社区综合运营问题及优化对策研究：以杭州七彩社区为例[J].现代城市研究，2021（10）：15-20.

践层面，都充分体现了其围绕社区共同体建设的要义。未来社区以人本化为核心，努力打造有获得感、幸福感、安全感的美好家园。一方面，关心人的需求，聚焦从生活方式改善、社会关系构建和人居环境优化来满足居民生活需求、邻里需求和生态需求；另一方面，立足人的体验，通过居民亲身体验未来社区，将其概念转化为真实感受，更注重个体关怀，最终提升居民对未来社区的归属感和认同感。

3. 可持续发展导向

传统社区在规划建设初期主要考虑满足居民最低水平的居住需求，缺乏从社区建筑系统、智能设备、景观设计、生态宜居等方面来明确社区的可持续发展理念。而未来社区则将建筑场景作为其中最基础的部分，更加注重运用科学发展观的理念来打造复合、绿色、集约的社区环境，从而为居民提供舒适的人居生活。未来社区在导向上促成了虚拟社区和现实社区的互动融合，其与传统社区建设的区别还在于应用大数据、物联网、人工智能等数字技术到具体的场景建设之中，从而重构了社区的人文价值和技术价值，充分实现了数据赋能与万物互联的效用。未来社区以可持续发展为核心理念，更加注重推广低碳生活方式和生产方式，为多元化的社区居住人群提供优质服务，更好地构建邻里关系，让业主分享邻里资源、共享社区资源。在可持续发展导向下，未来社区能够很好地实现处理传统与现代、技术与文化、社区与居民的多重利益关系，从而真正实现高质量发展。

4. 高品质生活目标

在未来，社区不只是满足人们居住的需求，更应该是集商业、休闲、娱乐于一体，糅合了传统与创新元素而成的快捷高效的新型单元。未来社区以追求高品质生活为目标，更加注重居民的生活需求满足和合法权益保障，通过打造关系和谐的邻里中心、快捷便利的服务驿站、社区廊道的休憩场所，更好地实现娱乐、教育、商业、运动等公共服务供给，以满足不同年龄段居民的独特需求。同时，未来社区在建设过程中合理规划社区空间布局，成功融合九大场景的功能建设，全面覆盖邻里、治理、健康、创业、交通、低碳、服务等方面，提升城市土地空间的综合效益，最终构建5分钟的便民生活服务圈体系。[1] 简言之，未来社区从居民对美好生活的向往出发，以高品质生活为目标，采用模块化设计与建造方式，整合教育、商业、文化、养老等资源，从而有效促进了未来社区的现代化治理目标的实现。

（三）城市未来社区的场景建设内容

未来社区是社区发展的新模式与新理念，以往国内外的未来社区大多是从某一角度展开的主题型社区，例如突出科技应用的智慧社区[2]、以资源共享为主的共享社区[3]、强调环境的低碳社区[4]和可持续社区[5]等。而城市未来社区强调其综合化，政府可以高效地配置各种优质公共资源，实现社区居民于生活、文化、治理三大场景的互动化、协同化和智能化，进而提高社区的邻里满意度和社会融合度。

---

[1] 曹康.未来社区：理论·路径·实践[J].现代城市研究，2021（10）：2.
[2] 王令群，何世钧，袁小华.基于J2EE和云计算的智慧社区架构设计[J].实验室研究与探索，2014（1）：123-127.
[3] 李金阳.社会交换理论视角下虚拟社区知识共享行为研究[J].情报科学，2013（4）：119-123.
[4] 辛章平，张银太.低碳社区及其实践[J].城市问题，2008（10）：91-95.
[5] Dale A, Newman L.Social capital: A necessary and sufficient condition for sustainable community development? [J].Community Development Journal, 2010(1): 5-21.

1. 生活场景

首先，打造开放共享的邻里场景。社区的发展依托于居民在空间上的近邻和集聚形成的社会关系网络，即邻里关系。当前未来社区的邻里场景建设主要从以下两方面展开：一是空间建造。邻里环境为邻里关系的发展提供空间基础，未来社区依托配套用房和商业用房，打造社区邻里客厅和室外延伸空间，形成邻里公共生活的主阵地。二是居民社区情感认同度。社区积极组织和开展各类邻里活动、邻里社团，让居民在情感上紧紧联系起来。例如，杭州市余杭区翡翠社区打造特色邻里品牌。翡翠社区拥有17个社团，在社区、社团、志愿者、服务商的带动下每周开展各类社区活动。同时，翡翠社区建立特色公约，打造特色文化公园等，以共享为纽带在住宅空间区域中凝结起社区共同体。简言之，未来邻里场景直面重房地产轻人文、邻里关系淡漠、缺少文化交流载体平台的痛点问题，营造交往、交融、交心人文氛围，构建"远亲不如近邻"的未来邻里场景。

其次，创建全民康养的健康场景。居民对健康的需求越来越高，健康场景的建设主要从以下三方面展开：一是要依据居民多元化运动需求推进运动设施改进。室内完善健身基础设施，室外打造共享智能的健身绿道，推动建立运动社群，引领全民运动。二是要实现对居民身心健康的全维度关怀和基本健康服务的全覆盖。建立居民全生命周期健康电子档案系统，实现健康大数据互联共享，构建名医名院远程问诊，推动优质医疗资源普惠共享。三是要坚持养老助残服务全覆盖。创新适老适残住宅，打造养老护理云端系统，增强弱势群体幸福感和获得感。例如，宁波市鄞州区未来社区在"浙里办"APP中推出的"鄞领健康"功能，实现"健康大脑＋智慧医疗"的数字化改革。同时，社区提供居家"医＋药＋护"一体化服务，为行动不便的患者提供"线上点单、线下服务"的互联网护理服务。简言之，未来社区医疗场景直面社区医疗"看得起"但"看不好"、养老设施与服务缺失、健康多元化需求难以满足的痛点问题，面向全人群与全生命周期，构建全民康养未来健康场景。

最后，打造集约立体、特色宜居的建筑场景。当前，未来社区的建筑场景建设主要从以下两方面展开：一是要坚持集约高效利用空间。结合TOD梯级布局模式和数字化全生命周期管理CIM平台，构建智慧社区3D超脑，充分利用城市地上地下空间，打造复合型未来社区特色邻里中心。二是要体现邻里参与和城市文化风采。未来社区注重打造邻里互动与艺术风貌相结合的未来建筑场景，体现人文与建筑的碰撞，构建社区有机综合体。例如，位于杭州市上城区的杨柳郡社区是杭州第一个TOD地铁上盖项目。社区集住宅、商业于一体，高效利用地上、地下资源，实现上下立体联通。同时，依托配套用房和商业用房，打造社区公共生活的第三空间，为邻里互动提供空间保障。简言之，未来建筑场景直面土地集约利用效率低、建筑品质不高、建筑风貌缺乏特色、公共场所与开放空间不足的痛点问题，创新空间集约利用和功能集成，打造艺术与风貌交融的未来建筑场景。

2. 文化场景

首先，打造以人为本、多元数智的教育场景。教育场景作为社区文化活动的主体，主要从以下三个方面进行创新改造：一是要坚持以人为本。以学习者为核心，优化设计教育场景，为不同需求层次的居民提供个性化教育服务，推动居民文化素养提升与社区全面发展相适应。二是要坚持资源整合、多元参与。统筹利用社区内外公共文化资源，实现社会公共资源线上线下共享，形成全龄学习的氛围。三是要实现数智赋能。利用大数据、人工智能、物联网等现代科技，赋能教育场景，建立数字化学习平台，实现教育智能化。以杭州市采荷·荷花塘未来社区为例，该社区与杭州市采荷第二小学协同建设未来教育场景，实现"学校在社区中、社区在学校中"。该社区"校社融通"的概念打破了固有的校社壁垒，实现了社区与学校的双向融通，形成了立体化的育人空间。简言之，未来教育场景直面托育难、入幼难、课外教育渠道有限、优质教育资源稀缺、覆盖人群少的痛点问题，通过满足服务社区全人群教育需求，构建终身学习未来教育场景。

其次，打造节能绿色的低碳场景。在"双碳"目标的指引下，社区的低碳场景主要从以下三点展开：一是要坚持低碳供能。提高可再生能源利用比重，充分利用太阳能和生物能等绿色能源，打造"光伏建筑一体化＋储能"的供电系统。二是要提高资源的循环利用率。完善雨水循环处理系统，实现生活垃圾分类全覆盖，最大限度提高垃圾资源化利用水平。三是要实现社区综合节能。应用近零能耗建筑和可持续建筑材料，依托社区智慧服务平台，搭建智慧能源管理平台，提高社区综合节能率。以英国贝丁顿零碳社区为例，"零碳"并不意味着无碳排放，而是利用太阳能、节能建筑等手段来实现能源可再生、可持续。该社区是英国最大的可持续发展社区，采用成本低廉的示范建筑、零耗能的供暖系统、零排放的能源供应系统以及环保节约的绿色出行手段，现已成为世界低碳领域的标杆式先驱。简言之，未来社区的低碳场景直面能源供给方式单一、综合利用效率不高、资源利用方式粗放的痛点问题，聚焦多能集成、节约高效、供需协同、互利共赢，构建循环无废的未来低碳场景。

最后，打造服务双创的特色创业场景。在"大众创业、万众创新"持续向更大范围、更高层次和更深程度推进的情况下,社区创业场景的建设主要从以下三点展开:一是要为创业者提供空间支持。配建社区双创空间,提供弹性共享的办公空间,打造社区创业园。二是要完善创业的咨询服务机制,提供全方位的创业指导,组织行业交流和创业培训。三是要搭建众筹融资平台,建立人才引进的优惠通道。解决创业筹资难、人才少的问题,引进青年高层次人才落户,营造高质量的创业环境。如杭州市云帆未来社区以"智扬云帆,创享钱塘"为核心理念打造未来社区典范。社区利用钱塘新区智造产业的优势,打造双创空间,设置创业者服务中心,成立创客学院,建设双创信息平台,构建"大众创新"的创业场景。简言之,未来创业场景直面适宜创业的办公设施与环境缺乏、人才公寓供给不足、初始创业成本高的痛点问题,顺应未来生活与就业融合新趋势,构建"大众创新"未来创业场景。

3. 治理场景

首先,打造高质量、高安全的服务场景。社区服务是提高居民社区生活幸福感的关键要素,未来社区的服务场景的整合升级主要从以下三方面展开:一是要提高物业服务水平。依托智慧平台,构建管家与互联网相结合的物业服务模式,实现服务智能化、管理信息化,提升物业服务管理的效率。二是要引入优质社区供应商,发展社区商业O2O模式,注重提供专业化、创新化生活服务。三是要保障居民人身安全,建立完善的预警预防体系及应急机制,保护居民隐私及信息的安全,规范信息利用。[1] 例如上海市着力打造的城市五大新地标,在上海市不同区推进智能停车APP、为老

---

[1] Van Z L. Privacy concerns in smart cities[J]. Government Information Quarterly, 2016(3): 472-480.

服务系统、智慧城市炫卡等应用，为社区居民提供智能停车、失智老人监管、健康和门禁安全管理、快递物流等服务，赢得居民的极大好感，进一步实现"围绕民生、以人为本"的社区发展主题。简言之，未来服务场景直面老旧小区物业服务不足、物业收费与服务品质不匹配、便民惠民服务设施覆盖不全的痛点问题，围绕社区居民24小时生活需求，打造"优质生活零距离"未来服务场景。

其次，打造多元化、效率化的治理场景。社区治理能力是评价居民生活获得感、安全感的重要标准，治理场景的优化改造主要从以下三方面展开：一是要建立社区党建引领的治理机制，深化社区治理体制改革，构建社区综合运营体系。二是要提高居民社区事务参与感。创新社区参事议事模式，建立线上线下结合的社区议事模式，吸引社会力量参与社区事务，实现社区事务决策的民主化。三是要推进社区基本公共服务全覆盖。依托现代技术，建立线上服务平台，精简办事流程，提高办事效率，提高社区整合、统筹社区资源的能力。全国首个未来社区工作委员会在丽水莲都灵山社区成立，是未来社区治理的一大创新。该社区确立了党建引领的核心方向，积极探索居委会、业委会、物业服务企业三位一体的新方向，以实现社区事务多元化参与和社区高度自治。简言之，未来治理场景直面社区居委会、业委会、物业服务企业"三张皮"矛盾突出、社区治理效率不高的痛点问题，依托社区数字精益管理平台，构建党建引领的"政府导治、居民自治、平台数治"未来治理场景。

最后，打造智慧有序的交通场景。居民住宅对于市中心、工作场所以及主要公共设施的可达性是影响居住满意度的重要因素，因此，便利的出行和合理的外部交通组织是社区规划的重点。未来社区的交通场景主要从以下三个方面进行展开：一是要保证交通出行便利高效。建立安全的人行道、自行车道、快速车道网络，健全公交站点换乘设施，提升公交信息的时效性。在道路规划方面，打造社区快速交通圈，做到"小街区、密路网"，贯通社区内外道路，提升出行便利度。二是要建立智能共享停车系统，应用自动导引设备（AGV）智能停车技术、无感支付技术，实现车辆高效通行。三是要完善物流配送服务。设立智能快递柜、物流服务集成平台等智能物流设施，实现包裹高效配送到户。以日本编织之城为例，其将城市道路分为三类，三种街道纵横交错，创建出3×3规格的城市街区。机织网格的城市结构通过不同程度的扩展和收缩，适应各种规模的项目和室外区域，实现了更安全的、友好的城市交通场景。简言之，未来交通场景直面停车难、公共交通出行不便、物流配送服务不完善的痛点问题，突出差异化、多样化、全过程，构建"5、10、30分钟出行圈"未来交通场景。

（四）城市未来社区的场景建设特征

未来社区一直都是"一心三化九场景"，即以人民美好生活向往为中心，以人本化、生态化、数字化为价值导向，构建九大场景，打造新型城市功能单元。而传统的智慧社区仅仅侧重单个小区或园区的智能化，而很少考虑其他拓展性的应用和需求。未来社区以其全面感知、动态可视的特征实现社区信息多维度全覆盖，同时以其虚实互动、协同演进的特征实现社区人本化高效治理，打破传统智慧社区仅针对社区智能化提升的局限性，全面提升社区综合能力。

1. 全面感知

城市未来社区倡导"用数字说话"，数据是城市社区客观状况的记录和量化的结果，是数字化管理决策的基石。[①] 为此，未来社区注重对城市数据信息的全面感知，即对社区进行多维度、多层次的精准监测。全面感知可分为物理感知和社会感知。物理感知即在物理空间层面对社区信息进行感知，利用大数据、云计算、人工智能等新兴信息技术，搭建数据感知平台，全时段感知、记录城市从点、线、面再到立体的数据信息。如龚健雅等提出的时空天地集成化传感网利用高速通信网络和形式多样的感知手段，构建互联互通的城市感知基础体系，满足未来社区高时变、多层次的感知需求。[②] 社会感知侧重感知个人信息和社会共享数据，个人感知侧重感知个人信息和存档，公众感知专注于在社会和特殊利益群体内分享信息，为了更大的公共利益（如娱乐或社区行动）与每个人共享数据。未来社区通过物理、社会层面的全面感知，解决以往城市决策中存在的数据匮乏、居民满意度欠缺等问题，实现城市决策的统筹布局。

2. 动态可视

动态可视是指充分运用数字平台集成融合各项功能，整合地理信息系统、物联网、大数据等技术，通过不断更新完善数字化模型及各类数据信息，实现数字社区与现实社区同生共长、相互映射。各类信息要素的精准表达与精准匹配是实现物理社区向数字社区映射的关键。未来社区生活、文化、治理场景的建设是基于城市信息要素的精准表达，通过数据信息整合与分析，实现社区需求的精准匹配。从物理空间角度，在社区中实现数据感知平台的整合提升，落实数据监测的广度和深度，以保障获取数据的

---

① 沈费伟，诸靖文.大数据时代的智慧政府治理：优势价值、治理限度与优化路径[J].电子政务，2019（10）：46-55.
② 龚健雅，张翔，向隆刚.智慧城市综合感知与智能决策的进展及应用[J].测绘学报，2019（12）：1482-1497.

精确性。从数字空间角度，借助数据分析平台对海量信息进行剖析，掌握社区内基本情况，并对信息进行优化整合，将静态数据转化为动态数据，实现数据信息与现实情况的动态匹配。

3. 虚实互动

城市未来社区虚实互动就是要实现数字空间与物理、社会空间的双向互动。所谓虚实互动，"虚"是指数字空间及其包含的现代技术，"实"是指城市实体空间。数字空间是数字孪生的载体，意味着以数据为纽带，赋予社区新的认知能力，即通过多维物理空间的数据，实现物理空间向信息空间的数字化模型映射，近乎实时地呈现物理空间的实际情况，形成"物理—数字"有益的双向互动。[1] 未来社区治理的必然趋势是虚实互动，它超越了普通"提供问题，解决问题"的治理方式，更加注重解决过程中的互动环节。在数字孪生技术的加持下，未来社区可以实现物理空间在数字空间中的孪生映射，将数字化建设成果集成到数字孪生平台中进行一体化管理，从而实现未来社区运营管理的降本增效。

4. 协同演进

作为一个复杂系统，城市涉及许多不同的空间和构成要素，要使未来社区真正实现人本化、生态化、数字化，就要实现各个空间的协同发展。在未来社区治理过程中，物理社区与数字社区同处在网状交互平台上，未来社区治理倡导构建一套协同演进的稳态治理体系，使物理社区与数字社区之间形成一种彼此依赖的合作关系。数字社区以其先进的信息技术主动赋能物理社区，物理社区依靠数字智慧，落实线上线下协同合作，分析社

---

[1] 杨林瑶，陈思远，王晓. 数字孪生与平行系统：发展现状、对比及展望[J]. 自动化学报，2019（11）：2001-2031.

区问题，实现优化治理。以杭州市萧山区振宁社区为例，该社区按照"三端一屏一平台"的体系架构，以物联网、大数据、人工智能等先进技术为依托，实现了云端城市大脑、社区总控、居民和企业终端的联动，以及人、物、信息互联。协同演进作为未来社区的主要内涵特征，需要在社区的改造过程中进行不断的更迭和演进，以进一步实现对未来社区的科学预测、指导与优化。

四、老旧小区改造策略

2019年7月30日，习近平总书记在中共中央政治局会议中指出："稳定制造业投资，实施城镇老旧小区改造、城市停车场、城乡冷链物流设施建设等补短板工程，加快推进信息网络等新型基础设施建设。"[1] 城镇老旧小区与新建商品房小区在生活品质上的巨大差距已经成为发展不平衡不充分的突出表现，这就决定了城镇住宅小区建设要从主要追求增量，转向有限区域追求增量和普遍追求存量提质，通过老旧小区改造实现城镇有机更新成为城镇建设和社会治理的重要任务。老旧小区改造在人口密集的城镇进行，牵动社会的方方面面，涉及错综复杂的利益关系。它不仅是建筑工程，还是社会工程；不仅需要高水平的社会治理来保障其顺利实施，而且要为完善城市治理优化物质基础和组织基础，以规范化、精细化、智慧化的基层治理保障城市的全面、协调、高质量、可持续发展。所以，老旧小区改造不仅是提高城市美誉度、吸引力、竞争力的城市形象工程，更是以人民为中心、围绕居住空间全面改善民生并拉动消费的民生工程，还是社会主

---

[1] 习近平.中共中央政治局召开会议，分析研究当前经济形势和经济工作，审议《中国共产党问责条例》和《关于十九届中央第三轮巡视情况的综合报告，中共中央总书记习近平主持会议[N].光明日报，2019-07-31（01）.

义市场经济条件下建设社会共同体的社会治理工程。

城市有机更新的最大创新就在于把城市作为有机体和生命体引入了城市更新，城市有机更新的实质就是走新型城镇化道路，就在于把生物学中的生命概念引入城市建设，把城市当作一个生命体来对待，突出"有机"二字。杭州市在城市有机更新实践中不断丰富完善的九大理念[①]就集中体现了这种创新和发展。作为生活品质之城、宜居幸福城市，杭州市自2004年以来，针对人民群众反映突出的重点难点问题，先后开展了屋面整治、物业改善、背街小巷提升、美丽庭院创建等专项行动，逐步完善了小区的供排水、供电、供气等基础功能。2016年是杭州市老旧小区改造工作的转折点，以迎接G20峰会的市容整治为契机，杭州市转变以往"零敲碎打"的专项行动改造方式，探索统筹谋划的综合提升的先试先行。在具体做法上，各行政区因地制宜、各有千秋，但就整体而言，改造工作以居民需求为重心，在改善小区环境、补齐功能短板、提升生活品质方面成效明显。2019年，全国两会政府工作报告刚刚吹响城镇老旧小区改造的号角，杭州市委、市政府迅速做出以争创全国样板为目标的新一轮老旧小区综合改造提升行动，市城乡建设委员会作为全市老旧小区改造工作的统筹单位，以"先出政策""先出标准""先出样板"的责任担当，通过引领标准、领跑改革，将老旧小区改造作为展示社会主义制度优越性的"重要窗口"之一，为全国老旧小区改造工作输出"杭州经验"。

在市委、市政府的坚强领导下，杭州市城乡建设委员会经过对已有老旧小区综合改造提升工作的深入调查和系统研究，总结经验教训，并通过

---

① 九大理念包括：以民为本、保护第一、生态优先、文化为要、系统综合、品质至上、集约节约、可持续发展、破解"四大难题"。

广泛征求学者专家意见、开展居民大讨论，结合新形势下城镇居民对高品质生活的渴求，对全市新一轮老旧小区综合改造工作进行了具有前瞻性和系统性的谋划，形成了三份指导全市老旧小区综合改造提升的政策文件，分别是：2019年8月15日由杭州市人民政府办公厅印发的《杭州市老旧小区综合改造提升工作实施方案》（杭政办函〔2019〕72号），2019年8月14日由杭州市城乡建设委员会印发的《杭州市老旧小区综合改造提升四年行动计划（2019—2022年）》（杭建村改发〔2019〕271号），以及2019年7月24日由杭州市城乡建设委员会印发的《杭州市老旧小区综合改造提升技术导则（试行）》（杭建村改发〔2019〕246号）。三份政策文件的出台为各行政区开展新一轮老旧小区改造工作提供了依据。自2019年3月启动新一轮老旧小区有机更新至今，杭州市经历了前期调研、谋划思路、试点先行、出台政策以及全域铺开等五个阶段。

"十四五"期间，杭州市老旧小区改造工作将面临新机遇和新挑战。首先，从新机遇的角度来看，国家政策的窗口期和杭州城市新定位为做好老旧小区改造提供了新机遇。杭州市是浙江省建设"三地一窗口"的省会城市，老旧小区改造工作在"十四五"期间更要主动提高政治站位，切实顺应人民群众对更舒适的居住条件的期盼，加快取得更多实质性、突破性、系统性成果，努力让老旧小区改造成果成为杭州展现"重要窗口"头雁风采的最鲜明标志之一。当前，杭州市围绕建设独特韵味别样精彩的世界名城，正在高起点规划城市空间、高效率推进城市建设、高品质推进城市管理、高标准推进城市国际化，积极探索具有杭州特点的大城市治理现代化新路和新理念下的城市发展观，将主动地把老旧小区改造作为城市建设与城市管理的重要内容。这将为老旧小区利用国家、省、市等政策支持，争创老旧小区改造全国标杆提供新机遇。其次，从新挑战的角度来看，老旧小区提质扩面与资金要素资源紧缺的矛盾带来的挑战更加突出。主要表现在：一是改造空间有限，统筹平衡安排难。二是在经济结构深度调整且下行压力较大的背景下，地方新增财力有限。三是社会资本引入难。老旧小区改造投入大、周期长、收益不确定性高，没有形成资金链循环，社会资本参与老旧小区改造的热情并不高。四是杭州市老旧小区改造数量多，资金需求大。因此，"十四五"期间，除了政府投资，通过政府引导有效激发社会力量参与改造的主动性、积极性，才能持续推动老旧小区改造提速提量提质。

基于此，以市、区、街、社四级体制为主轴，杭州市老旧小区综合改造提升始终坚持"统分有度"，在市级政策、标准、流程等相对统一的基础上，鼓励区、街道、社区三级攻坚克难、因症施策，探索"+X"的改造特色。一是融入未来社区场景的探索。截至2022年3月，杭州市已有10余个老旧小区改造项目融入了未来社区场景，通过片区式改造、插花式征收等方式，融合九大场景建设，健全老旧小区配套服务。如：上城区新工社区通过片区统筹，构建教育、就医、养老、购物等公共服务体系，下城区小天竺、知足弄社区，上城区红梅社区、余杭区梅堰小区在老旧小区改造中构建未来邻里、建筑、交通、能源、物业和治理等场景。二是引入社会资本参与的探索。探索针对小区自身特点的不同模式，引入社会资本参与改造。对带资参与建设的，通过明确投资建设者的产权，实现投资、建设、所有、受益及运营责任统一，逐步形成投资赢利模式。如上城区新工社区引入玉皇山南停车有限公司，投入1400万元，在社区原有空地上建设可容纳120多辆汽车停放的临时立体停车楼，通过运营回收成本。对小区原有存量房屋引入社会服务的，通过给予房租减免等优惠政策，鼓励参与配套服务设施建设和后续运营。再如拱墅区和睦新村小区引入浙江慈继医院管理有限公司，在和睦新村投建浙江省首家民营康复医疗中心，项目总投资近600万元，其中，500万元为设施改建费用，100万元为运营费用，社区给予房租减免。三是完善长效管理机制的探索。为实现"一次改造，长久保持"的目标，各区、街道积极探索改造后长效管理机制的创新。上城区探索物业管理打包连片、区域性管理的模式，降低物业管理成本。拱墅区以党建引领推动改造与管理并行，推动成立业委会或自管小组，维护改造成果，促进小区治理持续规范，实现从"靠社区管"到"自治共管"。

在推动老旧小区改造中，首先要处理好三大关系：一是处理好居民需求与政府供给之间的关系，着力推动老旧小区改造从政府供给导向向居民需求导向转变。二是处理好局部与整体的关系，着力推动老旧小区改造从局部改造向片区联合改造转变。三是处理好短期与长期的关系，着力推动老旧小区改造从短期侧重功能完善向长期宜居环境打造转变。

（一）处理好居民需求与政府供给之间的关系

老旧小区改造是一项民生工程，更是一项民心工程，在改造过程中必须坚持以人为本的理念，切实从居民的实际需求出发，合理保障居民的经济发展权、政治参与权与社会保障权，从而真正推动老旧小区改造从政府供给导向向居民需求导向转变，最终实现社区治理现代化的目标。

第一，构建政府与居民的良性互动机制。将老旧小区改造作为促进基层治理体系与治理能力建设的重要契机，通过基层党建、社区联席会议、社区共建活动等多元途径，加强与居民、业主及公众的沟通，构建更加开放畅通的互动渠道。开展小区党组织引领的多种形式基层协商，主动了解居民诉求，促进居民形成共识。积极推动老旧小区业主大会与业主委员会的组织和建设，完善监督管理机制，形成共建共治共享的社区治理格局。

第二，建立居民需求分类机制，实现服务供给精细化、精准化。一些老旧小区在改造过程中，没有及时回应居民的差异化需求，容易造成"政府做，居民看"的局面，导致"好事没办好"，因此，需要进一步收集和梳理居民需求。明确居民集体诉求，将小区居民最关心、最直接、最现实、最迫切的改善居住条件的要求作为小区改造的重点内容，以解决问题为出发点，合理确定改造方案，分类实施整治改造。在有限的空间范围和预算条件内，尤其要注意比较改造或提供服务的机会成本，使最后的改造方案和公共服务供给方案尽可能贴合民众的实际需求。

第三，吸收专业意见，完善应急管理等基础设施。在获取居民改造需求过程中，还需要专业机构或专业人士进行引导，一些不被居民注意或感受到的改造需求对于提升老旧小区的居住功能也至关重要。例如，当前在老旧小区改造过程中，小区电梯安装尽管已陆续实施开展，但由于老年人缺乏必要的设备操作知识，因而时常发生电梯卡人事件，长此以往势必对居民的日常生活和生命安全造成极大的影响。因此，现阶段在未来社区建设过程中需要引入专业队伍的教育培训，不断增强社区居民的数字素养，从而有效规避上述问题的发生。

（二）处理好局部与整体的关系

社区作为城市治理的基本单元，不仅映射出所处时代的科技水平、生产方式和生活方式，更是增强群众获得感、促进社会稳定的基石。老旧小区改造不仅需要优化小区内部基础设施和居住环境，更需要从城市更新角度来解决老旧小区固有的深层次矛盾和问题，如小区环境与周边发展不协调、改造空间不足、用地效率低等问题，需要将局部改造融入到城市整体更新中去。这是老居民新社区实现社区治理现代化的基本诉求，也是深入贯彻以人民为中心发展理念的浙江实践，是城市有机更新和精细化治理难题的创新解决方案，是推动实现人的现代化的有力举措。

第一，引入完整社区建设理念。住房和城乡建设部、教育部等13部门联合印发《关于开展城市居住社区建设补短板行动的意见》，提出大力建设完整居住社区，解决居住社区存在的规模不合理、设施不完善、公共活动空间不足、物业管理覆盖面不广、管理机制不健全等突出问题。老旧小区在改造过程中，应运用城市更新与街区更新思维，统筹城市空间布局，按照地理位置相邻、居民属性相近、产业配套相关、文化脉络相连的原则，以完整社区的标准和"15分钟生活圈"的规模划定美好社区，将其作为改造实施单元。

第二，探索片区联合改造。改变过去单就老旧小区搞整治改造的老模式，把老旧小区改造与其他城市建设、改造项目捆绑或组合统筹，创新老旧小区及小区外相关区域连片改造方式。还可以实行多个小区联合改造，以共享空间资源，充分挖掘存量空间资源，为居民提供养老、托幼、商业等服务，实现住区与住区、住区与周边公共空间之间的资源和设施配套共享，以规模促效益，形成改造一个、更新一片、连片成带动全局的城市更新局面。

（三）处理好短期与长期的关系

社区治理现代化更加注重低碳生活方式和生产方式：强化 TOD（公共交通导向）布局理念，提升绿色低碳出行比例；应用"光伏建筑一体化＋储能"的供电系统、"热泵＋储冷储热"的集中供冷（热）系统，降低社区能耗水平；严格实行垃圾分类，促进生活垃圾源头减量，创建无废社区。因此，老旧小区改造不仅要实现短期的"保基本"，满足民生需求，更要面向未来，紧跟城市发展趋势，实现从面貌、内涵到治理全方位的更新。

第一，利用数字赋能建设智慧社区。积极融入"城市大脑"建设平台，整合各项服务资源，破解各类治理难题，切实提升老旧小区治理效能。目前，杭州市"城市大脑"构建了纵向到县（市、区），横向到各部门的组织架构，形成了各具特色的数字"驾驶舱"，打造了丰富多彩的应用场景。一些街道、社区已经借助"城市大脑"下的民生直达平台，实现了政策的惠民直达。"城市大脑"的建设不仅是技术创新，更是社会创新、社会治理模式的创新，揭示了城市未来的发展模式。因此，在老旧小区改造过程中，应主动融入"城市大脑"建设平台，积极打造社区治理"驾驶舱"，实现老旧小区治理的智慧化和现代化。

第二，融入未来社区建设理念。未来社区建设也为老旧小区改造提供了新的发展方向。一方面，充分运用相关理念，让改造后的小区从"忧居小区"变为"宜居小区"，从老旧小区变为"未来社区"；另一方面，利用省、市两级对未来社区建设的政策支持，突破现有法律法规的限制，通过提升土地容积率、提高土地复合利用效率、新增建设用地指标等手段，产生空间增量，缓解空间挖潜难，并为社会化资本的引入提供可能。

第三，创新文化传承形式，延续社区记忆。不少老旧小区地处老城区核心位置，承载着居民社区记忆的同时更保留着城市文化烙印。老旧小区改造在改善小区物理的同时，更要注重对老旧小区文化的保护。要在梳理小区风貌基底的基础上，对一些极具历史文化底蕴的小区进行文化的溯源，在改造中有机融入红色文化、历史文化等文化元素，让城市留下记忆。一方面，将文化要素体现在小区的城市家具、景观小品中。另一方面，可以将文化要素融入外立面的方案设计，让历史和时代的烙印重回居民生活，兼顾改善居住条件和延续历史文脉的双重要求。

综合而言，杭州市启动的老旧小区综合改造提升工作，既是一项城市建设和发展工程，又是一项提高上百万市民生活质量的重大民生工程。它充分体现了以人民为中心、"美好环境与幸福生活共同缔造"和有机更新这些城市发展的理念。不仅使城市面貌更加亮丽，而且能切实提高城市的生活品质；不仅使城市的服务功能得到实质性的提升，而且立足于广大市民的实际需求，有效拉动投资和内需；不仅使能够安全居住的老旧住宅和小区空间得到充分利用，降低了城市改造的成本，而且通过政府资助，补齐硬件短板，整合利用现有资源，使中低收入群体也能以较低成本享受高品质生活。同时，老旧小区综合改造提升把科学技术与人文精神、硬件改造和软件建设、改造提升自然环境和改造提升社会环境有机结合起来，着力在改造提升过程中和完工后完善协商民主与基层治理机制，全面推动基础设施、居住环境、服务功能、小区特色、基层治理水平提升，努力打造有完善设施、整洁环境、配套服务、长效管理、特色文化、和谐关系的"六有宜居小区"，因而也是一项重大的社会工程。

第三节 杭州市社区治理现代化的成功经验

现阶段,杭州市社区治理现代化的成功经验主要包括以政策制度推进社区建设、以组织结构推进社区建设、以公共服务推进社区建设、以协同治理推进社区建设、以技术平台推进社区建设五方面,有助于实现对城市高质量服务的追求,并通过数字化技术更好地加强政府与居民之间的联系,从而更有效率地为公众提供优质服务。

一、以政策制度推进社区建设

健全的政策制度是保障社区治理现代化稳定推行的重要因素。在社区治理现代化的不同阶段,需要不同类型的政策制度支撑社区治理现代化框架。其一,治理前期的试点建设预申报制度。未来社区的试点地区需一定的发展基础,完善试点建设制度既能够保障充足的调研时间,而且有助于规范化试点区块,保证未来社区试点建设的可行性。例如浙江省发改委指出,试点区域原则上以 50 至 100 公顷为规划单元,试点项目分为改造更新和规划新建,第一批试点区优先考虑交通便捷、开发程度高的区块。其二,治理中期的土地征收补偿制度。合法化和公平化的土地征收制度有助于维护被征收居民的合法利益,保障社区建设土地的充分供应,从而推进社区治理现代化的进度。例如杭州市始板桥社区实行土地征收的分类补偿制度,按住宅和非住宅两类提供合适的补偿方式。其三,治理后期的第三方考核评价制度。社区治理现代化具有较高的强度和难度,借助第三方的专业化优势可以找出社区治理的真问题,推动社区治理的持续深入发展。例如为保障评估结果的公正性,浙江省规定未来社区试点在试运营 3 个月后,需要由第三方评估机构和当地部门进行协同评估。

完善城市社区体制机制，处理好社会管理、公共服务和居民自治三者的关系。社区党委对社区各类组织和各项工作实行统一领导，吸纳社区范围内的党政机关、企事业单位党组织负责人以及业委会、物业服务企业、"两新"组织党员负责人进入或列席社区党委会。通过建立回执制度落实在职党员向社区党组织报到的要求，报到后还应积极支持与参与社区和住宅小区的重要工作；鼓励机关事业单位的退休党员和外来常住的退休党员把党组织关系转到社区，至少也要向社区党组织报到。同时。建立"两代表一委员"联系所住小区的制度。作为居民自治组织的议事机构，社区居委会实行专业化与本土化相结合，由有经验的专职社区工作者和有威望的居民代表混合组成，社区内各住宅小区的业委会负责人参与或列席。专职社工组成的社区服务机构作为居民自治组织的执行机构，负责社区层面的日常管理和公共服务，承担进入"社区服务机构责任清单"的政府部门委托的工作任务。完善择优聘用和选拔机制，加强政治和业务培训，提高专职社工素质，落实薪酬待遇。城市居民中人才资源丰富，"乡贤"比农村社区多得多，杭州市等地更有不少外地的退休公务员和专业人士随子女居住。建议聘请居民中的贤能热心人士组成社区咨询组织，让其发挥各自专长，为社区治理出谋献策，提供资源。支持和推动社区社会组织发展，鼓励它们跨小区乃至跨社区开展活动，提供志愿服务和专业服务。

杭州市在推进社区治理现代化过程中，在政策制度层面吸收和听取各类利益群体的利益表达意见，这是推动社会主义民主政治的有益探索。

第一，民生决策问计于民。1999年6月，杭州市在全国率先开通"12345"市长公开电话，2002年3月和2004年2月，又相继开通"12345"

电子信箱和短信平台，基本实现电话、电子邮件、短信等多种方式同时受理群众需求。如今，"12345"市长公开电话已经成为一张展示服务型政府形象的金名片，成为政府了解社会需求、保护合法权益，以及社会各界监督政府的重要渠道。2000年6月，杭州市成立人民建议征集办，规定凡是涉及经济建设和社会发展的重大决策、重大举措，都要坚持问情于民、问计于民、问需于民，落实人民群众的知情权、参与权、选择权和监督权，做到民主决策、科学决策。杭州市人民建议征集的方式有日常征集和专题征集两种，并建立了一套奖励优秀建议者的激励机制，由信访局组织实施。每年，市政府通过报纸、网络、电视、新媒体等渠道，请市民提出最希望市政府办好的民生实事，然后市政府认真研究、统筹确定当年能够在市级层面解决、当年建设、当年竣工、当年办结的为人民群众兴办10件（项）实事项目工程，并将为民办实事项目列入综合考评。人民建议征集工作充分发挥党和政府联系人民群众的桥梁纽带作用，取得了很大成绩，参与群众多，参与层面广，建议质量高。

第二，推进重大决策公开。2004年10月1日起施行《杭州市政府信息公开规定》，这是杭州市政府的一项重大举措，是继上海、广州、深圳之后全国第四个对政务公开立法的城市。2007年，为进一步推进行政决策科学化、民主化，提高决策透明度和公众参与度，维护群众切身利益，杭州市人民政府又发布《关于对涉及群众切身利益的行政规章和公共政策实行事前公示的通知》，要求对涉及群众切身利益的行政规章和公共政策，在正式决策前向社会公示，或在政府初步讨论后公示。2015年10月13日，杭州市人民政府颁布《关于印发杭州市人民政府重大行政决策程序规则的通知》，对全市经济与社会发展重大事项的行政决策规则和程序做出了更为明确、透明、公开的规定。

二、以组织结构推进社区建设

社区治理现代化必须重视政府与市场的关系。在社区治理过程中，传统政府一直以来都是大包大揽式的全能管理者，往往单向度地确定公共服务的需求，并直接强制性地进行服务供给。然而，随着技术进步和经济社会迅速发展，社会各方面问题与居民需求越来越多元化，仅仅依靠政府的力量已经无法实现社区的有效治理，还需要市场的积极参与。正如登哈特所说，政府要做的是通过基于价值的共同参与来帮助民众表达和满足他们的需求，而不是主导社会发展的方向。[①] 现阶段数字政府建设正处于攻坚期，实施"政府主导、市场参与"的社区治理现代化模式是大势所趋。一方面，要加强社区治理现代化的统筹协调，着力构建标准化的业务协同机制，推进相关法规制度建设，从而提升社区治理的科学性和规范性。[②] 另一方面，要积极推进企业参与治理机制的完善，通过政企合作更好地助推社区治理现代化的效能提升。互联网企业在数字技术能力、信息获取方法以及以用户为主的管理理念等方面具有先进性，将这些关键要素引入社区治理过程中能够推动政务数字化的创新与水平提升。

开放和富有弹性的社区组织结构有助于保证各治理主体自主地决定地方政府的权责范围及未来的结构变迁问题。[③] 基于此，社区治理现代化需要

[①] 珍妮特·登哈特,罗伯特·登哈特.新公共服务:服务,而不是掌舵[M].丁煌译.北京:中国人民大学出版社,2004:134.

[②] 张鸣.从行政主导到制度化协同推进:政府数字化转型推进机制构建的浙江实践与经验[J].治理研究,2020(3):26-32.

[③] 博克斯.公民治理:引领21世纪的美国社区[M].孙柏瑛,等译.北京:中国人民大学出版社,2014:33.

形成"政府引导、市场运作、居民自治"的结构，充分发挥政府、市场、居民三方主体的优势。其一，政府以公共政策形式明确社区现代化的治理工作。为加快社区治理方案的落实，政府发挥了自身的政治权威优势，借助于行政命令、政策制定等方式，引领了社区治理现代化的方向。例如，杭州市政府将未来社区写入政府工作报告，明确了未来社区治理的工作目标和要求，以推进未来社区的治理进程。其二，市场以资源配置优势提升社区现代化的服务水平。为弥补政府供给能力不足，市场以竞争的方式获取提供公共服务的资格，并在社区服务供给过程中努力实现资源的合理配置。例如，杭州市西湖区运用PPP投资等途径吸引社会资本参与运营社区建设，形成包括科技、建筑等多领域主体合作的社区产业共同体。其三，居民以组织介入方式参与社区现代化的治理工作。为提供社区治理现代化的内生动力，居民积极构建各类型自治组织，并凭借自治组织的平台优势融入到社区治理工作中。例如，上城区采用已有的"武林大妈"等社区自治组织引导居民自我管理，拓建"社区时间银行"等新一批公共服务组织，以增强居民的治理效能。

为更有效地满足社区治理现代化需求，需要强化政府的统筹组织和引导协调，充分发挥市场机制有序运行的作用，从而促进未来社区的高质量发展。首先，促进政府部门与优势企业的战略合作，提升政企信息化建设的绩效。在社区治理的民生业务领域，通过政府开发数据、企业高效运营，鼓励形成PPP或政府购买服务模式来促进未来社区的服务供给。其次，厘清社区治理现代化中的政府职能边界，廓清政府干预范围。在社区治理现代化过程中，政府作用的经济边界范围应主要确定在公益性建设、环境污染、市场垄断、重大基础设施建设等方面。实行政府审批权力清单和责任清单制度，以清单方式明确定义政府的权力与责任。最后，还原市场调节能力，形成资源配置主体。当前，社区治理现代化结构存在着同质化现象，进而使得各地区存在着资源投入与重复建设之间的建设困局，不仅不利于未来社区的长远规划发展，而且也对政府的财政资金造成了巨大的压力。这就需要充分重视市场在社区治理现代化建设中的资源配置能力，合理发挥城市运营体系的作用。政府要建立公平开放的市场规则，健全优胜劣汰的市场化进退机制，加快要素市场建设，完善市场体系，从而促进未来社区治理的可持续发展。

三、以公共服务推进社区建设

社区治理现代化提供的社区服务涉及邻里、教育等九大场景，其核心是通过改善生产关系、生产方式和生产力，实现以人为本、绿色集约和智慧共享的服务供给。其一，构建人本色彩的社区服务。社区治理现代化的内涵已超越了机械的居民区，其以"人的尺度、人的需求、人的体验"为依据，整合社区服务体系，改善社区服务设施。例如，杭州市翡翠城社区以漫步系统便利居民出行，进而构建出"5 分钟生活圈"，以满足社区居民的日常需求。其二，构建绿色集约的社区服务。杭州市众多社区在绿化工作方面采取了保守型的治理方式，其在维持原有自然景观的基础上打造了商业景观带，从而提升了社区的绿化水平。例如，杭州市绝大部分社区以公园为基础建设了生态景观廊道，在维持社区原貌的基础上提高了社区绿化容积率。其三，构建智慧共享的社区服务。社区治理现代化过程中应用了互联网等数字技术，构建数字孪生社区，以获取治理所需的各种信息，并借助数据分析平台做出精准科学的决策。例如，杭州市萧山区亚运社区提出"0571"赛时智能化亚运村标准体系,通过数字智慧系统实现亚运社区的零距离管理和精准化运营。

杭州市一方面强化"为民办实事"的工作力度,努力在完善城市功能、提供便民服务、营造优美环境、解决群众困苦等方面提供优质的公共服务;另一方面创新"民主促民生"的工作方法,关注新老杭州人的心理感受,在"问需于民、问情于民、问计于民、问责于民、问绩于民"方面投入了大量精力和政策支持。通过加快构建有杭州特色的广覆盖、强保障、一体化、可持续的基本公共服务体系,杭州市在社会保障、公共事业、基本生活等领域取得显著成效,社会发展综合水平连续 12 年位居全省首位、连续 4 年位居全国副省级城市第一。根据中国社会科学院公共服务蓝皮书《中国城市基本公共服务能力评价(2012—2013)》发布的数据,2011—2013 年 3 个年度的城市基本公共服务满意度调查中,杭州市连续 3 年在全国 38 个主要城市中排名前十。[1]2012 年、2015 年,杭州市又先后两次荣登"中国公共服务小康指数"调查之"15 城市公共服务满意度"排行榜榜首。公共服务水平的不断提升增强了杭州市民对城市的认同感、归属感、安定感、满足感。2017 年,杭州市成为全国唯一连续 11 年入选"中国最具幸福感城市"榜单的城市。

四、以协同治理推进社区建设

奥斯本认为,合作优势的实现通常依赖于具有不同资源、不同经验和不同专长的彼此相异的合作各方的协同。因此在实践中,目标共识的达成

---

[1] 钟君,吴正杲.公共服务蓝皮书:中国城市基本公共服务能力评价(2012-2013)[M].北京:社会科学文献出版社,2013:245.

通常面临诸多难题。① 传统社区管理结构繁复冗杂、各自为政，基于各部门自身利益考虑，数据无法实现合作共享，导致办公效率低下。而在大数据时代，社区治理现代化将区块链等技术应用到政务服务平台，可确保数据流转的真实性和完整性，使各方隐私得到有效保护。在此基础上，政府部门致力于实现政务数据跨地域、跨部门、跨业务的协同，着力构建全国统筹、部门联动、一网通办的政务服务系统，实现城市社区整体治理的新局面。例如杭州市政务服务平台推出"一件事一次办"集成套餐服务，通过多个部门的业务整合、流程优化和信息共享，实现一次告知、一套材料、一窗受理、一次联办、一口出件，使审批时限极大缩减，办理效率得到提升。

杭州市社区建设的一大特点就是社区建设主体的多元化、复合化。2014年12月，杭州市委、市政府印发的《关于进一步激发社会组织活力，推进我市社会治理创新的若干意见》在社会复合主体的基础上又明确提出了"培育复合型社会组织"的思路，以发挥其在孵化培育、协调指导、合作发展、自治自律和集约服务上的积极作用。2015年，杭州市又出台《关于杭州市复合型社会组织认证与职能的暂行办法》，杭州市民政局、杭州市发展研究中心委托杭州市社会组织服务中心和杭州发展研究会，对符合条件的社会组织进行评估认证。经认证取得资质的社会组织，可对相近领域或相近类型的社会组织行使业务主管单位职责。由此，杭州市打造复合型社会组织的步伐不断加快：建立智库型复合组织，使之成为政府决策咨询平台；建立专业型复合组织，使公众参与环境保护、交通整治、食品质量安全、医疗卫生、文化教育等不同领域的行业治理；建立社区型复合组织，

---

① 史蒂芬·奥斯本.新公共治理：公共治理理论和实践方面的新观点[M].包国宪，赵晓军等译，北京：科学出版社，2016：190.

使之成为城乡社区社会治理平台；建立媒体型复合组织，使之成为政社舆论沟通平台。通过这些平台吸纳社会力量参与，社会公众从被管理者转化为社会治理者，更多社会组织、环保维权人士、新媒体意见领袖等从旁观者和批评者成为社会治理的参与者和建设者。

五、以技术平台推进社区建设

在数字治理的新时代，自然技术和社会技术的应用能够为社区治理带来新的可能，硬件、软件、公共文化的升级再造恰好顺应了时代的要求。[①] 其一，硬件基础设施升级，以"物"化人。将5G、大数据等新兴技术运用到物理基础设施建设中，可弥补传统设施的人为化劣势，推动硬件设施的数字化发展。例如，杭州市余杭区莱茵知己小区运用智能垃圾分类投放技术实时收集数据，实现了社区全方位、全流程地监管垃圾分类。其二，软件服务设施升级，以"务"化人。社区融合大数据和信息处理技术分析居民的多元需求，提供契合居民真实目标的公共服务，推动公共服务设施的科技化发展。例如，朝晖社区通过CIM数字平台提供居家康养、远程教育等服务，以满足社区居民养老和教育等需求。其三，公共文化设施升级，以"文"化人。文化技术是一种社会技术，它通过文化宣传、文化活动等多种形式，增强社区居民的社区归属感，推动社区关系设施的和谐化发展。例如，杭州市倡导有礼言行，播放有礼音乐，张贴有礼规范，从而打造出具有"有礼"风尚的社区治理。

社区治理现代化更加注重数字技术在社区建设运营中的应用，对标日

[①] 沈费伟.技术嵌入与制度吸纳：提高政府技术治理绩效的运作逻辑[J].自然辩证法通讯，2021（2）：80-86.

本 5.0 超智能社会，利用互联网、物联网、大数据、云计算、人工智能等先进技术为社区赋能。依托智慧社区服务平台，打造现实与数字"孪生"社区，以新技术、新业态、新模式提升社区服务的精准化、精细化水平。杭州市以广开言路畅通民意渠道，积极运用电视、报纸、网络等媒体工具，在全国率先构建"我们圆桌会""杭网议事厅""市民议事广场"等多个民情沟通参与平台，并在街道、社区层面搭建社区"四会"（民情恳谈会、事务协调会、工作听证会、成效评议会）工作制度、片组户民情联系制度以及邻里值班室、"湖滨晴雨"工作室等社情民意沟通平台，为创新社区治理、推动政府职能转变做出了重要贡献。例如，2012 年杭州电视台综合频道与杭州市纪委纠风办合作推出了《民情观察室》。《民情观察室》以深入调查以及暗访的形式挖掘事件深层真相，让老百姓能够近距离了解到政府部门的工作程序，也让政务变得更透明。同时，借助于媒体平台的发声，一些社会热点、民间声音和基层社会问题得以通过民主协商的方式得到切实处理与解决。选题主要来自近百名"民情观察员"的百双"新闻眼"，还与"12345 市民热线"和社区展开合作，在部分社区内部设立社区工作室，开展民情民意反馈与栏目选题素材搜集。

当前，按照"优政、惠民、兴业、强基"的新型智慧城市建设目标，杭州市大力推进智慧城市协同创新中心建设，以实现智慧城市中枢大脑作用，推进城市治理体系和治理能力现代化。一是实现城市运行全面感知。依托电子政务外网、视频专网、物联网等信息技术，实现与市直各有关部门的信息系统互联互通、系统集成和资源整合，将分散在政府部门、公用事业单位、互联网等行业和领域的数据即时汇聚，通过跨地域、跨层级、跨部门、跨系统的数据资源融合分析，实现城市运行状态的全面感知、态势预测，实时掌握城市运行状态。二是推进大数据辅助决策。通过建立各类数据分析模型，实现对汇聚数据的实时处理、联合调度与分析，为政府决策、管理、服务提供直观科学的数据依据，促进城市各个部门协同工作，提升城市治理水平，实现城市智能化、集约化、人性化。[①]三是创新城市治理新模式。建立城市日常管理与应急指挥一体化运作机制，加强大数据应用，加快数据开放共享，以科技创新和体制机制创新双轮驱动推进城市治理的融合与创新。以智慧城市建设为契机，推动数字经济发展，吸引数字经济产业项目落户城市，形成创新活跃的智慧化、数字化产业体系。以贯穿人的生命周期需求为主线，优化服务模式，实现精准服务、主动服务以及全方位均等化基本公共服务，提升市民幸福感。

智慧城市是现代信息基础设施应用的主要载体空间，因此信息基础的保障离不开各项新型基础设施的完善。新型基础设施通常指以数字技术为牵引，以现代通信网络为支撑，融入城市交通、医疗、教育、生态等场景建设的智能化设施体系。新型智慧城市是新基建需求的重要场域，也是助推智慧城市实现高质量发展的内生动力。当前，杭州市在社区治理现代化中应用的新基建设施主要包含信息基础设施、融合基础设施和创新基础设施。首先，强化信息基础设施保障。云计算的存储优势满足了大规模数据管理的需求，物联网的使用加强了数据平台与物品之间的关联，区块链技术有助于消除"数据孤岛"所带来的危害，人工智能更是为多跨场景的应用提供了技术支撑。其次，强化融合基础设施保障。新型智慧城市建设要加大力度推广应用互联网、大数据以及人工智能等多种融合型的基础设施，

---

① 沈费伟，诸靖文.数据赋能：数字政府治理的运作机理与创新路径[J].政治学研究，2021（1）：104-115.

从而为新型智慧城市建设提供硬件保障。最后，强化创新基础设施应用。新型智慧城市的高质量发展还离不开具有众多公益属性的基础设施的应用，包括重大科技基础设施的推广、科教基础设施的升级和产业技术创新基础设施的推进。简言之，新基建将从技术和战略层面重构智慧城市的发展逻辑。对于智慧城市的发展形态，新基建一方面能够加快城市的产业数字化进程，另一方面能够优化城市业态与服务供给。

Chapter 5

| 第五章 |

社区治理现代化的主体问题

新市民群体是伴随着中国社会经济结构的变化和城市化的快速发展而在城市郊区中逐步涌现的新群体。从根本上讲，新市民群体的角色再造是一个新的角色形象的塑造问题，即新市民群体以何种形象融入城市。角色形象的建立是一个外显化的过程，对新市民群体而言，一个良好形象的建立不仅需要将自我形象与公开形象有机结合，还需要将角色义务与角色权利有机统一，更要求新市民群体将角色行为与角色规范联系起来。同时，新市民群体的角色形象不仅仅停留在职业选择、空间分布以及户籍认证上，更深刻地体现为一种与城市生活相适应的生产方式、生活方式以及思维方式。从微观层面看，新市民的角色形象是个体在认知、移情与行为基础上内在作用的结果；从宏观层面看，则是农民与市民、农村与城市、个体与社会相互作用的产物，是新市民群体试图超越城乡二元结构影响的一种角色形象再造。[①] 农民市民化的类型主要有四种：完全主动市民化，即通过社会流动的教育机制实现代际的农民市民化；不完全主动市民化，即通过各种社会流动的方式自觉地实现向城市的迁移；完全被动市民化，即通过政府征地的方式促使农民完全失去土地并成为市民化的完全被动接受者；不完全被动市民化，即通过集体土地的集中使用促进部分农民向市民的

---

① 文军，沈东.认知、移情与行为：新市民群体角色再造的内在机理：基于大都市郊区农民市民化的调查分析[J].人文杂志，2015（1）：111–119.

转变。①

现有有关农民市民化问题的研究主要围绕两大议题展开：一是哪些农民正在经历市民化，二是哪些因素影响农民市民化的过程。前者主要关注城郊失地农民、农民工及其子女等农民内部不同类型的群体，后者则关注农民市民化过程中面临的身份确认、地位获得、意愿倾向、权利保障等问题。对于这两个议题的不同侧重形成了解释我国农民市民化问题的四大视角，分别是"制度/结构"视角、"身份/角色"视角、"认同/融入"视角和"权利/资本"视角。②制度、身份、情感和收益构成了影响农民市民化进程的关键变量，它们之间形成的各种联系则构成了农民市民化进程的展开逻辑。从一般意义而言，以重大制度为基础的社会结构决定了个体在其中所处的地位和所拥有的身份，这种地位和身份催生出个体相应的认同与情感，同时也将影响个体在社会结构中所能获得的收益。对于农民市民化问题而言，前文已表明，这一问题的关键在于如何从制度、身份、情感、收益四个环节突破传统的路径依赖，实现农民身份的现代转化和全体社会成员的身份趋同。比如，以户籍制度改革来打破城乡二元分割的社会结构，通过农民的市民化身份转型来打破对农民身份的固化和身份认同，通过改变权利供给和能力提升等方式来促进农民融入城市。

---

① 文军.论农民市民化的动因及其支持系统[J].华东师范大学学报（哲学社会科学版），2006（4）：21-27.
② 郭忠华，谢涵冰.农民如何变成新市民？基于农民市民化研究的文献评估[J].中国行政管理，2017（9）：93-100.

第一节　杭州市社区治理现代化的问题

当前，杭州市社区治理现代化存在的问题呈现出复杂化、多元化、综合性的特征，主要包括了四方面问题：一是社区治理体系不健全；二是社区治理能力水平待提升；三是社区工作负担过重；四是社区治理规范不健全。上述问题阻碍了社区治理现代化的发展，影响了社区治理秩序的稳定，不利于社区治理能力的提升。

一、社区治理体系不健全

社区治理现代化体系需要整体性的规划支撑，以确保城市社区治理的统一性与整体性。然而，当前在城市社区治理过程中普遍存在着体系不健全的问题。一是缺乏科学的统筹规划。由于社区治理现代化初期缺乏顶层设计，不能从全局和长远的角度统筹规划，很多城市社区建立了众多但散乱的应用系统，数据"聚而不通、通而不用"的情况比比皆是。社区治理现代化建设过于片面化、碎片化，缺少整体性。二是缺乏科学的建设规划。许多城市在未来社区建设过程中由于缺乏建设规划，将大量资金投入硬件设备的采购和基础设施的搭建，过度追求新技术的堆砌，却没有充分考虑"技术为人所用"的人本价值。没有建设规划指导的未来社区建设势必忽视城市公共服务的有效供给和社会生态结构的合理布局，难免出现技术设备不好用、市民没有真正地感受到社区治理现代化带来的便利的情况。三是缺乏科学的地方规划。近年来，尽管国家政府不断强调要因地制宜地进行社区治理现代化规划，可现实中各级地方政府忙于经济建设和产业发展，在社区治理现代化的地方规划进行层面比较滞后。部分试点的未来社区虽然进行了规划,但是却没有充分吸纳地方特色文化,也没有很好地吸纳当地民众的需求,因而也就无法真正提升社区治理现代化的成效。

杭州市社区治理现代化多元体系不健全是有原因的。第一,空间需求不匹配。社区治理现代化的核心宗旨是满足社区居民需求,激发全民参与社区治理的热情,促进社区发展和城市进步。然而现实情况是,城市社区在顶层设计层面更注重政府的主导作用,对于居民的需求和社区的定位把握不准确,缺乏对基层社区发展的长远规划,从而导致城市社区的应用场景与居民需求存在不匹配的问题。城市社区是各类利益关系的聚集点,如果无法很好地处理各种利益关系,势必引发空间需求危机。一是居民利益难以协调。目前,许多未来社区都是以老旧小区改造为基础开发的,涉及多元化的参与主体以及多类型的公共事务治理。现实中,老旧小区在更新改造成未来社区的过程中,在电梯安装、停车问题、环境治理等层面都面临着非常大的利益分配和操作阻力。二是开发运营主体的利益难以平衡。当前,城市社区建设过程涉及多个开发主体,包括建筑开发商、网络服务开发商、数字产品开发商等,这必然也引发了利益矛盾纠纷问题。现阶段,社区建设过程中尚未出台统一的利润分配方案,导致了社区的标准化建设和统一运营的现实困境。

第二,社会力量参与不足。企业、非营利组织、公众等社会力量是社区发展的动力源泉,社会力量的参与既有利于增强居民的归属感,更有助于提升社区治理能力。[1] 然而受居民知识水平和社区治理机制等因素影响,社会力量的参与远远不足,具体表现为社会总体参与率不高、社会参

---

[1] 孙锋,王峰.城市社区治理能力:分析框架与产生过程[J].中国行政管理,2019(2):53-59.

与度不足及社会参与效果不良。一是社会总体参与率不高。例如，浙江省召开的第九期创建研讨沙龙有 20 万名居民参与，仅仅占全省常住人口的 3.49‰。二是专业治理知识缺乏，导致社会参与度不足。社区治理现代化的场景涉及建筑、设计等领域的专业知识，而社区居民、非营利组织等由于不熟悉相关的技术知识，很难深层次参与社区治理，即"无技术者无权利"。例如，杭州市以"西湖金奖进青年"活动竞赛吸引居民提"金点子"，而竞赛对专业知识的高要求限制了普通居民的参与。三是专门治理机制缺乏，导致社会治理效果不良。由于社区治理的制度缺乏专门性和可操作性，当城市社区治理出现问题时不能得到快速有效的处理。例如，在社区建设前期，政府相关部门忽略了对土地价格的约束，由此造成的土地过度溢价问题，阻碍了社区发展。

二、社区治理能力待提升

社区治理现代化需要以提升社区治理能力为抓手，尤其在数字化时代背景下，现代信息技术是未来社区建设的技术基础，社区治理现代化的本质就在于依托新技术，汇集众智，实现精细治理。未来社区在实现信息资源整合的过程中，存在着两方面的问题：一是城市各部门、各领域之间的"信息孤岛"现象普遍存在。未来社区建设的核心是数据，数据的核心是互联互通，目前，杭州市许多社区工作者已认识到数据的共享对于提升社区治理现代化的重要性，但是各自为政的部门工作模式难以实现信息资源共享。现阶段，许多未来社区看似注重数据管理，但是绝大多数城市社区建设因部门管理职能的交叉性，不同部门掌握着不同的数据资源，数据整合、条与块数据矛盾问题尚未解决，导致"信息孤岛"的存在。[①] 二是缺乏统一的信息控制平台，对各类信息资源的整合不够，无法为社区治理现代化提供足够的数据支撑。当前，杭州市的社区在民生健康、城市政务、电子商务、产业发展等领域缺乏统一性的基础信息平台，这极大地阻碍了未来社区的纵向连贯与横向衔接目标达成。现实中，不完善的信息资源目录编订、不公开的信息交换机制以及不健全的信息资源管理办法都影响了未来社区信息资源的整合优化。三是智能化综合性应用不足。许多社区基础性的硬件建设已经基本完成，但是智慧化的软性服务应用和业务模块应用尚未成熟，尤其是存在着信息资源的碎片化问题，因而在满足信息惠民的需求方面仍存在差距。

上述杭州市社区治理现代化的能力水平问题主要源于两方面的原因：第一，过于注重指标管理。指标管理作为一种治理方式有其特有的效用，但其过度应用也会导致管理者忽视治理过程中的问题。也就是说，整齐有序、美观清晰的数据指标能够实现社区治理的整齐划一，但长期来看，其打造出的只是井井有条的模块。[②] 现阶段，政府在社区治理过程中过度强调"标准先行"，过于注重指标管理。一是过于强调技术标准。技术标准的产生将会使公共产品变为专利技术，能为技术标准制定者带来利益，但却容易产生"技术锁定"。[③] 例如，杭州市多地的未来社区都将人脸识别技术作为安全门禁系统，而能让静态照片"张口说话"等破解技术为其带来巨

---

① 沈费伟.智慧治理："互联网+"时代的政府治理变革新模式[J].中共福建省委党校学报，2019（4）：101-108.

② Flint A.Wrestling with Moss: How Jane Jacobs Took On New York's Master Builder and Transformed the American City[M].New York: Random House, 2011:89.

③ 陶爱萍，沙文兵.技术标准、锁定效应与技术创新[J].科技管理研究，2009（5）：59-61.

挑战。二是过于强调数据标准。政府强调收集并利用广大群众的各项数据，而这种基层数据共享将会导致政府权力扩张、居民知情权受损。例如，萧山区亚运社区依托 BIM、CIM 等技术可以实时精确地掌握工程的建设进度、居民的活动情况，但居民却不能同样精准地了解政府的内部信息。三是过于强调管理标准。未来社区提出社区治理的邻里、教育等九大场景，但因不同社区呈现出不同的样态，抽象的管理标准会产生社区治理的"理论—现实"悖论。例如，老旧社区内的建筑设施年代久远，其实际状况远远达不到未来社区对未来建筑场景的要求，老旧小区只能实现部分场景的建设。

第二，资源要素不充分。社区治理现代化作为一项社会系统工程，其正常运营需要资金、土地、技术等多种资源的支持与保障，从而有效地提升社区治理的现代化和系统性。然而当前，上述资源都存在着不充分的问题。具体，一是资金平衡问题。城市社区建设在基础设施建设、产业项目推动、社区景观设计、公共服务配套等方面都需要投入大量的资金。尤其是在项目的实施过程中，存在着资金供应的风险，如果出现资金短缺，将会导致社区建设的中断。因此，在一定程度上而言，社区建设的资金情况直接决定了建设效益。二是土地出让问题。在土地面积需求层面，城市社区建设对于面积的需求较大，一般需要 50—100 公顷，即使试点实施单元需求也不少于 20 公顷。同时，为了保障社区场景的相互协同和开发运营，需要将土地开发布局与社区场景建设形态保持高度一致。然而，现行土地使用权出让方式（招标、拍卖、挂牌）较难满足未来社区的建设要求。三是技术应用风险。社区治理现代化倡导应用现代信息技术的优势，从而更好地助推社区的智能化水平提升。然而，现代信息技术具有两面性，其在大规模应用于未来社区的过程中，也出现了技术隐患问题，包括公民隐私泄露、技术侵权等，进而阻碍着未来社区的可持续发展目标实现。

三、社区工作的负担过重

近年来，城市社区工作者普遍反映工作繁忙，压力很大，经常加班，无暇顾家，收入偏低，队伍不稳。但媒体调查却发现居民大多对此无感，认为社区工作至多忙一阵，甚至比较清闲。实际上社工走访居民都有指标，耗时费力，楼上楼下跑动手机定位还不显示，在没电梯的老小区更辛苦，且年轻家庭经常白天没人、晚上没空。认知反差的主要原因是社区大部分时间忙于完成上级下达的任务。根据规范化、精细化的要求，每项工作都要事前有方案、事中有反馈、事后有总结验收，上级部门来检查还要汇报和陪同。一些部门搞了微信公众号就给社区分配"征粉"指标，要动员居民关注，保证阅读量、点赞数。尽管明文规定社区只管盖部分公章，但法院、交警、银行甚至商场都要社区开各种证明，不少情况社区无法证明，但不开具证明居民就对社区有意见。对于那些难度较大的居民诉求，社区往往没有精力或没有权力去解决，只能层层上报，而且不一定有回音。

"七多"是社区工作繁忙的突出表现。具体表现为：挂牌多、职责多、APP多、制度多、考核多、评比多、创新多。各部门都把挂牌作为本部门工作在基层落实到位的形象化标志，大门口只有3块，但里面墙上多得挂不下，各条线都要检查，只能谁来挂谁的牌，或用屏幕滚动。社区职责事项多达127项，条线共性工作达269项，这使得社区工作人员疲于应付上述工作任务，而难以真正将注意力转移到服务社区居民的民生事项中来。工作要求留痕，台账变身为工作记录，做了电子的还要做纸质的。有的工作每天要报阶段性信息，同一类信息不同部门要求的统计口径和格式还不一样。跟工作有关的 APP 多达 71 个，多到手机拖不动，同一内容涉及不同层次，如有关禁毒的 APP 就有 3 个，都要输入数据，老百姓还以为社工老是玩手机。墙上制度多，每块制度牌都有相应的内容。考核督查多，2014 年，把对社区的 62 项考核整合为和谐平安 1 项，考核乡镇街道却都要检查，包括提供社区台账，每条大小线年底都要考核，从下半年就要开始准备，12 条大线每个月都有考核，还有人大政协监督调研，明星社区接待各级领导更多。考核的要求"一刀切"，社区怕追责，不敢从实际出发，人性化处理问题，有些处理方法群众觉得不近情理，容易激化矛盾。创建评比多，不但要一次次准备文字材料，还要制作动画视频，很费精力。每条线都要创先进，社区要创特色，领导对的汇报要求又高，要有新思路，有的领导对"新鲜感"的追求超过对实效的重视。造成城市社区工作负担过重的深层次原因主要包括以下方面：

  首先，社区一级组织具有双重性。一方面，社区工作者是政府社会管理在"最后一公里"的重要依托专职社区工作者是合同制的全日制工作人员，属于政府雇员，薪酬来自政府购买服务，党政部门下达任务和考核起来理直气壮，造成"下面一根钉，上面百把锤"。另一方面，按照我国的基本政治制度，居委会属于基层自治组织，本社区居民实行自我管理、自我服务。随着市场化改革的不断深化，大量的社会管理、公共服务职能从单位转移到社区，社区工作者专职化成为必然趋势，同时也造成了居委会的行政化，自治性质和功能弱化。为了解决这个问题，省委、省政府已要求通过依法选举稳步提高城市社区居委会成员中本社区居民比例，社区工作者专职化和居委会成员本土化正是反映了这种双重性。只有处理好这双重职能的关系，才能处理好社区组织对上级负责和向本社区居民负责的关系、

"规定动作"和"自选动作"的关系,保证社区工作者有50%以上的精力为居民群众服务。

其次,社区自治双层架构的底层薄弱或缺失。近年来,随着住房商品化的迅速发展,新型住宅小区迅速增加。按照浙江省对新建城市社区规模的要求,大多数社区包含着几个住宅小区。从辐射范围和人口规模看,社区适合作为政府社会管理和公共服务的底层平台,而住宅小区则成为主要的公共生活空间,产生大量的公共事务和与居住相联系的公共服务需求,需要组织居民自我服务和自我管理。以自住为主的小区的业委会客观上已成为居民自治的一个平台。但居民的社会责任意识、参与意识、自治意识、协商意识、公共意识普遍跟不上社会结构的变化,在利益诉求不同时缺乏换位思考和互谅互让精神,难以形成共识,导致"多数绑架少数"和"少数绑架多数"的现象易发。小区业委会普遍力量不强,工作不够规范,选举换届、小区资金管理和重大事项决定透明度不高,业委会与物业服务企业之间、业委会与部分居民之间以及业委会内部矛盾频发且相互交织,一些小区物业费收缴率低,服务质量下降,形成恶性循环甚至难以为继,有些城区与物业相关的信访量约占信访总量的1/3。不少业委会的换届和物业服务企业的改聘遭遇难产,甚至使小区的管理和公共服务陷于瘫痪。那些出租房比例高的小区,业主和居民利益错位,有的业委会主任不住在本小区,难以履职。大量老旧小区还没有业委会和物业公司。在这些情况下,一些应由业委会或物业服务企业承担的职责被转移到社区,加重了社区的负担。

最后,现行的考核督查机制造成层层向下传递压力。这种机制对部门有很强的鞭策作用,同时也迫使它们竞相加强自己对社区的影响,提高在社区工作中所占的份额,以保障部门工作在社区落实,并且把社区作为展示部门工作落地的平台。近年来，社会治理和公共服务日益规范化、标准化、精细化，这是非常必要的。但有些部门偏重领导检查工作时的可感知度，重过程、轻结果、轻绩效，对程序的要求过细，每一步都要求做到位，有的还层层加码，助长形式主义，加重社区负担，造成为证明自己干活耗费的时间大量挤占了真正为居民服务的时间。

社区治理现代化除了面临社区工作者负担重的问题之外，还面临着实际运营成本高、数字技术应用不当、场景建设不融合的问题。第一，实际运营成本问题。社区治理现代化需要大量的运营成本，包括信息搜集成本、资金耗费成本、时间消耗成本。一是信息搜集成本高。为实现社区的高效治理，治理前期需要进行社区调研，了解社区的文化特色、经济状况、发展潜力等，进而制定出符合社区发展需要的社区治理现代化方案。例如，在浙江省未来社区相关政策落地前，浙江工业大学工程设计集团就开展了未来社区的信息搜集工作，这为浙江省首个未来社区——瓜山社区——的落地奠定了基础。二是资金耗费成本高。升级社区基础设施、集成配置社区服务设施等各项工作需要耗费大量资金，而现有资金主要来源于政府财政支持、银行贷款等渠道，相关资金不足，难以维持社区治理现代化的发展。例如，浙江省政府计划在杭州市上城区始版桥社区总投资约93亿元，其中，2020年计划投资24亿元。三是时间消耗成本高。社区治理现代化并不是为了获得短期的利益，而是一项关系社区居民生活质量的长期性工程。因而，只有投入大量的时间集聚社区量变，才能达到社区治理的量质变，建成真正的未来社区。例如，在2年的试点经验基础上，浙江省政府又提出创建瓯海、南湖等第三批未来社区，进一步探索未来社区高校治理。

第二，数字技术运用不当。数字技术尽管是改善社区治理现代化基础设施的重要工具，但如运用不当也会产生技术驱动不平衡、不充分、不合理的问题，增加社区治理的负担。一是数字技术运用不平衡。地区的经济发展水平和发展前景制约着社区治理现代化的效果。经济发达、地理位置优越的社区治理较为成功，而经济较落后、位置不优的边缘性社区缺乏治理动力。例如，杭州市瓜山社区因其高达96%的租赁率等发展潜力实现了从村到城的质变，而衢州市礼贤未来社区借助中国工商银行的贷款才得以推进建设未来社区建设工作。二是数字技术运用不充分。从单个社区的建设情况来看，除智能养老板块外，智能交通等其他板块的服务设施的操作方式将会给老人带来障碍。例如，杭州市钱塘云帆社区的智慧交通要求采用APP、微信公众号等方式定制个性化出行服务，忽视了数字失能的老人等弱势群体的个性化需求。三是数字技术运用不合理。虽然数据的汇集有助于提高社区治理效率，但由于监督管理技术和数据管理技术的不足，大量私人信息被置于公共空间，可能引发信息泄露。例如，衢州莲花乡村国际未来社区通过智能手环获取老人的健康、行动等各项信息，老人的个人信息全部显示在一张电子屏上，未来社区的数据保护工作有待完善。

第三，场景建设不融合。社区治理现代化的场景建设仅靠传统开发商依然无法达到目标，必须联合设备、数字、商管、服务等多领域的专业开发商共同运营建设。然而，当前政府对于场景建设协同还处于摸索阶段，真正成功的案例相对较少。当前社区治理现代化的场景建设问题，一是如何处理好传统与现代的关系。社区治理现代化代表着先进潮流，在建设中容易出现一味地追求现代化、科技化而忽视传统元素的问题。因此，在社区治理现代化过程中如何正确处理好传统与现代的关系就显得尤为重要。二是如何发挥政府与市场双重优势。考虑到社区治理现代化完善的顶层设计、高标准的预期目标，政府必然在社区治理现代化过程中承担着主导地位。然而，社区治理现代化在建设方案设计与深化过程中，如何处理好九大场景间的关系、如何分析各场景资源的植入点位等问题，都需要市场力量的发挥。因此，正确处理好政府与市场的关系成为破题的关键。三是如何处理好建设与运营的关系。从科学开发的角度来看，社区治理现代化要求开发建设与运营维护一体化，从而解决开发与运营脱节的问题。然而，当前在社区治理现代化过程中更注重开发而较少关注运营的问题，给社区治理造成了巨大困境。

四、社区治理规范不健全

社区治理现代化需要构建完善的规范机制，从而保证常态化、高效化的运营。然而在实践过程中，社区治理现代化与未来社区建设尚处于探索发展阶段，杭州市许多社区在治理方面存在着规范机制不完善的问题。一是没有建立健全的统筹规划管理体系。当前，杭州市社区治理尚未形成跨部门合作的协同机制和跨层级的统筹规划机制，因而实践中部门合作困难、区域分割严重、投机行为频发等问题仍然存在，严重阻碍了社区治理现代化与未来社区建设的稳步有序发展。二是缺乏专业运营管理的长效机制。在推动社区治理现代化进程时，大部分参与者首要注重硬件体系搭建，但管理者需要提供治理业务服务和运营来维持硬件系统高效运转，这样才能真正产生价值与效益。现实中，许多社区的现代化治理方式更多地沦为政府主导的政绩工程，并未引入具有科学管理经验和专业技术人才进行合理运营，从而极大地制约了城市社区的可持续发展。三是建设主体过于单一化。在社区治理现代化过程中，如何正确处理建设承包方、政府管理方以及居民使用方之间的关系是未来社区建设的重点。然而当前，杭州市政府在城市社区建设中依旧秉承行政主导的理念，没有深入分析公民的居住需求与市场信息，从而无法真正达到提升居民幸福感的目标。

上述问题的出现主要有以下原因：第一，规划制度设计滞后。制度的核心目的是限制国家权力扩张，提升居民的行动能力，但制度一旦脱节就很容易产生重大风险。[①] 社区治理现代化的制度脱节源于规划制度的滞后，具体表现为等级关系的僵化、权责关系的模糊、监督机构的泛滥等一系列风险性问题。一是城市社区治理制度没有改变僵化的等级关系。当前，城市社区遵循的依旧是"两级政府、三级管理"的管理方式，基层政府和社区居委会之间存在严格的等级关系。二是城市社区治理制度没有明确多方的权责关系。城市社区在治理理念上倡导多元共治，但实际上其从政府角度制定建设方案，政府单方管理社区活动。例如，杭州市拱墅区瓜山社区的未来社区建设方案中指出，由区发展改革和经济信息化局牵头未来社区创建工作。三是城市社区治理制度没有设定统一的监督机构。在遵循省政府的建设指导思想的基础上，不同的社区选择了不同的验收机构，这极有可能造成社区建设的评估结果存在差异。例如，有些社区建设方案由浙江省未来社区发展研究中心评估，而有些社区建设方案由浙江省发改委评估。

第二，评价标准不统一。社区治理现代化的核心内容是将治理场景的复杂体系很好地落地实践，这就需要一整套科学的指标体系衡量和保障。然而当前主要依据未来社区的评价标准来实施建设，出现了评价标准落地能力不足问题。一是缺乏评价体系与标准。目前，城市社区主要是借用企

---

① 袁方成.国家治理与社会成长：中国城市社区治理40年[M].上海：上海交通大学出版社，2018：287.

业开发商的建设指标来衡量社区的建设成效，然而该指标在工程建设、场景落地、功能融合、社区管理等核心环节的成本难以准确地衡量计算。① 同时，社区的建设体系、运行体系、管理体系和监督体系都存在着缺乏统一评价体系保障的问题。二是城市社区建设中垃圾处理、数字平台、公共服务等新兴场景的评价标准也存在着不规范的问题。一方面，公共服务供给的标准缺乏。目前，有些社区内部的医疗、教育、养老、文化等方面缺乏统一的指标体系，权责不明确，无法科学评价实施的效果。另一方面，对数字技术应用的标准也存在缺乏与不足的问题。社区治理现代化尽管推崇现代信息技术的应用，但是当前仅关注技术的类型与作用层面，而对技术的体制与机制层面的监管存在着障碍。这中间最大的问题是社区治理现代化的技术应用缺乏统一的指标体系，导致技术的实施效果大打折扣。

第二节 社区治理现代化的新市民问题

新市民是我国城市建设的主力军和生力军，他们为城市社区治理现代化做出了巨大贡献，但是却出于历史的原因没有真正享受到与城市居民同等的权利和待遇。因此，社区治理现代化的新市民问题理应引起更多学者的关注，从而助推社区高质量发展的目标实现。

一、新市民的概念解读

随着社会经济的快速发展和城市化进程的加快，越来越多的农民走进

---

① 台州市椒江区委政研室.椒江区未来社区建设的实践与思考[J].政策瞭望，2020（2）：46-47.

城市，成为城市里的新市民。新市民指的是，在我国当前的城市化进程中，离开原来的土地和农业生产活动，居住地变成城市，开始从事非农产业的那些居民，他们的特征是：没有城市户口，以暂住证等作为在城市居住、生活的凭证；多数来自农村或经济不发达地区；在身份、地位、价值观、社会权利以及生产生活等各方面全面有别于城市市民，并处于向市民的转变过程中。目前，学术界主要形成了5种新市民学说，分别是新兴市民阶层说、新市民文学说、新型市民说、市民新型权利说和进城农民说。尽管表述不同，但是都更多侧重于对新市民内涵的整体呈现。① 新市民的称谓有助于提高人们的认识：一方面，可以提高新市民的市民意识，有利于他们较快从农民角色转为城市市民角色；另一方面，可以提高城市管理者的意识——他们也是城市市民，有权享有城市居民拥有的各项权益。

当前，新市民难以真正融入城市社区的原因，一方面是出于在城市化发展过程中，许多地方政府在征地拆迁过程中"要地不要人"的思维导向，其使得新市民无法真正转化为城市居民。另一方面是城市发展中忽视了新市民的社会保障问题，使得新市民在医疗、就业、住房、教育等方面都缺乏保障，面临着实际困难。除此之外，造成新市民问题的因素还包括新市民群体的素质普遍较低、对新市民的角色认同还比较模糊以及新市民群体内部分化较大，发展不平衡等。外来人口大量涌入城市，使得"城中村"和农民工问题日益凸显。如何让广大外来创业务工人员在杭州市安居乐业，如何防止"城中村"演变成"贫民窟"，是杭州市推进城市化面临的最大挑战之一。当前社区治理现代化的新市民问题主要体现在以下方面。

---

① 朱振亚. "新市民"称谓及其内涵研究述评[J].华中农业大学学报（社会科学版），2015（4）：82-88.

(一)不能融入:过于追求未来社区的高大上,忽视居民的民生需求

现代社区改造一直面临诸多问题,如工作人员缺乏积极性,为满足国家标准的基本要求,社区更新的工作浮于表面,其结果就是可利用设施数量不足,难以满足人们日益增长的需求,这脱离了社区包容性设计的本质,技术失信就会因此发生。

一方面,物业管理模式中缺乏应有的关怀,单纯地改造物质环境而不考虑居民的归属感与认同感。那么,社区改造计划就与满足人民日益增长的美好生活需要相背离。例如,"垂直绿化"作为未来社区实践中的一项创新,却未能考虑到夏夜蚊虫、秋风落叶所带来的困扰。

另一方面,未来社区建设若一味追求技术进步而忽视人民所想,片面认为技术能解决一切问题,就会掉入"唯技术论"的陷阱。例如,邻里纠纷的解决过度依赖线上系统的大数据分析,是非曲直的决定逐渐从人转移到机器手中,淡化了人与人、人与技术之间的信任,其结果就是"以人民为中心"形同虚设,偏离未来社区的初衷。

(二)不想融入:居民习惯于传统的生活方式,不适应未来社区生活

未来社区是人类理想的社群生活模式,是对以往生活方式的一次更新升级,习惯于传统生活的居民难免会不适应这种新的生活,产生不想融入的念头。例如,未来社区倡导绿色低碳的生活理念,但作为生活垃圾源头治理的主体,公众却在践行绿色消费、分类投放垃圾、参与环保实践、参与监督举报等行为领域表现出高意愿和低践行。同时,未来社区注重邻里交流和拉近彼此距离,以构建和谐、有序、健康的邻里关系,但在快节奏的都市生活氛围下,居民的社区生活长期处于封闭状态,相对于社区邻里

沟通，他们可能更倾向于虚拟社交。

此外，未来社区强调居民的社区参与，以塑造其社区认同感和归属感。但未来社区建设一味追求现代化，而忽视了传统的社区参与，呈现出的群体少、程度浅和形式单一等情形，严重阻滞了居民的社区参与意愿，因此亟须处理好传统与现代的关系。以上生活方式上的种种矛盾无不限制着居民融入未来社区，从这点来看，察觉与缓解居民社区生活上的矛盾也可以成为消除居民融入困境的有效手段之一。

（三）不会融入：不会应用社区现代信息技术，无法真正融入社区

随着城市功能的不断完善，科学技术不断被选择、转化和发明，社区向着一种先进的社会形式转型，如充分发挥大数据、人工智能等新型信息技术的作用，以满足人们生活与交流的需要。尽管互联网已经在全国普及，但是部分居民因未接受专业培训而难以快速融入未来社区，如手机支付、人脸识别、健康码更新等简单操作对于老年人来说"难于上青天"，类似于不会购买电子火车票而滞留车站等"智能障碍"事件比比皆是，至今问题也没有得到彻底解决。

另外，在数据充斥整个社会的时代，信息无处不在，但人们会根据自己的需求将目光局限于感兴趣的信息，即"信息茧房"。[1] 居民只愿意与自己想法和观念相同的人交流，将自己束缚在"茧房"当中。这种社会分化导致居民选择性接受信息，沉浸于自我世界中，数字鸿沟越来越大，既安于现状又感受不到未来社区带来的文明，从而无法真正融入到社区中。

---

[1] 朱红涛, 李姝熹. 信息茧房研究综述[J]. 图书情报工作, 2021(18): 141-149.

二、新市民的客体角色

所谓主体,在一定程度上是指在从事实践和认识活动中能够主动集聚自身力量,能动地作用于客体当中的人,具有一定的主观性、能动性和自主性。[1] 客体是主体能动作用的对象,具有一定的客观性、对象性。主客体的本质关系是认识关系和实践关系。社区治理现代化的新市民主客体关系转化是一个双向的互动过程,即社区治理现代化的新市民主体客体化过程。社区治理现代化的新市民客体在社区治理现代化的新市民主体身上映现自己、实现自己。在社区治理现代化的新市民主体客体化的过程中,主体愈来愈带上社区治理现代化的新市民客体所赋予的特征。社区治理现代化的新市民客体主体化是指社区治理现代化的新市民主体作用于社区治理现代化的新市民客体的内容和效果,是社区治理现代化的新市民主体的本性、特征、尺度显现于客体。在社区治理现代化的新市民客体主体化的过程中,社区治理现代化的新市民主体依据自己的尺度,影响和改造社区治理现代化的新市民客体,在社区治理现代化的新市民客体身上显现和直观自己的本质或"本质力量",使社区治理现代化的新市民客体愈来愈带上社区治理现代化的新市民主体所赋予的特征。

随着城市化加速推进,特别是外来人口大量涌入,传统的城市空间形态的弊端日益显现,发展空间不足、环境质量下降、道路交通拥堵等现代"城市病"日益加剧。解决这些问题,迫切需要更新城市空间形态,正确处理好新市民的主客体关系。社区治理现代化的新市民主客体关系是否发生不仅取决于社区治理主体和社区治理客体的态度,而且在很大程度上取决

---

[1] 顾乃忠.主观能动性研究[M].南京:江苏人民出版社,1991:5.

于社区治理主体和社区治理客体的能力，只有社区治理主体和社区治理客体都具备相应的能力，其主客体关系才可能发生。社区治理现代化的新市民主客体关系发生所需要的能力主要是指学习能力、虚拟实践能力和虚拟创新能力。学习能力是指基于互联网络和数字化资源进行学习的能力，主要包括网络文本阅读能力、网络信息选择能力等；虚拟实践能力是指基于互联网络和数字化手段进行有目的的感性活动的能力，主要包括计算机网络工具使用能力、网络语言表达能力等；虚拟创新能力是指基于互联网络和数字化手段进行改造和超越现实存在的能力，主要包括网络知识创新能力、网络工具使用技术创新能力等。①

在正确处理社区治理现代化中的新市民客体角色方面，应遵循以下原则：第一，聚焦以人为本，着力处理好人与社区的关系。坚持房子是用来住的、不是用来炒的，围绕社区居民全生活链需求，把以人为本、改善民生作为出发点和落脚点，顺应社区全人群美好生活向往，融合先进文化和前沿科技，引领高品质生活方式革新。第二，坚持因地制宜，着力处理好城市与社区的关系。结合不同城市、不同地段实际情况，统筹考虑改造更新和规划新建两大类型，分类推进、精准施策，推动未来社区模式多样化、差异化、特色化，打造浙江省未来社区建设百花齐放新格局。第三，统筹多方参与，着力处理好社会与社区的关系。坚持有为政府和有效市场并重，政府重点做好顶层设计、政策引导，企业作为主体负责建设实施，同时鼓励居民、企业和国内外各方参与方案设计，群策群力，探索形成可持续未来社区建设模式。第四，注重面向未来，着力处理好历史与未来的关系。

---

① 李红革.论网络思想政治教育主客体关系的转化及其策略[J].重庆大学学报（社会科学版），2013（3）：133-137.

既尊重历史肌理和文脉传承，同时强调大胆探索、适度留白、反复迭代，为未来新功能、新模式植入预留空间和接口。充分发挥政策创新牵引作用，系统推进民生改善、产业培育、投资拉动和管理转型。

三、新市民的主客体角色转换

社区治理现代化中的新市民主客体角色的转换主要包括三方面内容。第一，客体主体化过程需接受主体的正确引导。主体性是作为认识主体表现在处理社会关系上的特性，是主体作用于客体的表现，也就是马克思所说的生命活动的性质包含着一个物种的全部特性、它的类的特征，而自由自觉的活动恰恰就是人类的特性。[①] 既然这样，社区治理现代化中的新市民客体在当今社会发展条件中也具备了自身的主观能动性，使社区治理主体在进行社区治理过程中必须充分考虑客体自身主观能动性，同时避免强制导致社区治理客体对社区治理过程产生不信任感。

第二，尊重客体主体化规律，完善社区治理现代化体系。关心社区治理客体、把握社区治理客体规律是社区治理现代化的前提。在社区治理现代化过程中，要尊重社区治理客体的合理要求和发展规律，努力实现社区治理客体和治理主体的紧密结合。在此过程中，传统落后的社区治理思想将被新的社区治理精神所取代，进而转化为社区治理客体自身的知识体系，形成社区治理客体人格和品质结构的转化，最终实现社区治理现代化的目标。[②]

第三，提高新市民的待遇，促进社区治理现代化。待遇供给是待遇运

---

① 马克思.1844年经济学哲学手稿[M].北京：人民出版社，2018：50.
② 凌喆.浅析现代思想政治教育主客体相互转化关系[J].广西教育学院学报，2012（5）：101-104.

行过程中的关键环节，只有通过这个环节，才能切实满足社会成员的待遇需要，提高社会成员的待遇水平。待遇供给主体是待遇的提供者。在待遇供给中，待遇供给主体解决的是"谁提供待遇"的问题，没有供给主体，就无所谓待遇供给。在待遇发展进程中，待遇供给主体的类型和数量不断增加，并日益呈现出多元的趋势。待遇供给主体根据其规模，可以分为组织主体和个人主体两大类型。组织主体在待遇供给主体中占据绝对的优势地位，是待遇供给的主导力量。[1] 提高新市民的待遇，就是要回答好"城市发展到底为了什么"，或者说"城市化究竟为了什么"这一问题，确立正确的城市发展理念，联系杭州的实际，答案就是共建共享"生活品质之城"。生活品质代表着人们生活的品位和质量，包括经济生活品质、政治生活品质、文化生活品质、社会生活品质、环境生活品质等五大品质。城市的发展、城市化的推进，归根到底是为了让老百姓过上更好的生活，不断提高人民群众的生活品质，不断提高人民群众的满意度和幸福感。

截至2021年，在杭的农民工数量达300万，我们通常把农民工称为新杭州人，在相关文件中把农民工称为外来创业务工人员。我们认为，"生活品质之城"不仅是杭州人、城镇居民、白领、富人的"生活品质之城"，更应该是新杭州人、农村居民和困难群众、弱势群体、低收入阶层的"生活品质之城"。"生活品质之城"能否为全体人民带来实实在在的好处，关键看新杭州人、农村居民和困难群众、弱势群体、低收入阶层的生活品质能否得到显著改善。因此，在共建共享"生活品质之城"的过程中，我们既关注城市居民，又关注农村居民；既关注杭州人，又关注新杭州人；既关注全

---

[1] 王国平.待遇论[M].北京：人民出版社，2016：432.

体市民生活品质的整体提高,更关注困难群众、弱势群体、低收入阶层生活品质的改善,以使杭州真正成为一座覆盖城乡、全民共享的"生活品质之城",成为人民共同生活的美好家园。[①]

现阶段,未来社区作为一个正在进行的状态,既存在符合人们生活与发展的逻辑,也存在无法彻底解决的矛盾。但是矛盾并非无法调和,数字技术为解决各类治理问题提供了新思路和新方法。只有坚持"以人为本",回应居民利益诉求,运用科学的管理处理传统与现代的矛盾,在治理中保障居民权益、防范数字风险,才能使居民真正融入未来社区生活。

(一)规划建设层面:通过全要素表达,融入居民利益诉求

合理配置多要素,满足居民民生需求。未来社区是充满现代感与科技感的新时代社区,面临着空间建设与居民需求不匹配的问题,因此政府可以利用高科技,改变以往"为人规划"的方式,鼓励实行共同建设的"与人规划",通过劳动、资本和技术等要素数字化的方式支持居民参与规划。其一,在这个"一个计算战胜了其他一切而成为决策准则的时代"[②],劳动力不仅需要培训的机会,还需要被转化以及得到保障,政府可以通过鼓励劳动者参加技术培训,利用数字技术将"过剩劳动者"转变成实际劳动者,以及健全相关法律法规保障居民投入劳动要素的权益,保证未来社区建设拥有源源不断的人才。其二,数据可以创造经济价值,帮助提高资本等生存要素的利用效率。资本来源于创新、利用与开发,通过完善"数据+资本"模式,优化资本等要素的投入结构,可以加快产品更新速度,保障未来社区

[①] 王国平.待遇论[M].北京:人民出版社,2016:187-190.
[②] 贝尔纳·斯蒂格勒,张义修.论数字资本主义与人类纪[J].江苏社会科学,2016(4):8-11.

的差异化需求得到满足。其三，技术要素帮助人们从原子世界迈入比特世界，通过充分发挥数字化技术的优势，建立社区居民信息数据库，优化生产流程，降低生产成本，提供更多的工作岗位，保障未来社区的建设符合居民利益。

（二）运营管理层面：促进全过程呈现，实现科学精准管理

数字技术在满足居民日常生活需求的同时，还需要应用于社区管理。数字管理必须正确处理好传统与现代的关系，提高管理的专业性、多方协调性和精准性，为居民提供全过程的公共服务。其一，建设前需要培育并组建成精通信息技术和数字化管理的专业团队。未来社区管理层应向技术应用思维转型，创新地结合本地的经济水平和历史文化来推动场景建设，解决不同地区、不同群体数据碎片化问题，分析、挖掘数据中未知但有用的信息，并通过建立数据共享平台实现不同部门之间的高效协作。其二，建设中要重视多元参与。一方面，政府需要提高居民参与管理的热情，通过数字平台与居民协商、对居民进行培训，在诠释未来社区内涵的过程中使其充分了解未来社区与传统元素之间的联系和共性，同时允许居民利用数字化手段参与管理监督，完成传统社区与数字技术的有机融合、物理空间与数字空间的有机衔接。另一方面，参照七彩社区"政企合作"的方式，强化政府与企业之间的合作，政府要与企业成本收益共担，为企业参与数字管理提供政策支持，提高双方的管理能力。其三，强化数据整合，利用分级分类等方式对数据信息进行精准化管理，从而准确把握居民的需求。未来社区建设过程中时常会遇到"杂、乱、数量大"的数据信息，政府需要通过法律法规界定信息公开边界和权责，鼓励多元主体释放公众所需的数

据，推动社会对数据的进一步开发利用，真正做到后期复盘总结。

（三）治理服务层面：实现全周期可溯，切实保障居民权益

数字化治理不能局限于单一群体，需要多元主体共同参与，只有凝聚各方力量，改变政府以往的轻视多元参与的治理理念，引导社区居民参与治理，积极与市场合作，才能在全周期视角下满足居民需求和处理好各种利益关系。其一，坚持多元参与的治理理念。政府应赋予群众一定的话语权，通过构建多元共建平台与其他主体平等协商，将治理效绩落实到居民权益上来，同时建立数据统一分布平台，解决各级政府的"数据孤岛"问题，提高数字政府治理效率。其二，坚持引导居民发挥主观能动性，参与自治。社区通过增加数字培训机会以及建设数字治理平台，强化居民与其他主体之间的联系，进而提升自身的数字素养，提高居民参与数字治理的积极性与热情，并通过与社会建立合作关系，平衡居民与社会之间的利益关系，凝聚各方力量，引导全员参与数字治理。其三，坚持吸纳市场力量，拓宽多元合作的渠道。企业应该接受政府的引导，参与社会治理，通过与政府构建新型政商关系，优化社会整体的治理效果，同时利用品牌影响力，提升政府数字治理政策的知名度，并通过提供资金与技术支持，助力政府与群众弥合"数字鸿沟"，推动创新社会治理理论的进程。

（四）社会保障层面：完善全域性监管，严防数字风险产生

严防数字风险和提高居民数字素养是保证工程全域安全性的重要途径，只有建立健全安全防范体系与提高居民应用数字技术能力，才能使社会安全性提高至最大限度。其一，提高自身的信息安全技术水平，通过健全全社会对个人的数据安全培训体系，明确各类主体所要学习的基础性安全技

术以及创新性技术，提升个人防范自身领域数字风险的针对性。其二，建立健全数字犯罪惩处体系，增强数据的完整性与机密性。各个部门通过强化对数据的管制，对数据利用、分享等操作进行严格把控，预防滥用数据、泄露隐私等非法行为的发生。其三，提升对数据监督的精准度与科学性，利用"互联网+"模式对数字风险进行分类管理，对不同类别的风险实施不同的监管措施，同时通过培养高素质人才，创新全民参与监管的渠道，为科学地监督风险扫除障碍。

Chapter 6

| 第六章 |

社区治理现代化的优化路径

制度优势是一个国家的最大优势。习近平总书记创新发展了党对于"人民"的深刻认知,对"以人民为中心"的发展思想做出了一系列新论断。2015年10月,党的十八届五中全会通过《中共中央关于制定国民经济和社会发展第十三个五年规划的建议》,强调必须坚持以人民为中心的发展思想。在党的十九大报告中,"以人民为中心"贯穿始终,成为新时代坚持和发展中国特色社会主义的基本方略。坚持"以人民为中心"的正确方向,使各项制度更加适应人民群众的需要,从制度层面确保人民在处理国家和社会事务中的民主权利。随着城市人口急剧增长和城市规模不断扩张,城市管理任务越来越重,人民群众对城市管理的要求也越来越高。这就迫切要求杭州市更新管理理念、理顺管理体制、创新管理手段、加大管理投入、落实长效管理,实现从管理向治理的跨越,以城市管理的现代化实现城市建设效益的最大化。

20世纪80年代初期,杭州市就提出要从实际出发,"建设社会主义新杭州",强调坚持自己的特色,核心是让企业有自主权、处理好发展工业与发展旅游业关系、加快旧城改造和交通建设等一系列重大任务。90年代,杭州市提出了影响深远的"四个在"(住在杭州、游在杭州、学在杭州、创业在杭州)口号和"建经济强市,创文化名城"的目标。进入21世纪后,杭州市的主要策略集中体现在把杭州城市性质定性为"四句话"（国际风景旅游城市、国家历史文化名城、长三角洲重要中心城市、浙江省的政治、经济、文化中心），打造"四张金名片"（经济强市、文化名城、天堂硅谷、旅游胜地），提出"五大战略"（城市化、工业兴市、旅游西进、开放带动、环境立市），提炼杭州城市"新人文精神"（精致和谐、大气开放），破解民生的"七难问题"（就业难、看病难、上学难、住房难、行车停车难、办事难、清洁杭州难）。党的十八大后，杭州市的城市发展策略进一步定位于"创新活力之城、历史文化名城、生态文明之都和东方品质之城"，制定推进城市国际化策略，提出"拥江发展"策略。杭州市始终坚持"以人民为中心"的价值取向，创新社会治理，要以最广大人民根本利益为坐标，从人民群众最关心、最直接、最现实的利益问题入手，坚持人民治理，从而实现社区治理服务"以人民为中心"，以及治理为了人民、治理依靠人民、治理成果由人民共享的发展目标。

第一节　社区治理现代化要面向社会公众，融入居民现实需求

未来社区建设面临多元化的利益主体、多样化的社会需求和多重化的利益关系，因此需要充分平衡政府部门、企业组织、社区居民的需求，从而更好地促进未来社区的高质量发展。首先，政府需要发挥主导作用，合理规划各项工作安排，但是这并不意味着政府要包办一切，而应该是有所为有所不为。例如，在未来社区的规划建设过程中，政府应该召开座谈会、听证会，充分听取专家的建议，以确保决策的准确性。政府应该在试点工

作实践过程中不断丰富未来社区的内涵,正确处理好传统与现代的关系,对传统元素给予明确的工作指引与规范条例。其次,大力发挥市场创新的技术引领作用。企业要充分调研,深入了解地区特色以及差异,确认未来社区试点选址的合理性,避免资源的浪费。要发挥市场合理调配人才资源的优势,利用社会的雄厚资本,吸纳社会各行各业的精英,为年轻人提供更多创新创业平台。最后,要充分发挥社区居民的主体性地位。未来社区建设需要构建科学高效和智能便捷的社区治理架构,将公共领域和私人领域有机结合,充分利用好社区议事会、民生恳谈会等公众参与渠道,提升社区事务的居民参与度,营造共建共治共享的良好氛围。

为避免悬浮型治理样态的再次出现,社区治理现代化可以从国家、社区和社会资本三方面施力,真正落实治理重心下移的目标。其一,满足居民对一站式医疗服务的需求,制造"国家在场"的治理空间。健康是居民生产生活的前提。为拉近不同医疗机构和居民间的距离,政府应借助制度、技术等工具加强信息互通和资源共享,从而打造出网络化的医疗服务机构。其二,满足居民对"终身化"教育服务的需求,搭建"社区在场"的治理平台。教育既是居民的需求所在,亦是社会治理的政策工具。在衔接学校的正规教育的基础上,未来社区应该通过提供居民感兴趣的课程满足居民的学习需求,从而拉近社区居民之间的互动距离,增强其对社区的认同感和归属感。其三,满足居民对"低成本、高覆盖"养老服务的需求,搭建"资本在场"的治理路径。为扩大养老服务的覆盖面和供给量,需增强社会资本力量的参与,在保证养老服务供给普惠性建设的基础上达到赢利拐点,进而推动社会资本由参与者向主要承担者的角色转变。

做好城市工作，必须尊重城市发展规律。顺应城市工作新形势，既要抓住城市化给城市带来的发展机遇、发展动力，更要立足自身实际，从人民最关心、最直接、最现实的利益问题出发，从让老百姓有更多幸福感和获得感的目的出发，积极应对城市化的挑战。党的十九大强调坚持"以人民为中心"，把人民对美好生活的向往作为奋斗目标。加强与创新社会治理必须以提升人民群众对党和政府的满意度、信任度为目标。而群众的满意度、信任度取决于党和政府为广大人民群众谋取福利的程度，取决于党和政府履行为人民服务承诺的程度。"保障和改善民生是一项长期工作，没有终点站，只有连续不断的新起点，要实现经济发展和民生改善良性循环。"[1] 为此，近些年来，杭州市党政领导层一直坚持把解决人民群众最关心、最直接、最现实的利益问题作为加强与创新社会治理的重要内容和改革举措取得成效的重要标准。

首先，坚持以人为本，彰显特色。充分挖掘当地优秀传统和特色文化，组织开展丰富多元的社区文化活动，打造社区居民共享文化发展成果和交往、交融、交心的公共文化场所。其次，坚持资源整合，共建共享。整合未来社区内公共文化、社会教育、党群服务、体育健身、全域旅游等各类资源，共同谋划、共同建设、共同管理，构建集宣传教育、科学普及、文化娱乐、体育活动等于一体的"跨界融合""场景混合"的公共文化空间。最后，坚持因地制宜，社会参与。结合各地实际，一区一策，以面积不少、功能不缺、服务不减为前提，实现公共文化空间一网多点和全面覆盖。鼓励和引导社会力量参与未来社区公共文化空间的建设、管理和运行，探索

---

[1] 习近平. 习近平在天津考察时强调：稳中求进推动经济发展 持续努力保障改善民生[N]. 人民日报，2013-5-16（3）.

形成社区居民、第三方组织和产业联盟相互支撑的发展格局。

未来社区内涵并非局限于时间维度上的"未来",更是价值维度上的"理想",即以顺应人民美好生活向往为中心,构建古往今来人类内心中一直追求的理想人居之所。通过从美好生活哲学意涵、价值维度等方面系统梳理并思考未来社区建设应遵循的价值取向,可以看出,美好生活的实现核心是以人为本,在此基础上反思人与人、人与自然、人与科技的关系,由此提炼出未来社区遵循的三大价值坐标,即人本化、生态化、数字化。其中,人本化代表以人为核心的生产关系,强调以人为本,既要顶层设计,又要问需于民、问计于民、问效于民,注重包容性、公平性、参与性,营造"邻里和睦、守望相助"的生活共同体。

以群众满意为目标,坚持把解决民生热点、难点问题作为创新社会治理的着力点。据此,杭州市委、市政府在利用现代社会调查技术充分调查群众根本需求的基础上,把民众最关注、反映最多的就业难、看病难、上学难、住房难、行路停车难、办事难、清洁卫生难等七大热点难点问题作为市委、市政府保障与改善民生的主要载体和抓手。在持续推进"破七难"工作过程中,市委、市政府不断根据社会经济形势发展的新要求,顺应人民群众的新期待,把人民群众反映多的物价上涨、垄断行业服务、社会治安等问题纳入"破七难",形成"7+X"新框架,丰富"破七难"的内涵,提高"破七难"的针对性,实现"破七难"的与时俱进。

杭州市"破七难"成功实践的关键就在于:一是抓重点,"破七难"抓住了人民群众最关心、最直接、最现实的利益问题,抓住最需要关心的人群;二是抓实在,市委、市政府在"破七难"过程中既尽力而为又量力而行，做那些现实条件下可以做到的事情，让群众得到看得见、摸得着的实惠，绝不开空头支票；三是抓持久，市委、市政府在"破七难"过程中，真正做到把保障和改善民生作为长期任务来抓，一件事情接着一件事情办，一年接着一年干。多年来，"破七难"的持续推进有效提升了群众的生活品质，提高了市民的总体满意度，增强了市民对城市的认同感和幸福感，改善了政府形象，从而促进了社会和谐。

第二节 社区治理现代化要引入本地文化， 丰富构建特色场景

本地文化是社区治理现代化的重要组成部分，"反规划"理念也要求我们在丰富社区治理现代化的特色场景时必须以文化完整和文化连续为前提，以打造出兼具未来科技特色和传统文化特色的未来社区。其一，借助政策制度来保障社区治理现代化的基础文化设施建设。为提高未来城市社区的治理效率，规划部要进一步出台社区文化服务设施建设制度，为社区文化室、社区文化街等公共活动空间的建设提供政策保障，拓展城市规划管理监督的基本权力。其二，引入智能技术来推动城市社区的科技文化活动发展。为进一步推动文化升级，实现传统文化的转型发展，可以引入智能打卡等高科技技术，借助云端文化共享、云端活动运营等方式优化居民的活动体验感。其三，寻找文化亮点来实现未来社区的传统文化产业建设。社区治理现代化应同时兼顾本地文化的注入与发展，持续发挥本地文化的影响。在展现本地文化突出特色的同时，通过整合汇聚多重文化因素，推动分散式文化逐步发展为整体式文化产业，不能让本地文化只成为一种转瞬

即逝的社会现象。

近年来,杭州市委、市政府通过制定"四张清单一张网"(政府的权力清单、政府的责任清单、企业投资项目负面清单、政府部门的专项资金管理清单,浙江政务服务网),厘清行政权力与自治权利界限,大胆放权,建立了政府行政管理与基层群众自治有效衔接和良性互动的机制,使政府管理和基层群众自治相互配合、相得益彰。一是政府要以职能转变为契机,不断增强公共服务能力,变微观具体管理为宏观公共服务,以服务居民为核心,增强政府服务职能。二是基层党组织要充分发挥领导与协调作用,深度融入社区居民,真正维护群众利益,回应群众期待。三是充分发挥党政主体和社会主体两个积极性,最大限度发挥协同效应。杭州市在创新社会治理过程中尤为可贵的是,强调了多元共治的核心是党的领导,在实际操作中突出了党委核心部门的作用。在此基础上,地方党政主体责任和社会领域的自治参与成为推动政社互动与社会治理改革创新的"双轮"驱动。在社会治理的政社互动中,政治权力和社会权利得到了双扩张,有力地推动了杭州市社会治理创新深入发展。

第三节 社区治理现代化要实施分类治理,促进社区有效治理

由于经济发展、地域发展等现实情况的约束,不同社区的基础设施现状、周边环境状况等各方面都存在差异。资源存量的差异决定了未来城市社区需要不同的治理途径,而在明确资源现状的基础上做好未来城市社区的分类治理是推动实现城市社区治理现代化的前提。其一,以理论指导提

升城市社区的分类治理高度。社区治理现代化确实提升了社区的治理水平，但仍然存在理论指导滞后等不足。理论和实践的发展差距要求相关专家、智库积极关注城市社区治理，可以是优化已有的协同治理等治理理论，也可以是探索建立新的治理理论。其二，以实地调研探索未来城市社区的分类治理逻辑。在以社区为城市治理单元的社会中，政府部门需要掌握社区的内部状况，通过整合分析社区的经济、文化、居民个人的情况，才有可能提升社区治理现代化的"理论—实践"契合度。其三，以示范引领增强城市社区的分类治理效能。"形式—条件"的分析表明，环境因素会影响社区治理现代化的治理效能，全面建设城市社区具有不确定性。而以试点方式探索未来社区的治理经验，以局部改革实现社区治理的渐进扩散，能够在减少改革风险的基础上发挥出社区治理现代化的辐射作用。

现实中，未来社区的三化九场景并不是相互割裂的，而是相互统一的有机整体。为了更好地促进未来社区的场景融合建设，首先需要更加突出因地制宜的特色。城市发展中的未来社区要结合当地的经济发展水平、历史文化传统以及地方特色项目来助推场景建设，才能够真正激发未来社区的生命力和创新力。在具体的实践中，未来社区建设要科学合理规划布局，兼顾个性与共性，正确处理好传统与未来的特征，从而在共性中凸显社区的特性，不断开创未来社区建设新高潮。其次要完善收益评估机制，避免数字技术被滥用的危险。未来社区在建设运营过程中，要从经济效益与社会效益两个维度提前做好建设前的投资收益预测和建成运营后的收益评估，始终坚持以人本主义和"技术向善"为导向，避免技术侵权问题的出现。最后要注重提升未来社区的韧性，强化其应对风险的能力。未来社区代表着现代技术与传统社区的有机融合，要始终坚持将提升未来社区的运营能力作为出发点。在未来社区的场景融合中，植入更多的功能模块，帮助应对风险的冲击，从而保证社区的可持续发展。

杭州市委、市政府顺应当今社会市民日益高涨的直接参与公共事务管理的呼声与要求，充分保障市民的知情权、参与权、表达权与监督权，探索构建了"民主促民生"工作机制，坚持问情于民、问需于民、问计于民、问疑于民、问绩于民，在影响民生的五个关键环节全面建立民意表达机制，在充分征求市民意见的基础上每年推出10个民生实事项目，让市民共商、共建、共享发展改革成果，从而使政府解决民生工作的努力与民意动态、民众需求相适应。杭州市在推进社会治理创新过程中将民生项目工作交由"直接享用工程质量优劣的居民群众"判断，把"改善成果与民共享、由民检验"作为"民主促民生"理念的终极体现，这一"民主促民生"的实践在提供政策咨询、强化政策认同、提炼民间诉求、提高政府效能方面已经发挥出巨大的体制性作用。只有发扬民主才能改善民生，只有改善民生才能体现民主。当今社会人民群众需求多样化导致现实民生问题复杂化。在这种状况下，广大人民群众对政府民生工作的满意度，不仅取决于政府解决民生问题的努力程度以及实际成效，而且也取决于政府解决民生问题的具体决策与实施过程。"有事好商量，众人的事情由众人商量，是人民民主的真谛。"[1] 因此，在民生问题的决策与解决过程中，充分保证人民群众的主体地位、切实维护人民群众的民主政治权利就显得非常重要。

杭州市以公共参与为手段，坚持把贯彻"民主促民生"机制作为创新社会治理的切入点。创新社区管理机制，以社区自治组织建构的选举参与、

---

[1] 习近平.习近平在庆祝中国人民政治协商会议成立65周年大会上的讲话[N].新华社，2014-09-21（2）.

社区自治过程中的决策参与、制度化组织系统衍生的动员式参与、社区民间自组织激活的吸纳式参与、人际网络与传统资源要素重组导入的调解式参与、志愿行动与邻里互助的感召型公益参与、新媒体技术支持的自主型媒介参与。[1]其中，社区党组织是社区组织领导的核心，在社区建设中发挥着举足轻重的作用。基于此，杭州市近年来将社区党建作为社区建设的"牛鼻子"，逐渐形成了以社区党组织为核心，其他组织配套、社区全体党员共同参与的社区党建组织体系。同时，为了更好地整合资源、调动社会力量参与建设，杭州市各社区不断深化与辖区单位的合作、沟通，并在全国率先提出建立社区党组织、社区居委会、社区公共服务工作站"三位一体"社区管理体制，可谓是一个重大突破。

优化社区治理模式，构建党建引领的科学高效社区治理架构，积极培育发展社区社会组织。以社区有场地、公益出服务模式，动员专业化公益组织等社会力量参与社区治理，提供登记注册、业务申请和项目推进等服务便利，鼓励建立"一平台、一窗、一人"的全科社区工作者服务模式。推行居民互助自治，建立积分换服务、服务换积分机制，鼓励通过社区基金会等公益性组织，对社区居民自治和公益性活动予以支持。

智慧城市的发展需要与时代相匹配的治理方式，整体智治作为当前大数据时代公共治理的前沿理论，深度回应了智慧城市治理的需求与效应。作为一种技术导向社会治理的复合治理，整体智治有着系统的内涵。整体智治包含整体和智治两个关键词：整体即整体政府的理念，强调用全局、整体、协同的思维促进治理主体的有效协调，通过跨部门协同高效运作，

---

[1] 陈剩勇，徐珣. 参与式治理：社会管理创新的一种可行性路径——基于杭州社区管理与服务创新经验的研究[J]. 浙江社会科学，2013（2）：62-72.

把政府服务从"碎片化"转变为"一体化",起到"1+1＞2"的效果;智治即基于数字化的智慧治理,强调治理主体之间更加精细、高效、快速地开展治理。整体智治不是整体治理与智慧治理的简单叠加,而是两者在充分融合基础上所形成的新型治理模式,其目标是更有效地提升治理效能,从而创造影响深远的公共价值。[①] 在建构新型智慧城市整体智治理路径方面,未来需要从条块治理向协同治理转型,从人工治理向智能治理转型,从后端治理向源头治理转型,从粗放治理向精细治理转型,从被动治理向主动治理转型,从而最终提升新型智慧城市的治理绩效。

(一) 从条块治理向协同治理转型:新型智慧城市整体智治的基础

传统时代城市治理的思路遵循"头痛医头、脚痛医脚"的理念,条块之间的权力分割造成的碎片化问题一直困扰着城市有效治理。即使进入大数据时代,各地区推进统一的移动端政务服务平台建设,加快市、县两级移动端政务服务事项资源汇聚,为市民提供掌上一站式办事服务,但依然面临着条块治理问题。因此,当前智慧城市建设迫切需要从条块治理向协同治理转型。现代化的智慧城市治理本质上是多元主体共建共治共享的过程,其中,政府、企业是智慧城市的直接建设运营主体,而公众及学研智库两大主体作为间接协同部分参与治理。按照"扁平、精简、高效"的原则,为推动智慧城市的整体智治,需要激发政府各部门、企业、公众和学研机构的参与热情,形成合力。同时,需要优化合作机制和保障措施,建立长效协同机制,为多元市场主体参与智慧城市建设创造良好环境。智慧城市从

---

① 郁建兴,黄飚."整体智治":公共治理创新与信息技术革命互动融合[J].人民周刊,2020(12):73-75.

条块治理向协同治理转型，能切实改变城市治理过程中客观存在的治理主体彼此独立、治理方式相互排斥、治理机制不能衔接、治理行为难以互动、治理结果虚化无效的"碎片化"状态，成为当前推动智慧城市演进和持续优化的内在力量。

（二）从人工治理向智能治理转型：新型智慧城市整体智治的核心

人工治理主要依靠日常经验来决策，在形式上表现为掌权者个人意志之治，实质上则是不受法律制约的绝对权力之治。人工治理延伸到城市领域中，体现为城市管理者依据其个人主观意志治理城市、管理城市公共事务的一种特定方式。人工治理理念会引发各类城市治理问题，阻碍城市社会的良序稳定。伴随着互联网、物联网、大数据、云计算等现代技术发展，尤其是以机器学习算法为代表的第三次人工智能发展浪潮的兴起，机器学习算法更是突破了"波兰尼悖论"所揭示的人类表达能力的局限，其通过基于大数据集的自我学习过程形成规则集并应用于不同场景下的感知和决策，实现了算法的自我生产。[①] 从人工治理转向智能治理的核心是算法与数据，其内在逻辑是基于机器学习形成自主决策。从数据价值实现的路径出发，智能治理需重点从四个方面入手：一是要增大智慧城市治理数据体量，将封闭的数据释放出来，为数据分析提供充足的"原材料"；二是要提升智慧城市治理数据质量，实现数据标准化，为数据互通和数据分析提供可用数据；三是要促进智慧城市治理数据的交流互通，让已有的数据流动起来，为不同数据集合之间建立更多的相关关系创造条件；四是要规制智慧城市治理数据风险，维护各方主体数据权益，规范数据开发利用行为，营造合

---

① 贾开.人工智能与算法治理研究[J].中国行政管理，2019（1）：17-22.

法有序的数据要素市场秩序。

(三) 从后端治理向源头治理转型：新型智慧城市整体智治的要求

后端治理也称事后治理，是指治理主体没有长远的、一以贯之的治理策略和法律政策措施来对公共事务进行全过程的治理。后端治理对治理绩效造成了四方面的影响：第一，后端治理常常是短期、临时的集体行动，虽然可以弥补常态治理能力的不足，但无法实现长治。第二，后端治理会侵蚀规则与法律的权威，与依法治理背道而驰。第三，后端治理的集中作为、短期行为特征，会助长违规者的侥幸和投机心理。第四，后端治理的高成本有悖于现代治理的高效追求。治理需要的不是短时的热情，而是长效的制度安排和整体统筹。因此，智慧城市的整体智治需要从后端治理向源头治理转型。城市治理效能是检验"全周期管理"效果的试金石。城市治理体系和治理能力现代化的成效如何，最终要以是否从根源上真正解决了城市治理问题为根本衡量标准。因此，树立"全周期管理"意识就必须坚持以问题为导向，切实做到追根溯源地查找问题、直面问题、分析问题和解决问题，从而真正从源头上减少城市治理风险、提升城市治理效能。

(四) 从粗放治理向精细治理转型：新型智慧城市整体智治的关键

长期以来，政府的日常管理主要依靠经验型决策来开展工作，而较少采用现代科学技术，因而呈现出显著的粗放型特性。在传统城市治理领域也主要是粗放式的管理，具有粗线条、松散性和随意性等特点。[1] 特别是在城市管理的成本控制、人员管理、资金投入、社会秩序等层面都依旧遵循

---

[1] 韩志明.从粗放式管理到精细化治理：迈向复杂社会的治理转型[J].云南大学学报（社会科学版），2019（1）：107-114.

着传统的流程步骤。随着数字化时代的来临,传统的粗放式管理显然无法应对高度不确定和高度复杂的社会问题,因而城市治理失灵问题频发,迫切需要建构新型智慧城市治理方式。精细化治理蕴含着精准化、适应性、高效性以及科学性的特征优势,因而能够消除传统粗放式管理的弊端,有助于更加科学高效地提供公共服务,从而解决新型智慧城市面临的各项复杂难题。新型智慧城市的精细化治理以现代信息技术应用为基础,倡导设计一整套科学的城市治理机制和体系,不仅关注城市问题解决的时效性,而且更加注重运行过程的规范性和可见性,有助于城市的高质量发展。简言之,新型智慧城市的精细化治理具有注重细节、推崇专业、重视过程和追求卓越的优势,是应对复杂社会治理挑战的方案。

（五）从被动治理向主动治理转型:新型智慧城市整体智治的保障

被动管理又称消极管理,即在面对问题时,往往采取被动式治理方式或消极治理方式来处理公共事务。传统城市的治理过程中,被动治理已经成为约定俗成的一项非正式行动,极大地制约着城市治理绩效的提升。被动治理凸显了"管控打压""事后控制""头痛医头、脚痛医脚"的治理弊端,不仅无法激发政府部门工作人员的公共精神,而且还直接影响到当前新型智慧城市的可持续性发展。[1]因而,当前迫切需要扭转被动治理的错误思维,将"要我治理"变为"我要治理",真正提升主动治理的价值意义。尤其在互联网时代,政府部门必须高效地利用大数据、云计算和互联网等信息技术,助推社会治理方式更精准、治理目标更具前瞻性,从而达到更优质、更关注细节和更加人性化的治理效果。新型智慧城市通过主动治理,

---

[1] 余敏江.地方政府反应性社会治理的逻辑[J].理论探讨,2014（3）:19-23.

能够及时发现城市治理中的社会问题，总结把握城市治理规律特点，更好回应社区居民的切身需求，从而推动新型智慧城市的决策科学化和治理高效化。在实践中，政府部门主动借助"数字驾驶舱"、智慧化政务平台以及各类 APP 终端，将服务的触角延伸到城市交通、医疗、生态、教育、住房、就业等领域，并时刻关注城市居民的切身获得感和实际幸福感，不仅能塑造良好的政府形象，而且也能实现新型智慧城市的高效治理目标。

第四节 社区治理现代化要提供优质服务，保障居民合法权益

习近平总书记强调指出："创新社会治理，要以最广大人民根本利益为根本坐标，从人民群众最关心、最直接、最现实的利益问题入手。"[1] 城市社会治理以增进群众福祉为出发点和落脚点，通过多种途径和渠道，整合社会资源，不断提高社区服务的水平和能力，使社区居民普遍享受到舒适、方便、快捷的现代城市生活。推进基本公共服务配置均等化、整合社区服务资源、发展城市社区志愿者互助服务，成为当前保障居民合法权益的重要抓手。加强社区现代治理能力建设，促进社区治理转型，就是要从国家治理能力现代化的高度去认识社区治理的内在规律，把握社区治理现代化实现形式的多样性和特殊性；破解社区发展中的难题，深刻体现社区治理现代转型的时代性；科学预判社区发展走向，牢牢掌握社区治理现代转型

---

[1] 习近平.在参加十二届全国人大三次会议上海代表团审议时的讲话.人民日报，2015-3-5（3）.

的主动性。①

作为社会发展的缩影，社区治理现代化过程中存在着"居民对优质服务的向往与供给的不充分的矛盾"。为达到增加"全体的最大幸福"这一目的，社区服务实践需针对不同人群来提升质量。② 其一，完善社会救助和福利服务。罗尔斯的"最大最小原则"要求我们在未来社区治理中必须关注老年人、儿童、残疾人、社会贫困户和优抚对象等弱势群体，为其提供物质层面和精神层面相结合的救济方式，探索建立并完善面向弱势群体的社区治理现代化的救助体系，从而在城市社区治理中保证最弱群体的利益最大化。其二，完善便民利民服务。针对社区居民，未来社区的建设者要重视居民诉求，提供衣食住行等方面的日常生活服务。其三，完善社会化服务。针对社区单位，政府要重视提升领导人的专业化水平，加强专业人才的引进和在岗员工的培训，确保城市社区的服务供给质量。其四，提升再就业服务和社会保障的社会化服务水平。针对下岗职工，未来社区负责者既要做好社区内部信息统计工作，也要联合就业服务培训机构更新下岗职工的就业观念和业务素质，从而推动实现下岗员工的再就业。

当前，未来社区的可持续发展离不开充足的资源保障和要素支撑。首先，针对目前未来社区资金主要来源于政府供给层面的问题，迫切需要构建"公益+商业"的融资模式。其中，在未来社区的公益性场景方面，由于其承担着民生保障功能，因此需要加大政府的财政投入力度，可以尝试通过省、市、县三级政府专项配套资金扶持给予保障。而在未来社区的商

---

① 张艳国，刘小钧.城市社区治理能力现代化研究：以江西南昌为例[J].江西社会科学，2017（1）：221-228.
② 沈费伟，蔡欣濛.乡村'数字弱势群体'的形成原因与权利保障研究.杭州师范大学学报（社会科学版），2023（03），123-136.

业性场景方面，可以由市场企业来运营，适度配套政府的资金支持。其次，未来社区应在各项技术嵌入的基础上构建智慧运营管理服务平台。未来社区在建设过程中需要加强物理社区与数字孪生社区的有机衔接，通过应用建筑信息模型（BIM）、地理信息系统（GIS）等数字化技术促进未来社区的高质量发展。最后，政府部门需要及时出台未来社区的土地规划制度，调整城市土地利益分配，创新土地赢利模式，从而更好地为未来社区提供土地权利保障，建设居民可负担的、多方有收益的未来社区。综合而言，上述未来社区的资源要素供给迫切需要管理部门抓紧研究具体的监管措施，明确资源供给服务的数量、质量、效益、用户满意度等内容，从而真正实现未来社区的空间优化目标。

中共杭州市委第十次党代会在全国率先提出建设"覆盖城乡、全民共享的生活品质之城"。近年来，杭州市社会经济快速发展，2009年人均生产总值就突破1万美元大关，达到发达城市水平，建设"生活品质之城"取得明显成绩。杭州市党委领导高度关注人均生产总值高情况下人民群众生活品质的不平衡问题。这种不平衡主要体现在困难群众、弱势群体、低收入阶层三类群体身上。为此，杭州市在加强与创新社会治理过程中特别强调，要关注解决弱势群体的民生问题，并采取了一系列有效举措，以显著提高市民特别是困难群众的生活品质和幸福指数，不断打牢与巩固社会和谐稳定的物质基础，从源头上预防和减少社会矛盾的产生。随着居民生活需要日趋多样化、多层次化，社区服务体制的升级、创新迫在眉睫。对此，杭州市努力搭建以公共服务为核心的社区治理平台，推出一大批为民服务项目。尤其是对于那些外来的投资、务工人员，社区拓宽服务渠道，加大服务力度，使他们能够更快地融入到杭州的城市建设中，增强幸福感。

第五节 社区治理现代化要明确评价标准，实现社会价值效益

社区治理现代化的工作呈现出复杂化、动态化的发展趋势，衡量治理工作质量的难度逐步增大。为进一步实现社区治理现代化的社会价值效益，我们需要建立可视化、全面化和形象化的评价标准，使得城市社区的各治理主体能够看得见、看得全和看得懂社区治理现代化现状。其一，构建内容全面的评价标准，实现综合化的社会价值效益。当前浙江省试行的评价指标是以未来邻里等九大场景为标准设计的，但除此之外我们还可以提出未来工厂、未来科创等场景。显然，已有的指标体系存在非完全性，为此，社区治理现代化的评价指标应当从"经济—政治—文化—社会—生态"的治理体系维度进行提炼。其二，构建目标量化的评价标准，实现可视化的社会价值效益。在掌握服务对居民的影响程度、技术应用程度等的基础上，政府应依据约束性和引导性的指标内容完成程度赋予相应分值或权重。为确保评价指标权重的准确性，需采用 AHP（analytic hierarchy process）等修正方法计算验证指标权重。其三，构建"管理科学"的评价标准，实现可靠化的社会效益。为保障评价标准的科学性，社区治理现代化可以采用"政府＋专业测评机构"的双重测评方式，也可对同一社区的情况进行历时研究，从而保障评价主体和数据收集工作的可靠性。

未来社区作为城市社区的未来发展模式，尚处于探索阶段，迫切需要健全标准制度，从而更好地助推未来社区的创新性发展。首先，完善未来社区理论制度内涵。作为一个新生事物，未来社区建设在我国的探究更多存在于实践层面，理论尚未成熟，因此需要不断丰富未来社区建设理论的

具体内涵。在具体的制度层面，应该着力完善试点建设预申报制度、土地征收补偿制度和第三方考核评价制度，从而更好地为未来社区建设提供制度保障。其次，完善未来社区的配套政策。从目前来看，支持政策还未成系列，特别是在"怎么建""谁来用""如何管"等主要环节上，还缺乏分类细化、措施明确的引导和激励政策。[①] 因此，需要从建、管、用的角度更好地实施分类治理、提供优质服务，提升社区治理效用的潜力。最后，明确制度流程标准化。从长远看，随着未来社区的普及建设，唯有不断完善细化相关制度流程，才能进一步推动未来社区建设又好又快发展。因此，可以根据未来社区的不同类型科学设置可视化、全面化和形象化的评价标准，从而促进未来社区的治理绩效发挥。

不同利益诉求的碰撞会滋生了各种各样的矛盾。能否有效地协调利益、化解纠纷关系着社区的稳定与安宁。近年来，杭州市致力于探索各种调解社区矛盾纠纷的新模式，不断提高社区化解社会矛盾、协调社会关系的能力。为推动"城市大脑"向社区治理领域延伸，杭州市启动了"社区智治在线"计划。2020年6月8日，杭州市正式发布《杭州社区智治在线规划纲要》，成功上线"社区智治在线"试点平台。短短1个月，取得了显著成效。所有这些探索实践有效消除了社会治理过程中部门壁垒现象，创新了治理信息和指令信息在部门之间的流转方式，实现了数据资源的多方向整合和全方位共享，推动了管理和服务的业务协同和流程优化，畅通了政民沟通渠道，激发了公众参与公共事务的热情，显著提升了社会治理的效能，从而成功打造了"互联网+社会治理"的杭州样本。

---

① 范峻民.因势而动高质量推进未来社区建设[J].浙江经济，2020（6）：49-50.

Chapter 7

| 第七章 |

结论与展望

与历史上早发现代化国家实现社区高质量发展不同，中国的社区治理现代化是在新技术条件和时代背景下融合而生的产物。其中，互联网、大数据、物联网、人工智能等技术为未来社区的发展提供了重要支撑。[①]数字化时代下的社区治理现代化之所以被万众瞩目，是因为其回应了当代社区发展中出现的一系列问题，实现了社区治理从"造房子"到"造社区"到"造生活"的华丽转变。当前，社区治理现代化是一项系统化的社会工程，需要在循序渐进的科学发展规律的指引下，从社区治理理念、运行机制、管理制度、主体合作、评估保障等多方面持续推进，从而构建适合当代中国特色社会主义的社区治理体系。因此，社区治理现代化有着坚实的社会基础，能够充分激发和调动各治理主体参与社区公共事务治理，从而实现社区治理体系与治理能力的现代化目标。

未来社区建设是在科技革命背景下打造智慧城市，满足新时代人们对美好生活向往的现实路径和关键举措。城市未来社区促使数字信息技术与社区建设深度融合，通过将物联网、大数据和人工智能等高新技术应用与嵌入社区全生活链服务，促使居住环境更加绿色低碳、人本化和智能化，实现城市的有机更新，助力构建"双循环"新发展格局。本书以基层空间治

---

① 田毅鹏.乡村未来社区：城乡融合发展的新趋向[J].人民论坛·学术前沿，2021（2）：12-18.

理为切入店，构建"物理+社会+数字"三元空间的整体框架，同时理论结合实践，初步回答未来社区场景建设的内容与特征，分析居民融入的逻辑以及存在的困境，并据此提供数字优化路径。本书丰富了数字信息技术视角下未来社区建设研究成果，有利于加深对我国特别是浙江省目前相关实践的理解。未来社区是为了满足社区全生活链服务需求而建设的，本书同时对如何合理设计和实施未来社区建设新方案，坚持人本化、生态化和数字化三维价值导向等方面具有一定的启示意义。

作为全国首批社区治理和服务创新实验区和全国和谐社区建设示范城市，近年来，杭州市按照全力打造展示新时代中国特色社会主义重要窗口、建设独特韵味别样精彩世界名城的要求，致力于从社会基本矛盾出发提升居民的政治生活品质、经济生活品质、文化生活品质、社会生活品质和环境生活品质，推动改革创新、精细治理、智慧治理，走出了一条具有杭州特色的和谐社区建设之路。

推进社区治理现代化，未来杭州市还需重点关注四个问题。一是市级层面模式如何"大整合"。从过去杭州市社区建设的模式来看，仍未彻底摆脱模式创建碎片化的老问题。二是部门之间格局如何"大联动"。目前在社区治理过程中，各部门之间仍存在"条条各自为政、部门单打独斗"的现象，大联动格局尚未真正搭建起来。三是主体之间机制如何"大协同"。社会力量和基层群众的主体性发挥不力，群众获得感弱、政府行政成本高。四是要素之间如何功能"大统筹"。尽管杭州市社区配套设施标准化建设已全面落实，但资源要素的统筹水平仍不高。人口密度较大的中心城区、老城区发展空间有限，公共资源要素紧缺，老旧小区物业服务不足；新建区域土地集约利用效率低,优质服务资源稀缺,公共场所与开放空间不足。①上述问题依然阻碍着杭州市社区治理现代化的前进步伐。

本书的研究贡献在于:其一,重新解读了社区治理现代化的理论内涵。以往学者更多关注条件形塑了形式,极少部分学者关注连接条件与形式的调节机制。本书借助杭州市社区治理现代化的实践案例,聚焦老居民老社区、老居民新社区、新居民老社区、新居民新社区、未来社区等五种不同的社区类型,明确提出了社区治理现代化的进程受到政策制度、组织结构、公共服务、协同治理、技术平台等因素构成的调节机制影响。其二,丰富了社区治理的研究内容。国家和省政府层面都高度重视社区的现代化建设,各地都陆续落地未来社区方案。本书对杭州市社区治理现代化的研究既响应了国家政策,又顺应了城市化的时代发展,充分体现了研究的与时俱进。其三,奠定了社区治理现代化的学术研究基础。本书采用社区治理主客体转化的分析框架研究社区治理现代化议题,为学者们进一步探索社区治理现代化研究议题奠定了基础。

本书仍然存在许多不足之处。首先,立足于特殊性研究而非普遍性考察。本书是在杭州市社区治理现代化特殊意义的基础上进行的研究,因而,在处理单个杭州市社区治理现代化案例时,难免会遇到普遍性问题。特殊性的问题不能够解释普遍性规律。因而,未来需要在杭州市个案研究基础上,进一步拓展到浙江省甚至是国家层面的社区治理现代化议题研究,形成针对性的处理方案。其次,本书着眼于单维动态分析而非三维立体研究。事物的发展受到要素、时间、空间的三维影响,社区治理现代化研究需要

---

① 郎晓波.对推进杭州"未来社区"建设的思考[J].杭州,2019(39):50-52.

进行多维的动态分析。然而，本书的研究更加侧重从时间维度对社区治理现代化的历史和预期研究，而缺少从要素维度从经济社会结构、国家政权建设及现代科技发展的影响来研究社区治理现代化议题，也缺乏从空间维度研究不同区位的地理特征对社区治理现代化的影响。此外，社区治理现代化的策略更多是从制度层面来探讨，而缺少从更具操作性的层面来阐述。期待未来更多的研究聚焦于社区治理现代化议题，从而助推未来社区理论研究的深化与拓展。

参考文献

第一部分　中文文献

阿历克西·德·托克维尔. 论美国的民主 [M]. 董果良, 译. 北京: 商务印书馆, 1989.

柏良泽. "公共服务"界说 [J]. 中国行政管理, 2008（2）: 17-20.

贝尔纳·斯蒂格勒, 张义修. 论数字资本主义与人类纪 [J]. 江苏社会科学, 2016（4）: 8-11.

曹康. 未来社区: 理论·路径·实践 [J]. 现代城市研究, 2021（10）: 2.

曹阳, 甄峰. 基于智慧城市的可持续城市空间发展模型总体架构 [J]. 地理科学进展, 2015（4）: 430-437.

柴彦威, 郭文伯. 中国城市社区管理与服务的智慧化路径 [J]. 地理科学进展, 2015（4）: 466-472.

陈剩勇, 徐珣. 参与式治理: 社会管理创新的一种可行性路径: 基于杭州社区管理与服务创新经验的研究 [J]. 浙江社会科学, 2013（2）: 62-72.

陈淑文. 洛克的第二性质理论探讨 [J]. 中南民族大学学报（人文社会科学版）, 1985（2）: 48-54.

陈向军, 徐鹏皇. 村民自治中村民政治参与探讨: 基于利益与利益机制的视角 [J]. 宁夏社会科学, 2014（1）: 9-14.

大卫·雷·格里芬.后现代精神[M].王成兵译,北京:中央编译出版社,1998:124.

戴长征,鲍静.数字政府治理:基于社会形态演变进程的考察[J].中国行政管理,2017(9):21-27.

德鲁克基金会.未来的社区[M].魏青江,等译.北京:中国人民大学出版社,2006.

丁丁.国内外城市社区治理相关研究综述[J].天水行政学院学报,2015(2):35-39.

杜鹃.齐泽克对主体辩证结构的阐释[J].学术交流,2017(2):219.

樊鹏.全过程人民民主:具有显著制度优势的高质量民主[J].政治学研究,2021(4):3-10.

范峻民.因势而动高质量推进未来社区建设[J].浙江经济,2020(6):49-50.

范正勇.对人类学研究方法:田野调查的几点思考[J].青海民族研究,2007(3):16-18.

斐迪南·滕尼斯.共同体与社会[M].林荣远,译.北京:商务印书馆,1999.

龚健雅,张翔,向隆刚.智慧城市综合感知与智能决策的进展及应用[J].测绘学报,2019(12):1482-1497.

顾乃忠.主观能动性研究[M].南京:江苏人民出版社,1991.

郭忠华,谢涵冰.农民如何变成新市民?基于农民市民化研究的文献评估[J].中国行政管理,2017(9):93-100.

郭子成.未来社区理念下温州市富春社区规划设计探讨[J].规划师,

2021（1）: 63-67.

韩冰. 新发展理念坚持以人民为中心 [N]. 人民日报，2016-07-08（7）.

韩志明. 从粗放式管理到精细化治理：迈向复杂社会的治理转型 [J]. 云南大学学报（社会科学版），2019（1）: 107-114.

杭州社区建设研究课题组. 社区建设的"杭州样本" [J]. 今日浙江，2009（7）: 46-47.

何海兵. 我国城市基层社会管理体制的变迁：从单位制、街居制到社区制 [J]. 管理世界，2003（6）: 52-62.

何军晖. 中国城市社区权力结构研究 [M]. 武汉：华中师范大学出版社，2010.

何善良，徐祖荣. 杭州蓝皮书（2022年杭州发展报告）[M]. 杭州：杭州出版社，2022.

何绍辉. 政策演进与城市社区治理70年（1949—2019）[J]. 求索，2019（3）: 79-87.

胡杰成，银温泉. "十四五"时期完善城镇社区治理体制的思路与举措 [J]. 改革，2020（7）: 55-66.

黄瓴，牟燕川，彭祥宇. 新发展阶段社区规划的时代认知、核心要义与实施路径 [J]. 规划师，2020（20）: 5-10.

贾开. 人工智能与算法治理研究 [J]. 中国行政管理，2019（1）: 17-22.

简·雅各布斯. 美国大城市的死与生 [M]. 金衡山，译. 南京：译林出版社，2006.

江泽民. 江泽民论有中国特色社会主义 [M]. 北京：中央文献出版社，2002.

蒋玲，赵汇 . 透视新发展理念的内在旨归：以人民为中心发展思想研究 [J]. 学习论坛，2019（7）：64-71.

康德 . 道德形而上学原理 [M]. 苗力田，译 . 上海：上海人民出版社，1986.

兰久富 . 社会转型与价值冲突 [J]. 北京师范大学学报（社会科学版），1999（3）：97-102.

郎晓波 . 城市社区公共事务分类治理模式的实践与创新：以杭州为例 [J]. 甘肃行政学院学报，2010（6）：27-35.

郎晓波 . 对推进杭州"未来社区"建设的思考 [J]. 杭州，2019（39）：50-52.

李德国，陈振明 . 高质量公共服务体系：基本内涵、实践瓶颈与构建策略 [J]. 中国高校社会科学，2020（3）：148-155.

李德仁，朱庆，李霞飞 . 数码城市：概念、技术支撑和典型应用 [J]. 武汉测绘科技大学学报，2000（4）：283-288.

李红革 . 论网络思想政治教育主客体关系的转化及其策略 [J]. 重庆大学学报（社会科学版），2013（3）：133-137.

李金阳 . 社会交换理论视角下虚拟社区知识共享行为研究 [J]. 情报科学，2013（4）：119-123.

李利文，王磊 . 公共服务下沉创新：理论框架、实践样态与支撑逻辑 [J]. 新视野，2021（6）：36-42.

李琳琳，李江 . 新加坡组屋区规划结构的演变及对我国的启示 [J]. 国际城市规划，2008（2）：109-112.

李润国，姜庆志，李国峰 . 治理现代化视野下的农村社区治理创新研

究 [J]. 宏观经济研究，2015（6）：23-29.

李玉梅. 未来社区是"让老百姓幸福"的新平台 [N]. 学习时报，2019-11-25（1）.

李重照，刘淑华. 智慧城市：中国城市治理的新趋向 [J]. 电子政务，2011（6）：13-18.

理查德·C. 博克斯. 公民治理：引领 21 世纪的美国社区 [M]. 孙柏瑛，等译. 北京：中国人民大学出版社，2013.

梁慧歆. 提升社区治理现代化水平的组合策略 [J]. 宏观经济管理，2020（10）：72-76.

列斐伏尔. 空间与政治 [M]. 李春，译. 上海：上海人民出版社，2016.

林忠心，秦静. 数字化社区治理的内涵、特征及其实现 [J]. 中国管理信息化，2017（2）：208-210.

凌锐燕. 国家治理现代化进程中的协商民主问题研究 [D]. 北京：中共中央党校，2015.

凌喆. 浅析现代思想政治教育主客体相互转化关系 [J]. 广西教育学院学报，2012（5）：101-104.

刘海涛. 人类学田野调查中的矛盾与困境 [J]. 贵州民族研究，2008（4）：23-27.

刘淑春. 数字政府战略意蕴、技术构架与路径设计：基于浙江改革的实践与探索 [J]. 中国行政管理，2018（9）：37-45.

刘娴静. 当代中国城市社区治理 [N]. 北京：知识产权出版社，2019.

刘玉高. 习近平以人民为中心思想的前沿问题探析 [J]. 人民论坛，2018（2）：26-31.

刘祖云. 社会转型：一种特定的社会发展过程 [J]. 华中师范大学学报（哲学社会科学版），1997（6）：32-37.

楼慧心. 和谐社会与"马太效应" [J]. 中国行政管理，2006（2）：100-104.

卢晖临，李雪. 如何走出个案：从个案研究到扩展个案研究 [J]. 中国社会科学，2007（1）：118-130.

罗伯特·D. 帕特南. 使民主运转起来：现代意大利的公民传统 [M]. 王列，等译. 北京：中国人民大学出版社，2015.

罗杰·菲德勒. 媒介形态变化：认识新媒介 [M]. 明安香，译. 北京：华夏出版社，2000.

罗婧. 信任与风险：走出社区治理的多元主体困境 [J]. 江西社会科学，2020（9）：214-223.

罗卫东，方洁. 会思考的城市更幸福 [J]. 瞭望，2021（8）：43-44.

吕炜，王伟同. 发展失衡、公共服务与政府责任：基于政府偏好和政府效率视角的分析 [J]. 中国社会科学，2008（4）：52-64.

马明冲. 中国社会主要矛盾变化与新发展理念：释义及破题 [J]. 河南社会科学，2018（1）：39-46.

孟凡坤，吴湘玲. 重新审视"智慧城市"：三个基本研究问题：基于英文文献系统性综述 [J]. 公共管理与政策评论，2022（2）：148-168.

缪晓慧. 我国城市社区治理的困境与对策：基于社会资本的视角 [D]. 南京：南京师范大学，2012.

欧庭高，巩红新. 现代技术风险的特质 [J]. 武汉理工大学学报（社会科学版），2014（4）：513-517.

彭华民. 西方社会福利理论前沿论国家社会体制与政策 [M]. 北京：中国社会出版社，2009.

彭兴业. 比较政治学研究中的个案方法探析 [J]. 政治学研究，1998（2）：12-16.

任振泰. 杭州年鉴 2001[M]. 北京：中华书局，2001.

阮重晖. 复合型社区组织是我国社区治理的独特优势：由杭州社区疫情防控实践引发的思考 [J]. 杭州，2020（5）：66-67.

本书编委会. 社区治理与服务创新的"天宁模式" [M]. 北京：人民出版社，2016.

申悦，柴彦威，马修军. 人本导向的智慧社区的概念、模式与架构 [J]. 现代城市研究，2014（10）：13-17.

沈费伟，诸靖文. 大数据时代的智慧政府治理：优势价值、治理限度与优化路径 [J]. 电子政务，2019（10）：46-55.

沈费伟，诸靖文. 数据赋能：数字政府治理的运作机理与创新路径 [J]. 政治学研究，2021（1）：104-115.

沈费伟. 未来社区的空间实践与调适治理：基于空间生产理论的研究 [J]. 河南社会科学，2022（7）：88-96.

沈费伟. 技术嵌入与制度吸纳：提高政府技术治理绩效的运作逻辑 [J]. 自然辩证法通讯，2021（2）：80-86.

沈费伟. 任务型治理：浙北荻港村的治理策略 [M]. 南京：江苏人民出版社，2022.

沈费伟. 社会技术分层视野的村庄复兴 [J]. 重庆社会科学，2016（8）：34-40.

沈费伟. 智慧治理："互联网+"时代的政府治理变革新模式 [J]. 中共福建省委党校学报，2019（4）：101-108.

沈建波. 以新发展理念引领和推动国家治理现代化 [J]. 学校党建与思想教育，2010（19）：28-33.

史蒂芬·奥斯本. 新公共治理：公共治理理论和实践方面的新观点 [M]. 北京：科学出版社，2016.

史及伟，邵德兴. 杭州特色与经验：纪念改革开放 30 周年（社会卷）[M]. 杭州：杭州出版社，2008.

史璐. 智慧城市的原理及其在我国城市发展中的功能和意义 [J]. 中国科技论坛，2011（5）：97-102.

司舵，章瑾. 浅谈"未来社区"建设的浙江探索 [J]. 特区经济，2021（8）：99-101.

宋文生. 论人类学田野调查的伦理问题 [J]. 学术论坛，2014（5）：125-128.

宋煜. 社区治理视角下的智慧社区的理论与实践研究 [J]. 电子政务，2015（6）：83-90.

孙锋，王峰. 城市社区治理能力：分析框架与产生过程 [J]. 中国行政管理，2019（2）：53-59.

台州市椒江区委政研室. 椒江区未来社区建设的实践与思考 [J]. 政策瞭望，2020（2）：46-47.

唐斯斯，张延强，单志广，等. 我国新型智慧城市发展现状、形势与政策建议 [J]. 电子政务，2020（4）：70-80.

唐晓腾，等. 中国乡村的嬗变与记忆：对城市化过程中农村社会现状的

实证观察 [M]. 北京：中国社会科学出版社，2010.

陶爱萍，沙文兵. 技术标准、锁定效应与技术创新 [J]. 科技管理研究，2009（5）：59-61.

田毅鹏."未来社区"建设的几个理论问题 [J]. 社会科学研究，2020(2)：8-15.

田毅鹏. 乡村未来社区：城乡融合发展的新趋向 [J]. 人民论坛·学术前沿，2021（2）：12-18.

田玉荣. 非政府组织与社区发展 [M]. 北京：社会科学文献出版社，2008.

汪欢欢，姚南. 未来社区：社区建设的未来图景 [J]. 宏观经济管理，2020（1）：22-27.

王大广. 公众参与基层社会治理的实践问题、机理分析与创新展望 [J]. 教学与研究，2022（4）：45-55.

王法硕. 智能化社区治理：分析框架与多案例比较 [J]. 中国行政管理，2020（12）：76-83.

王国平. 城市论 [M]. 北京：人民出版社，2009.

王国平. 城市学总论（下册）[M]. 北京：人民出版社，2014.

王国平. 待遇论 [M]. 北京：人民出版社，2016.

王国平. 培育社会复合主体研究与实践 [M]. 杭州：杭州出版社，2009.

王国平. 中国城市化面临的挑战与对策 [M]. 北京：中国社会科学出版社，2014.

王国平. 中国城市治理蓝皮书（2020-2021）[M]. 杭州：浙江人民出版社，2009.

王汉生，王一鸽．目标管理责任制：农村基层政权的实践逻辑 [J]．社会学研究，2009（2）：61-90．

王敬尧，周凤华．政治学研究中的个案方法 [J]．社会主义研究，2003（2）：94-96．

王令群，何世钧，袁小华．基于 J2EE 和云计算的智慧社区架构设计 [J]．实验室研究与探索，2014（1）：123-127．

王铭铭．小地方与大社会：中国社会的社区观察 [J]．社会学研究，1997（1）：86-96．

王木森，唐鸣．社区治理现代化：时代取向、实践脉向与未来走向：十八大以来社区治理"政策—实践"图景分析 [J]．江淮论坛，2018（5）：126-133．

王平．生活与发展的思考 [M]．杭州：中国美术学院出版社，2014．

王艳侠．未来社区综合运营问题及优化对策研究：以杭州七彩社区为例 [J]．现代城市研究，2021（10）：15-20．

威廉·米切尔．比特之城：空间·场所·信息高速公路 [M]．范海燕，等译．上海：生活·读书·新知三联书店，1999．

魏传光．新发展理念的整体性哲学思考：精神、立场与范式 [J]．求实，2017（3）：16-25．

魏娜．我国城市社区治理模式：发展演变与制度创新 [J]．中国人民大学学报，2003（1）：135-140．

文军，沈东．认知、移情与行为：新市民群体角色再造的内在机理：基于大都市郊区农民市民化的调查分析 [J]．人文杂志，2015（1）：111-119．

文军．论农民市民化的动因及其支持系统 [J]．华东师范大学学报（哲学社会科学版），2006（4）：21-27.

巫细波，杨再高.智慧城市理念与未来城市发展[J].城市发展研究，2010（11）：56-60.

吴黎宏.以人民为中心[M].北京：中共中央党校出版社，2018.

吴晓林.治权统合、服务下沉与选择性参与：改革开放四十年城市社区治理的"复合结构"[J].中国行政管理，2019（7）：54-61.

吴彦辉，韦吉锋.网络思想政治教育的主客体关系及其相互转化形式探索[J].广西教育学院学报，2018（4）：93-97.

武前波，郭豆豆，接栋正.新科技革命下未来社区产生的逻辑及其内涵辨析[J].现代城市研究，2021（10）：3-8.

习近平.干在实处走在前列：推进浙江新发展的思考与实践[M].北京：中共中央党校出版社，2006.

习近平.以新发展理念引领发展[N].人民日报，2016-04-29（9）.

夏建中.从社区服务到社区建设，再到社区治理：我国社区发展的三个阶段[J].甘肃社会科学，2019（6）：24-32.

肖林."社区"研究与"社区研究"：近年来我国城市社区研究评述[J].社会学研究，2011（4）：185-189.

辛章平，张银太.低碳社区及其实践[J].城市问题，2008（10）：91-95.

邢贲思.费尔巴哈的人本主义[M].上海：上海人民出版社，1981.

徐勇，陈伟东.中国城市社区自治[M].武汉：武汉出版社，2002.

许峰.地方政府数字化转型机理阐释：基于政务改革"浙江经验"的分析[J].电子政务，2020（10）：2-19.

薛国琴，项辛怡，鲁凯.未来社区建设的支撑体系探析[J].绍兴文理学院学报（人文社会科学），2021（2）：108-113.

颜德如.构建韧性的社区应急治理体制[J].行政论坛，2020（3）：89-96.

杨光斌.政治学导论[M].5版.北京：中国人民大学出版社，2019.

杨君，徐选国，徐永祥.迈向服务型社区治理：整体性治理与社会再组织化[J].中国农业大学学报（社会科学版），2015（3）：95-105.

杨林瑶，陈思远，王晓.数字孪生与平行系统：发展现状、对比及展望[J].自动化学报，2019（11）：2001-2031.

杨婷，何凌超.构建共建共治共享社区治理格局的探索之路：访杭州市民政局局长何凌超[J].社会治理，2019（12）：19-24.

杨芫.积极探索具有杭州特色的社区治理体系：访杭州市民政局局长邵胜[J].杭州（周刊），2014（11）：30-33.

杨雅厦.智慧社区建设对公共服务供给模式的变革及其优化研究[J].中国行政管理，2018（11）：151-153.

杨正宇.以社区建设为着力点推动杭州社会管理创新[J].观察与思考，2012（3）：66-67.

余敏江.地方政府反应性社会治理的逻辑[J].理论探讨，2014（3）：19-23.

俞可平.治理与善治[M].北京：社会科学文献出版社，2000.

郁建兴，黄飚."整体智治"：公共治理创新与信息技术革命互动融合[J].人民周刊，2020（12）：73-75.

袁方成.国家治理与社会成长：中国城市社区治理40年[M].上海：上海交通大学出版社，2018.

原珂. 推进社区治理能力现代化的系统思路 [J]. 理论探索，2021（3）：16-22.

原珂. 中国特大城市社区治理：基于北上广津的调查 [M]. 北京：社会科学文献出版社，2019.

约翰·罗尔斯. 正义论 [M]. 何怀宏，等译. 北京：中国社会科学出版社，1988.

曾智洪，陈煜超，朱铭洁. 城市未来社区智慧治理面临的五大挑战及其超越 [J]. 杭州师范大学学报（社会科学版），2020（4）：130-136.

詹姆斯·罗西瑙. 没有政府的治理 [J]. 张胜军，等译. 南昌：江西人民出版社，2001.

张君. 城市社区治理体系现代化的多维考察 [J]. 学术探索，2021（2）：52-58.

张鸣. 从行政主导到制度化协同推进：政府数字化转型推进机制构建的浙江实践与经验 [J]. 治理研究，2020（3）：26-32.

张艳丰，邹凯，彭丽徽. 数字空间视角下智慧城市全景数据画像实证研究 [J]. 情报学报，2020（12）：1330-1339.

张艳国，刘小钧. 城市社区治理能力现代化研究：以江西南昌为例 [J]. 江西社会科学，2017（1）：221-228.

张勇. 同构性与非平衡性：我国城市社区建设模式反思 [D]. 武汉：华中师范大学，2011.

赵毅旭. 城市社区治理路径 [M]. 成都：四川大学出版社，2010.

珍妮特·登哈特，罗伯特·登哈特. 新公共服务：服务，而不是掌舵 [M]. 丁煌译，北京：中国人民大学出版社，2004：134.

郑杭生，黄家亮.当前我国社会管理和社区治理的新趋势[J].甘肃社会科学，2012（6）：1-8.

中共中央文献研究室.十六大以来重要文献选编[M].北京：中央文献出版社，2008.

中共中央文献研究室.中共中央关于加强人民政协工作的意见（摘要）[M].北京：人民出版社，2006.

钟君，吴正杲.公共服务蓝皮书：中国城市基本公共服务能力评价（2012-2013）[M].北京：社会科学文献出版社，2013.

周波.城市社区治理能力现代化的建构逻辑与实现路径[J].湖南行政学院学报，2020（6）：13-21.

周忠丽.比较政治学研究中的个案方法：特征、类型及应用[J].比较政治学研究，2011（2）：98-109.

朱红涛，李姝熹.信息茧房研究综述[J].图书情报工作，2021（18）：141-149.

朱振亚."新市民"称谓及其内涵研究述评[J].华中农业大学学报（社会科学版），2015（4）：82-88.

邹永华，陈紫微.未来社区建设的理论探索[J].治理研究，2021（3）：95-103.

第二部分　西文文献

Austin J, Stevenson H, Wei-Skillern J.Social and commercial entrepreneurship: Same, different, or both?[J].Entrepreneurship Theory and Practice, 2006(1):1-22.

Cathal M C,Arthur W.Governance and democracy in Northern Ireland: The role of the voluntary and community sector after the agreement[J].Governance, 2001(3): 363-383.

Coleman J.Social capital in the creation of human capital[J].American Journal of Sociology, 1988(94): 95-120.

Dale A, Newman L.Social capital: A necessary and sufficient condition for sustainable community development? [J].Community Development Journal, 2010(1): 5-21.

Flint A.Wrestling with Moss: How Jane Jacobs Took On New York's Master Builder and Transformed the American City[M].New York: Random House, 2011.

George A, Jr H.Definitions of community: Areas of agreas of agreement[J]. Rural Sociology, 1955(20): 111-123.

Heywood A. Key Concepts in Politics[M].New York: Palgrave Macmillan, 2000.

Jacobs J.The Death and the life of Great American Cities[M].New York: Random House, 1961.

Jane E.Fountain, Building the Virtual State: Information Technology and Institutional Change[M].Washington: Brookings Instttution Press, 2001.

Milakovich M E. Digital Governance: New Technologies for Improving Public Service and Participation[M].London: Routledge, 2012.

Patrick D.Digital Era Governance: IT Corporations, the State, and E-Government.[M].Oxford: Oxford University Press, 2006.

Putnam R D.Making Democracy Work: Civic Traditions in Modern Italy[M].Princeton: Princeton University Press, 1993.

Schreier M. Qualitative Content Analysis in Practice[M]. London: Sage Publicationgs Ltds, 2012.

Sullivan H.Modernisation, democratisation and community governance[J]. Local Government Studies, 2001(27): 2.

Van Z L.Privacy concerns in smart cities[J]. Government Information Quarterly, 2016(3): 472-480.

后　记

"大不自多，海纳江河。惟学无际，际于天地……"在浙江大学校歌的激励下，我毅然开启了在浙江大学的博士后之旅。2020年11月，我在杭州国际城市学研究中心毛燕武处长、李燕副处长的介绍下，有幸进入了浙江大学公共管理学院博士后流动站，跟着曹正汉老师继续开展博士后研究工作。曹老师为人谦逊、治学严谨、术业有专攻，在跟随他学习的一年时间里，我深刻领悟到他的学术三重境界。一篇好的学术研究，首先需要说清楚事，也就是对案例进行刻画与深描，将案例说清楚。其次需要在事的基础上进一步论证其中蕴含的理，这里的"理"其实就是案例所反映的道理。最后则是基于事和理来突破对学的领悟。所谓"学"，就是要就研究所发现的道理和学术界已有的理论开展对话，从而寻求学术和知识增长的空间。曹老师的学术三重境界，极大地推动着我继续在乡村治理与政府管理领域深入研究。未来，我希望能够成为像曹老师一样，真正将学术融入生活并超脱于生活的真学者。

在作为博士后两年的学习时间里，我还要特别感谢杭州国际城市学研究中心的王国平理事长、江山舞主任、杜红心副主任、毛燕武处长、蔡峻处长、接栋正处长、李明超处长、方志明处长、李燕副处长、马智慧副处长等领导、老师的关心与指导。正是他们悉心指导，才进一步促进了我的学术进步，提升了我的研究能力。感谢杭州国际城市学研究中心的蒋捷老师、戴辰老师、宋航老师、楼佳飞老师、韩巧燕老师、黄刚老师、李致远老师、来晓维博士后、王辉博士后、邹静博士后、王江红博士后、汪振汉博士后、郭子龙博士后、马颖杰博士后等，感谢浙江大学的庞学铨老师、陈国权老师、刘慧梅老师、余佳波老师、王雨佳老师的帮助，和大家在一起时开心的学习生活，进一步激发了我的学习热情，让我有更大的动力投入学术研究。最后，我还要特别感谢我的夫人和儿子对我学术研究的支持，家人们的支持永远是我在学术研究中的一剂"兴奋剂"，也是我安心从事学术研究的最大保障。博士后研究成果既是博士后经历的终点，也是新的学术研究旅程的起点。期待未来在公共管理领域能够创作出更多优秀的作品，将自己的学术事业提升至更高的层次。

2024 年 8 月 7 日于杭州师范大学